# 幼儿园
# 优秀健康活动设计80例

范惠静◎主编

中国轻工业出版社

**图书在版编目(CIP)数据**

幼儿园优秀健康活动设计80例／范惠静主编. —北京：中国轻工业出版社，2014.2（2023.11重印）
ISBN 978-7-5019-9591-2

Ⅰ. ①幼…　Ⅱ. ①范…　Ⅲ. ①健康教育-学前教育-教学参考资料　Ⅳ. ①G613.3

中国版本图书馆CIP数据核字（2013）第290456号

责任编辑：吴　红
策划编辑：高　君　　　责任终审：杜文勇
责任校对：刘志颖　　　责任监印：吴维斌

出版发行：中国轻工业出版社（北京东长安街6号，邮编：100740）
印　　刷：三河市鑫金马印装有限公司
经　　销：各地新华书店
版　　次：2023年11月第1版第11次印刷
开　　本：710×1000　1/16　印张：19.25
字　　数：150千字
印　　数：24001—26000
书　　号：ISBN 978-7-5019-9591-2　定价：38.00元
读者热线：010-65181109，65262933
发行电话：010-85119832　传真：010-85113293
网　　址：http://www.chlip.com.cn　http://www.wqedu.com
电子信箱：1012305542@qq.com
如发现图书残缺请拨打读者热线联系调换
231905Y1C111ZBW

# 编写组成员名单

主　编：范惠静
副主编：张　平　周永革　赵蕊莉　郑淑敏

编　委：佟　义　龙　艳　何学清　骆　杨　孟庆鸿　韩佳齐
杨爱荣　白秋红　刘晓蕾　刘敬伟　王雪莲　郭　静
陈　颖　杜鹏媛　陆晓燕　王素艳　齐　燕　邢　岩
李玉洁　武春静　陈京会

作　者：张秋玲　鲍　睿　苏　博　刘雯雯　于　杨　杜　微
崔林娜　柴依楠　郭莎莎　张　娜　王志红　孙　维
邓　蕊　岳春清　潘海霞　项　杰　李亚男　赵燕燕
侯克慧　侯　萌　王　锐　王建平　王　峰　王　迪
陈海燕　富　军　任颖超　康云燕　武超越　王梦瑶
王　昭　孙红艳　李冬妹　武晓颖　张雪梅　张秋媛
孙建霞　王云飞　裴立苹　孙　涛　赵秋红　孔　欣
张　欣　王　艳　杨　丽　冯　怡　黄　原　左振红
王晓頔

（注：排名不分先后）

# 前　言

教育好每一个幼儿，是教师的愿望，但教育必须遵循幼儿的年龄特点及发展规律。健康的身体和心理是实现幼儿全面和谐发展的基础和重要条件。

幼儿的生长发育迅速，可塑性强，但稳定性差，极易受到外界的影响；幼儿天性活泼，好动好模仿，但生活知识与经验欠缺，自我照料和自我保护的能力较差，极易受到伤害；幼儿既需要成人精心地照顾和保护，又处于独立性日益增长的时期。对于幼儿而言，健康是第一位的，只有身心健康，才有其他方面的发展可言。

健康是儿童成长发展的起点，是人类幸福生活的基础，是事业成功的重要保证。所以，国家教育部颁发的《幼儿园教育指导纲要（试行）》中明确提出："幼儿园必须把保护幼儿的生命和促进幼儿的健康放在工作的首位。树立正确的健康观念，在高度重视幼儿身体健康的同时，要高度重视幼儿的心理健康。""健康第一"的思想不仅是教育的基本点，更是幼儿教育的出发点，幼儿健康生活教育是幼儿园教育的基础工程。

本书是为幼儿园一线教师实施幼儿健康教学活动而编写的一本教材，是在"以健康教育为主促进幼儿全面发展的教育观"、"尊重幼儿的年龄特点、发展规律及个体差异的儿童观"以及生活课程、活动课程理论的指导下，按照国家教育部颁发的《幼儿园教育指导纲要（试行）》及《3—6 岁儿童学习与发展指南》的精神，在吸取国内幼儿园健康教育改革经验和我们多年实践研究的基础上编写而成的。教学活动是按照 3—4 岁（小班）、4—5 岁（中班）和 5—6 岁（大班）分别呈现的，每个教学活动又分别由设计意图、活动目标、活动准备、活动重点、活动过程、活动延伸和专家评析几个部分组成。全面性、适宜性及可操作性是本书的突出特点。

本书呈现的每一个教学活动目标及内容都是经过范惠静工作室成员集体讨论通过的，工作室成员由北京市多个区县教研室的教研员、幼儿园园长、教学副园长、保教主任、教研组长及一线教师组成，她们对幼儿园健康教育有一定的研究基础。其中，小班的活动设计由北京市东城区学前教研室赵蕊莉老师负责审定修改；中班的活动设计由北京市第六幼儿园业务园长周永革老师负责审定修改；大班的活动设计由北京市西城区学前教研室张平老师负责审定修改；在收集整理活动设计过程中，得到北京市丰台区嘉园第一幼儿园园长郑淑敏的大力支持与帮助。

由于作者水平有限，肯定存在许多不妥之处，望广大同行给以批评指正。

编者

2013 年 10 月

# 目录

## 小班

## 中班

## 大　班

# 小班

# 1. 小勺对我笑哈哈

设计教师：张秋玲　评析专家：佟义

幼儿园：北京市丰台区东管头幼儿园

**设计意图**

适应幼儿园生活、学习简单的生活技能及建立初步的自我服务意识是幼儿园针对9月入园新生制定的教育目标。通过调查问卷，我们了解到幼儿在家庭中进餐时往往由成人喂饭，独立进餐的机会甚少。《3—6岁儿童学习与发展指南》(以下简称《指南》)提出："发育良好的身体、愉快的情绪、强健的体质、协调的动作、良好的生活习惯和基本生活能力是幼儿身心健康的重要标志。"针对初入园幼儿依赖成人帮助做事的问题，我设计了"小勺对我笑哈哈"健康教育活动，在幼儿的午点或加餐时间进行，旨在鼓励幼儿自觉、自愿地进餐，掌握正确使用餐具的方法，体验自己动手吃饭、做事带来的快乐。

**活动目标**

(1)学会正确使用小勺的方法。

(2)愿意独立进餐。

**活动准备**

(1)经验准备：幼儿有用勺子进餐的经验。

(2)材料准备：各种各样的儿童勺子每人1把，餐盘每人1个；由切成小块儿的苹果、香蕉拼成的果盘，自编儿歌《小手乖乖》。

**活动重点**

掌握正确使用小勺的方法。

活动过程

**1.用餐布盖好水果放在餐车上推出，引起幼儿的兴趣**

师：猜猜今天老师给小朋友带来了什么好吃的食物？（幼儿自由猜想回答）

师：小朋友们看一看，有没有你刚才说的食物？（教师边说边将餐布拿开）

师：你们想吃水果吗？我们需要什么餐具呢？（“勺子”）

小结：吃食物的时候我们要使用勺子或者筷子，这样既文明又卫生。

**2.出示各种各样的儿童勺，吸引幼儿的注意力**

师：请小朋友们洗干净小手后，每人取一个盘子和一把你喜欢的勺子坐回座位上。

**3.学习正确使用勺子的方法**

（1）师：漂亮的勺子谁会用呢？请他教教大家使用小勺子吧。（请会使用勺子的幼儿上前面做示范）

（2）师：我们都来学一学。（幼儿尝试模仿使用勺子，教师巡视指导幼儿拿勺的方法）

（3）师：小勺子告诉我一首儿歌，我来念给小朋友听。谁听懂了谁就会用勺子吃东西了，而且小勺还会对他笑哈哈。

师：我的小手真灵巧，三只手指拿小勺，手腕一转舀食物，送到嘴里吃个饱。（边说边做动作）

小结：小朋友们都会自己使用小勺了，我们的小手真能干。（教师竖起大拇指）

**4.用小勺吃水果块**

（1）在每个幼儿的盘子里发放两种水果。

师：看看桌子上的水果是什么？用小勺吃水果，要用三只手指拿小勺，要手腕转动舀水果哦！

（2）幼儿使用勺子吃水果，教师巡视指导幼儿正确拿勺的方法及舀水果、转手腕的动作，不断用儿歌内容提示幼儿。

小结：小朋友们学会了用小勺自己吃东西，不用老师帮忙，真是能干的乖宝宝。

**5. 活动结束**

幼儿吃完水果后将餐具放到指定的地方，擦嘴漱口。

**活动延伸**

（1）在进餐环节，指导幼儿正确使用小勺独立进餐。

（2）在生活区为幼儿提供“喂喂小动物”的操作材料，鼓励幼儿在自由活动时间练习使用小勺的方法，并逐渐提高幼儿小肌肉的灵活性、准确性及手眼协调性。

（3）在家园共育方面，与家长沟通，鼓励孩子在家中独立进餐，家长不要包办代替，以免剥夺幼儿自主学习的机会。

**专家评析**

张老师设计的这节活动，无论是在活动内容的选择还是活动材料的提供方面，都是值得其他教师借鉴的。

（1）活动内容符合小班新入园幼儿的年龄特点，有很强的现实意义。现今幼儿家庭经济条件普遍优越，家中许多大人照顾一个孩子，导致孩子的独立性不强、自我服务意识差，教师抓住这个问题设计此活动，符合幼儿的年龄特点和实际生活需要。

（2）充分的材料准备，激发幼儿学习的兴趣。为了让小班新入园的幼儿独立进餐并会使用餐具，教师利用精美的小勺吸引幼儿的注意力，并且给予幼儿自主选择餐具的权利，激发幼儿独立进餐的积极性。对于小勺的使用方法，教师没有进行简单的讲解，而是利用儿歌示范给幼儿，形式活泼有趣。此外，教师选择在幼儿午点时间来开展教育活动，自然结合生活，在生活中自然贯穿教学方法，使幼儿参与学习的兴趣高，掌握得快。

（3）用有效的提问激发幼儿的思维及表达欲望。本活动的猜想环节，充分调动了幼儿的发散思维及语言表达积极性，让幼儿敢想敢说，这也是提高幼儿注意力的策略。小班幼儿注意力时间短，稳定性差，教师利用材料和提问能使幼儿积极参与活动。

**建 议**

幼儿学习使用餐具、学习独立做事，仅仅一次健康教学活动是不够的，教师应该长期坚持并在日常生活中进行渗透。此外，教师对幼儿的操作应心中有数，根据个体差异有针对性地在一日生活活动中进行个别指导。

## 2. 大公鸡和漏嘴巴

设计教师：张秋玲　评析专家：佟义

幼儿园：北京市丰台区东管头幼儿园

**设计意图**

小班幼儿已经逐渐适应幼儿园生活，简单的自理能力已经形成，如饮水、进餐、穿脱衣服等，但在进餐过程中还会相互说话，餐具摆放得离自己较远，注意力不集中，进餐时经常会被其他的事情吸引。《幼儿园教育指导纲要（试行）》（以下简称《纲要》）指出："应在轻松愉快的气氛中，引导幼儿掌握基本的用餐方法。"因此，根据幼儿的表现，我设计了本节活动，希望帮助幼儿养成良好的进餐习惯，如吃饭时细嚼慢咽、不要边吃边玩、不掉饭粒、不浪费粮食等。

**活动目标**

（1）知道专心吃饭，不边吃边玩。

（2）养成独立进餐的良好习惯。

**活动准备**

（1）材料准备：故事《大公鸡和漏嘴巴》，儿歌《好宝宝》；大公鸡手偶1个。

（2）环境准备：幼儿进餐后保育员不收拾班内环境，保持原样。

**活动重点**

知道专心吃饭，不边吃边玩。

**活动过程**

**1. 听故事《大公鸡和漏嘴吧》**

师：大公鸡为什么要啄小弟弟？小弟弟的嘴巴真的有漏洞吗？

师：小弟弟是怎么吃饭的？这样吃饭对吗？为什么？

**2. 再次听故事**

师：我们班有没有漏嘴巴的小弟弟和小妹妹啊？大家摸摸自己的嘴巴上有没有洞洞。

**3. 观察自己进餐后的环境**

师：看看教室的地面上和自己的衣物上有没有饭粒呢？（幼儿观察教室环境及自己）

师：这些饭粒是哪来的？怎么来的？（幼儿自由回答）

师：我们怎样做，地上、桌上、衣服上才不会有饭粒呢？

**4. 听大公鸡说儿歌**

师：大公鸡告诉我其实它最喜欢吃虫子，但是看到小弟弟浪费了许多饭粒它觉得太可惜才吃的。

师：大公鸡想说一首儿歌给小朋友听，小朋友照着儿歌说的做，就不会

有漏嘴巴的小弟弟和小妹妹了。(教师戴上手偶说儿歌)

**好宝宝**

有个弟弟嘴巴漏，米饭粒儿遍地撒；
我要做个好宝宝，我们大家不学他；
吃饭坐好不乱动，小手扶碗饭不撒；
有事我们饭后说，爱惜粮食把你夸。

**5. 教师小结**

师：大公鸡教我们的好方法，谁学会了？吃饭的时候我们应该怎样做呢？(请一名幼儿做示范，教师指导)

师：不光吃饭要专心，我们做别的事也要专心，这样才能把事情做好。

**活动延伸**

(1) 将大公鸡图片塑封后粘贴在墙壁上。

(2) 在区域中投放大公鸡手偶，供幼儿边说儿歌边操作。

(3) 家园共育：请家长在家中提醒幼儿进餐时要专注，不分心，保持衣服、桌面、地面的整洁，进餐时不看电视。

**专家评析**

张老师在幼儿早饭后开展此活动，让幼儿从班内环境中发现自己进餐后，桌面、地面、衣服上有饭粒，思考饭粒是从哪来的、怎么来的，进而懂得进餐时要用手扶碗、身体坐好、不东张西望，体现了从幼儿的生活入手开展教学活动的理念。此外，本活动还让我们更加深刻地体会到以下两点内容：

(1) 情景游戏是小班幼儿一日生活中的主要教学形式。玩是幼儿的天性，让幼儿在游戏中学习与发展是重要的活动形式。小班幼儿对角色、情景游戏有浓厚的兴趣，并且愿意与游戏中的角色互动，因此本活动教师借用故事情景和其中的角色“大公鸡”，鼓励幼儿不做“漏嘴巴”。

(2) 环境也是教育的途径之一。教师利用幼儿进餐后的环境进行教育活动，让幼儿直观地发现、体验到进餐前后室内环境的不一样，进而思考问题并主动地解决问题。可见，重视环境并利用现有环境开展活动，有时会产生事半功倍的效果。

**建 议**

针对幼儿的进餐情况，教师还要提醒进餐快的幼儿进餐时要细嚼慢咽；对于进餐较慢的幼儿，则要进行观察，了解是因为哪种原因导致的，必要时要动员家长的力量，实现家园共育。

## 3. 蔬菜大拼盘

设计教师：鲍睿　评析专家：赵蕊莉

幼儿园：北京市第一幼儿园附属实验园

**设计意图**

小班幼儿在进餐时常常出现挑食的现象，特别是不愿接受一些有特殊味道的蔬菜，如棕色的香菇、纤维多的芹菜和怪味的胡萝卜。《纲要》指出："在轻松愉快的气氛中，引导小班幼儿喜欢吃健康的食物，养成良好的生活习惯。"为了让幼儿熟悉这些味道怪的蔬菜对身体有好处，本活动从这些蔬菜的不同特征入手，让幼儿了解这些蔬菜的典型特征，激发幼儿对这些蔬菜的好奇心，鼓励他们喜欢吃更多种不同颜色、味道的蔬菜，养成良好的进餐习惯。

**活动目标**

（1）初步了解有特殊味道蔬菜的营养及对人体的作用。

（2）愿意尝试接受有特殊味道的蔬菜。

**活动准备**

（1）经验准备：幼儿知道部分蔬菜的名称和简单的特征。

（2）材料准备：教师自制“蔬菜超市”背景；特殊味道的蔬菜实物若干，如芹菜、香菇、胡萝卜等；自编手偶情景剧《不一样的蔬菜宝宝》；清洗好的芹菜和胡萝卜，切成片状（易于手撕）；泡好的香菇，沙拉酱；一次性塑料餐盒、一次性手套及幼儿使用的小勺若干。

**活动重点**

简单了解有特殊味道的蔬菜对人体的营养价值。

**活动过程**

**1.自由参观“蔬菜超市”，用动作表达想买的蔬菜**

（1）教师带领幼儿来到“蔬菜超市”，引导幼儿观察蔬菜的基本特征。

师：你要买什么蔬菜？请用动作表示你要买的蔬菜，好吗？

（2）出示蔬菜图片，鼓励幼儿说说蔬菜的名称、颜色等基本特点。

师：谁知道这个蔬菜叫什么？它是什么颜色的？它像什么呢？

小结：蔬菜会有不同的颜色，每种蔬菜都有自己不一样的外形特征。

**2.观看手偶情景剧《不一样的蔬菜宝宝》，了解特殊味道蔬菜的营养价值**

（1）幼儿观看情景剧，了解蔬菜（胡萝卜、香菇、芹菜）的营养价值。

师：我们买了这么多的蔬菜，蔬菜宝宝想跟我们说话呢，我们一起来听听。

（2）教师与幼儿分享看情景剧的感受。

师：吃了胡萝卜宝宝，我们的眼睛会怎样？

香菇宝宝身上有什么？吃了香菇宝宝我们的身体会怎样？

吃了芹菜宝宝，我们的大便会怎样？

小结：这些蔬菜虽然有特殊的味道，但吃了它们对人的身体会有好处。

**3.动手制作蔬菜大拼盘，产生喜欢吃不同蔬菜的兴趣**

（1）教师将各种蔬菜半成品放在桌上，帮助幼儿戴上一次性手套，引导幼儿将每种半成品的蔬菜手撕成条状、片状等。

（2）鼓励幼儿自己戴上一次性手套将蔬菜装盘，拌上沙拉酱进行搅拌。

（3）鼓励幼儿向同伴介绍自己的蔬菜拼盘，并一同品尝蔬菜沙拉。

小结：多吃蔬菜对人的身体有好处，小朋友不要拒绝吃这些有特殊味道的蔬菜。

**活动延伸**

（1）在日常生活环节，引导幼儿玩语言游戏“猜一猜我是谁”，鼓励幼儿用肢体动作表现不同蔬菜的特征，请其他幼儿说出蔬菜的名称。

（2）在娃娃家投放用不同蔬菜拼成的鱼、披萨等幼儿喜欢吃的食物形状，供幼儿操作，激发幼儿产生喜欢吃这些蔬菜的兴趣。

（3）创设“蔬菜宝宝总动员”的功能性墙饰，以照片的形式展示各种各样蔬菜的基本特征及它们的营养价值。

（4）利用“家园亲子园地”，有针对性地向家长宣传“有特殊味道蔬菜”的营养价值，鼓励家长配合幼儿园，帮助幼儿逐步养成不挑食、喜欢吃各种各样蔬菜的好习惯。

【附：情景剧】

**不一样的蔬菜宝宝**

胡萝卜宝宝说：“我是胡萝卜宝宝，小朋友要和我做朋友，吃了我以后，你们的眼睛会变得更加明亮。”

胡萝卜宝宝刚说完，香菇宝宝跑上去说：“我是香菇宝宝，我身上有许多的营养，吃了我，你们的身体会更加健康。”

芹菜宝宝也抢着说：“我是芹菜宝宝，小朋友吃了我以后，大便就更通畅了。”

**专家评析**

教师在活动前期做了大量的准备，在充分了解幼儿饮食特点的基础上，有针对性地设计了这节集体教学活动。

（1）结合《纲要》精神，制定符合小班幼儿实际发展水平的发展目标。围绕幼儿对有特殊味道的蔬菜不喜欢吃的现状和《纲要》在健康领域对小班幼儿提出的发展目标，教师制定了本节活动的教育目标。本次活动的教育目标具体，有较强的操作性和指向性，为教师下一步围绕教育目标设计有针对性的教育活动过程奠定了基础。

（2）有趣的活动体验，符合小班幼儿的学习特点。

①颠覆传统说教的方法，让幼儿在体验操作中自然习得。本次活动过程构思巧妙，颠覆了传统的枯燥无味的说教方法。在活动的开始，教师引导幼儿用动作表现不同的蔬菜，既帮助其进一步了解了蔬菜的基本特征，又让幼儿在轻松自然的环境下发挥了自身的创造性；在活动的过程中，教师鼓励幼儿动手制作蔬菜拼盘，既发展了幼儿手部肌肉的灵活性，又激发了幼儿吃蔬菜的兴趣。

②运用拟人法让幼儿喜欢蔬菜，运用手偶情景剧自然地渗透蔬菜的简单营养价值知识。活动将不同的蔬菜拟人化，符合小班幼儿的学习特点，让小班幼儿更易理解和接受，从而渐渐地了解、喜欢这些蔬菜。而观看手偶情景剧更是尊重了小班幼儿的学习特点，用故事表演的形式具体形象地帮助幼儿自然获得了不同蔬菜的营养价值知识，为后面幼儿分享自己的蔬菜拼盘做了很好的铺垫。比如，观看情景剧时，幼儿表现得非常感兴趣，目不转睛地观看，在后面分享拼盘时，大部分幼儿说出了情景剧中各种蔬菜的营养。

**建 议**

因为小班幼儿的语言表达及创造能力有限，所以在用语言表达蔬菜名称，尤其是这种蔬菜像什么时，幼儿表现出不愿表达的现象。建议教师在发现部分幼儿不愿表达、表现，甚至出现障碍时，可以鼓励幼儿先聆听其他小朋友的表达，再引导幼儿模仿学说。

## 4. 小猪去春游

设计教师：苏博　评析专家：龙艳

幼儿园：北京市丰台区嘉园第一幼儿园

### 设计意图

很多家长向老师反映孩子在家不好好吃饭，就喜欢出去吃快餐，时间久了，孩子的营养不均衡，从而影响身体的发育。《纲要》提出："教师要与家长配合，根据幼儿的需要建立科学的生活常规，培养幼儿良好的饮食习惯。"小班幼儿年龄小，生活经验少，对膳食营养均衡没有意识，所以需要教师帮助其认识什么是健康的食物，什么是不健康的食物。了解之后，再逐渐培养良好的饮食习惯。因此，我设计了本次活动。

### 活动目标

（1）了解常见的健康食物都有哪些，知道少吃油炸食品。

（2）初步养成良好的饮食习惯。

### 活动准备

（1）经验准备：幼儿已了解一些常见食物的名称。

（2）材料准备：①《小猪去春游》的四组情景图，自制的小猪和小猴子的家各1个。②画有篮子的图片每人1张，每组桌子上放有纸盘1个和健康的食物图片（如水果、蔬菜、粗粮制品等）、不健康的食物图片（如汉堡包、薯条、炸鸡块儿等）若干。③故事《小猪去春游》。

**活动重点**

了解常见的健康食物都有哪些，知道少吃油炸食品。

**活动过程**

**1.听故事《小猪去春游》，知道吃不同种类的食物拉的大便不一样**

（1）教师根据图片讲述故事，帮助幼儿了解故事中的小动物春游都带什么好吃的了。

师：故事里都有哪几个小动物呀？他们都给自己带什么好吃的啦？

（2）教师继续讲述故事，帮助幼儿了解故事中的小动物吃完自己带的食物后发生的事情。

师：小猪吃了什么？他怎么样了？小猴子吃了什么？他怎么样了？小兔子吃了什么？她怎么样了？

小结：小猪和小猴子在吃了汉堡包和炸鸡块儿后大便时很疼，拉出的大便是干干的、硬硬的；而小兔子吃的蔬菜和水果，大便时很舒服，拉出的是一坨黄色的、软软的大便。

**2.通过帮助小兔子，认识一些常见的健康食物和油炸食品**

（1）帮助小兔子给小猪和小猴子挑选健康的食物送给他们。

师：小兔子有个篮子，谁愿意帮助她把健康的食物放到篮子里呀？

（2）给幼儿每人发一个篮子（图片），请幼儿从桌子中间的盘子里挑选出健康的食物（图片）放到里面。

（3）请幼儿说一说自己盘子里都选了什么食物。

师：谁愿意来说一说自己给小猪和小猴子选了哪些健康的食物呢？（帮助

幼儿澄清对健康食物的认识）

小结：健康的食物有蔬菜、瓜果、米饭、馒头等，薯条、炸鸡块儿和汉堡包是油炸食品，是不健康的食品。

**3.将装有健康食物的篮子送给小猪和小猴子**

师：现在小朋友可以把自己手中的篮子送给小猪和小猴子了，你们有什么话对他们说吗？可以告诉他们。

小结：我们在日常生活中要多吃蔬菜、瓜果等健康食品，少吃油炸食品。

**活动延伸**

（1）在餐前，教师可结合每餐的饭菜向幼儿介绍每种食物的营养价值，鼓励幼儿多吃健康的食品。

（2）在娃娃家，为幼儿提供丰富的自制水果和蔬菜（仿真品），减少油炸食品（仿真品）的投放量，鼓励幼儿多给娃娃吃水果、蔬菜，少吃油炸食品。

（3）在盥洗室的低矮墙面上贴上小猪、小猴子和小兔子的头像和他们在故事中拉的大便的图片，引导幼儿看看谁拉的是一坨黄色的大便。

（4）家园配合，请家长在家中鼓励幼儿多吃一些水果蔬菜，减少幼儿吃快餐及油炸食品的机会或有意识地减少不健康食品的摄入量。

**【附：故事】**

**小猪去春游**

春天来了，小猪约他的好朋友小猴子和小兔子去春游，他们都各自带着自己喜欢的食物出发了！中午，他们在一个树林里铺上垫子，准备吃午餐啦。小猪最喜欢吃外面买的快餐了，所以他带的是汉堡包、薯条和可乐。小猴子最喜欢吃的是炸鸡块儿，所以他带的是面包和炸鸡块儿。小兔子最喜欢吃蔬菜了，所以她带的是胡萝卜、蘑菇，还有一个大苹果。爬山爬得好累啊，所以他们吃得也很香。小猪说："小兔，你带的都是菜不好吃，尝尝我的汉堡吧！”小猴子也说：“我的炸鸡块儿更好吃，你尝尝！”小兔摇摇头说：“谢谢你们，我妈妈说多吃蔬菜、水果对身体好，吃快餐大便不舒服的！”小猪噘噘嘴说：“我妈妈忙，所以就给我买汉堡包吃！我最爱吃了！”小猴子说：“嗯，我妈妈说面包和鸡块儿做起来又简单又好吃！”小兔子笑了笑还是觉得蔬菜有营养，又很好吃。

第二天，小猪起床去厕所大便，可是明明很想拉却拉不出来，肚子疼得他直哭。小猴子起床也想去大便，但是他使了很大的劲儿才拉出几个球球。小兔到厕所里很舒服地就拉了一坨大便。当小兔子得知小猪和小猴子大便困难后，她准备了两大篮子的蔬菜和水果给他俩送过去。他们三个好朋友一起约定好了，以后要多吃蔬菜和水果，再也不要吃那些快餐食品了，要舒舒服服地拉一坨大便！

**专家评析**

苏老师设计的这节“小猪去春游”的活动，目标及内容符合小班幼儿的年龄特点及发展需要。首先，教师自编的小故事形象突出，内容生动有趣，孩子们都很喜欢。更难能可贵的是，苏老师没有空洞地讲述故事，而是选择了看图讲述的方法，将故事中小动物拉大便的样子展现得淋漓尽致，孩子们的反应也很热烈。这表明苏老师抓住了孩子的兴趣点，也抓住了小班幼儿的年龄特点。其次，在活动中，教师注重了孩子的参与互动。在认识了健康和不健康的食物后，孩子们便根据自己的新经验进行大胆操作。通过孩子的操作结果可以看出，这个环节的内容难易度是符合该班孩子的发展水平的。再次，在孩子操作完后，教师巧妙地将故事延续下去，引导幼儿将他们找到的健康食物送给小猪和小猴子，自然分组减少了孩子的等待，教育策略灵活而巧妙。最后，教师在孩子们与小动物互动的时候，及时为孩子做了示范，让他们也学着老师对小猪说：“小猪，你以后要多吃蔬菜！”“小猴子，你以后少吃点儿炸鸡腿！”……

**建 议**

（1）为幼儿准备的操作材料可以设计得更大一些，这样会更方便幼儿拿取。

（2）为了更好地给予幼儿充分表达的机会，在请个别幼儿展示自己选择的健康食物的时候，可以请他们大胆地介绍自己的想法。

（3）在故事图片的设计上，重点内容要突出，形象要鲜明，不能喧宾夺主，背景要简单，起到衬托作用即可。

## 5. 白开水好处多

设计教师：刘雯雯　评析专家：何学清

幼儿园：北京市大兴区亦庄第五幼儿园

**设计意图**

幼儿由于在家常喝饮料，所以喜欢喝带甜味的水，而白开水没有味道，幼儿不喜欢喝，在幼儿园饮水环节中，他们往往只接一点点水。而水是生命的源泉，人的生命一刻也离不开水。同时，《指南》中也指出："要帮助幼儿养成良好的饮食习惯，多喝白开水，少喝饮料。"因此，我设计了"白开水好处多"这一活动，意在让幼儿知道白开水是儿童最佳的饮品，不贪喝饮料。

**活动目标**

（1）喜欢喝白开水。

（2）知道喝白开水对身体的好处，不贪喝饮料。

**活动准备**

（1）知识准备：保健医生提前给小朋友讲述饮料的危害。

（2）材料准备：自制 PPT（各种饮料的图片），故事《小猴子怎么了》，猴子手偶。

（3）环境准备：制作墙饰“喝水身体棒”，每个幼儿在属于自己的小方格内贴一张照片，喝水后便插入小方格一个小水滴卡片。

**活动重点**

知道白开水是儿童最佳的饮品，不贪喝饮料。

**活动过程**

**1. 亲身体验，感受口渴后喝水带来的舒适**

（活动前进行体育活动，之后教师组织幼儿喝水）

提问：玩过游戏之后，你们感觉嘴巴怎么样？喝了水之后有什么感觉？

讨论得出结论：喝了水之后我们就不渴了，身体舒服多了。

**2. 听故事《小猴子怎么了》**

教师戴着手偶讲述故事。

提问：猴哥哥为什么长得又高又漂亮呢？猴弟弟为什么长不高还难看呢？

**3. 通过保健医生的讲解，了解喝白开水的好处**

提问：口渴的时候你最想喝什么？为什么？到底喝什么对小朋友的身体最好呢？我们来听听保健医生是怎么说的。

保健医生：小朋友喜欢喝的可乐、雪碧等饮料（出示各种饮料图片）里面加了很多东西。它们喝起来甜甜的，是因为里面放了很多糖，这对我们的牙齿不好，容易让我们产生蛀牙；它们闻起来香香的，是因为里面加了很多香精；它们看上去红红的、绿绿的，很漂亮，是因为里面加了很多色素。这些香精、色素其实都对我们的身体有害。只有白开水才是对身体最好的，最有利于健康的。

**4. 学会给自己插入小水滴**

引导幼儿观察墙饰“喝水身体棒”，请幼儿每次喝水后插一个小水滴卡片。

师：我们的身体要像萝卜花那样按时喝水才能长得漂亮，现在我们就轮流给自己的身体浇点水吧！别忘记在自己的小格子里插入一个小水滴卡片哦！

**活动延伸**

（1）在饮水环节，组织幼儿分组喝水，指导幼儿插入小水滴卡片。

（2）晚上离园时，表扬喝水好的幼儿。

（3）家园配合，请家长在家里多给幼儿提供白开水，少一些甜饮料。

**【附：故事】**

**小猴子怎么了**

天亮了，猴哥哥和猴弟弟起床了，猴哥哥咕咚咕咚喝了一大杯白开水，猴弟弟抱起甜饮料咕咚咕咚就喝。来到了幼儿园，猴哥哥每次都能咕咚咕咚喝一大杯白开水，可是猴弟弟没有甜水喝，每次就喝一点点白开水。晚上回家后，猴弟弟口渴了，抱起一大瓶子饮料咕咚咕咚喝光了。

渐渐地，猴哥哥长高了，可猴弟弟还是很矮小；猴哥哥越来越漂亮，猴弟弟却越来越难看。

**专家评析**

水是生命之源，没有水就没有人类，但是现在很多幼儿都不爱喝白开水，却喜欢喝可乐、雪碧等甜甜的饮料，这对孩子们的身体有害。因此，“白开水好处多”这一活动具有一定的教育价值，既符合幼儿的现实需要又贴近幼儿的生活。

活动中，教师首先通过手偶讲故事吸引幼儿的兴趣，通过两个猴子的不同表现，引导幼儿初步认识水的作用，知道喝白开水健康，喝饮料对身体有害。其次，教师善于利用资源，请保健医生进课堂，为幼儿讲解为什么不能贪喝饮料，使其了解喝白开水好处多，帮助幼儿树立了正确的饮水观念，同时也激发了幼儿的学习兴趣，使教师教得轻松、幼儿学得愉快，从而突破本节活动的难点。活动的最后，教师通过操作饮水记录，用游戏的方式引导幼儿在日常生活中多饮水，养成良好的饮水习惯。

整个活动，教师精心设计，各教学环节层层递进、环环相扣，使幼儿始终保持积极的学习态度，真正成为了学习的主人。

## 6. 尿尿我知道

设计教师：于杨　评析专家：赵蕊莉

幼儿园：北京市第一幼儿园附属实验园

**设计意图**

小班幼儿因为自理能力有限，在日常生活中常常出现各种各样的问题，如大便时不小心拉到裤子里；小便时尿湿裤子；洗手时弄湿了衣服、袖子等。同时受家庭环境的影响，幼儿平时生活中能做的事情几乎被长辈包办，无形中被剥夺了动手操作的机会。针对此阶段幼儿存在的问题以及《纲要》中的发展目标——“在日常生活中，逐步引导幼儿学习如厕，养成定时大便、不憋尿的习惯，提高其基本的生活自理能力”，设计了此活动。

**活动目标**

（1）愿意将自己的想法告诉成人。

（2）知道有尿去厕所尿，不尿湿裤子。

**活动准备**

（1）经验准备：幼儿知道男孩、女孩不同的如厕方式。

（2）材料准备：卫生间的背景图；教师自编故事《贪玩的丫丫》；丫丫手偶（小女孩）一个；小女孩的哭声录音；图片三张（小女孩找不到妈妈哇哇大哭；小女孩尿湿裤子地上一摊水；小女孩摔倒了，坐在地上哭）。

**活动重点**

知道有尿去厕所尿，不尿湿裤子。

**活动过程**

**1. 播放录音，鼓励幼儿大胆猜想，激发幼儿参与活动的兴趣**

（1）出示卫生间的背景图，引导幼儿观察。

师：看一看这是哪儿？它有什么用？

（2）教师播放小女孩哭声的录音，引导幼儿大胆猜想。

师：听一听这是什么声音？猜一猜她为什么会哭？

**2. 教师边操作手偶边讲故事，引导幼儿知道有大小便时主动如厕**

（1）教师出示手偶丫丫，讲述故事《贪玩的丫丫》。

师：让我们一起听听故事中的丫丫为什么哭啊。

（2）教师通过游戏帮助幼儿回忆故事内容，引导幼儿知道要主动尿尿。

游戏玩法：教师出示几幅图片，鼓励幼儿找出与故事内容相符的图片。

师：下面哪张图片是故事中丫丫哭的原因，请你找出来。

（3）帮助幼儿理解故事内容，鼓励幼儿主动如厕不尿湿裤子。

师：为什么丫丫会尿在身上呢？她这样憋尿对不对，为什么？丫丫怎样做就不会尿湿裤子了？

小结：憋尿对身体是有害处的，有尿时自己要主动如厕，不要尿湿裤子。

**3. 游戏体验，鼓励幼儿独立如厕，不尿湿裤子**

（1）情景扮演游戏“我会上厕所”。

教师再次讲述故事内容，请幼儿扮演故事中丫丫的角色。

师：幼儿园里的活动区游戏开始了，丫丫选择了自己最喜欢的娃娃家高兴地玩着。这时，老师问："小朋友们，谁有小便想上厕所啊？"丫丫该怎么回答呢？（鼓励幼儿扮演丫丫，把自己想如厕的想法告诉成人）

小结：在游戏时有尿要去厕所，要将自己的想法告诉成人。

建议：幼儿在模拟故事情景时，教师要注意观察幼儿是否能主动地将自己有尿的想法告诉成人，并及时肯定大胆表达自己需要的幼儿。在幼儿如厕时，教师要考虑如厕的人数，可组织幼儿分组如厕，以保证幼儿的安全。

**活动延伸**

（1）在日常生活环节中，教师可根据不同幼儿的实际情况，采用不同的提示方式，帮助幼儿养成有尿去厕所尿、不尿湿裤子的卫生习惯。

（2）在语言区，教师提供自制的《贪玩的丫丫》的图书供幼儿阅读，鼓励幼儿结合图片内容主动表达："××，我要小便！"

（3）在盥洗室的墙面上粘贴男女孩如厕的方法，提示小朋友根据自己的性别使用正确的方式如厕。

（4）引导家长在家庭中鼓励孩子独立如厕，并及时肯定孩子愿意将自己的想法告诉家长、不尿湿裤子的行为。为了防止孩子尿湿裤子，家长可在游戏前或睡觉前提示孩子主动小便。

**【附：故事】**

**贪玩的丫丫**

幼儿园里的活动区游戏开始了，丫丫选择了自己最喜欢的娃娃家高兴地玩着。老师问："小朋友们，谁有小便要上厕所呀？"丫丫摇摇头说："我没有小便。"其实是她自己不想离开她正在玩的玩具。过了一会儿，大家开始收拾玩具了，丫丫这才觉得自己憋不住了，于是赶紧往卫生间跑去，但是已经来不及了。她只觉得自己的裤子一点点地变热了，她低头一看，从裤子腿里流出了“水”。于是，丫丫站在地上哇哇大哭起来！小朋友，你们说丫丫应该怎么办呢？

**专家评析**

整个活动设计能针对小班幼儿的年龄特点以故事和游戏的形式贯穿，使幼儿参与活动的兴趣高涨。

（1）尊重幼儿的发展现状，制定活动目标。此次活动，教师注意观察幼儿在日常生活中存在的问题，细致地分析原因，并据此制定了该阶段幼儿的发展目标。

（2）采用多种活动方法，激发幼儿参与的兴趣。在本次教学活动中，为了更好地完成教育目标，教师采用了多种方法和手段，激发起幼儿参与活动的兴趣。

①猜想法：通过开放式的提问，为不同能力的幼儿提供了思考表达的空间，让不同能力的幼儿都拥有参与的机会。比如，在卫生间的背景下，教师提问：“丫丫为什么哭啊？”

②辨析法：在引导幼儿带着问题有目的地倾听故事后，教师结合故事内容出示了三张图片，供幼儿辨析。这个方法不仅调动了幼儿主动参与活动的积极性，让他们在探索与发现中学习，更能使教师在幼儿的辨析中了解幼儿对故事内容的理解情况，为下一个环节的教育提供了依据。

③扮演法：根据小班幼儿喜欢模仿、喜欢扮演游戏的特点，教师利用故事中的简单情节让幼儿试一试、演一演，使幼儿通过扮演故事中的角色自然地表达出自己想小便的想法。

（3）尊重幼儿的体验，鼓励幼儿表达。在本次活动中，教师将幼儿的体验与感受放在了首位，让幼儿自由地表达。比如，在游戏情景中，让幼儿扮演故事中的小主人翁，激发了幼儿大胆说出自己想法的愿望，加强了幼儿“有尿去厕所尿，不尿湿裤子”的自我服务意识。比如，当教师提问“谁要小便”时，多数小朋友都能大声地说出：“老师，我要小便。”

**建 议**

在“请幼儿扮演故事中的角色尝试体验有尿要说出来，去厕所尿”这一环节中，教师可依据幼儿的表现适当增加难度，除幼儿能大胆说出自己的想法外，在分组组织幼儿小便时还可适当引导幼儿掌握正确的如厕方法等。

## 7. 小熊爱睡午觉了

设计教师：杜微　评析专家：骆杨

幼儿园：北京市房山区韩村河镇中心幼儿园

**设计意图**

《指南》中提出：“幼儿午睡要保证两小时，在提醒下按时午睡和起床并能坚持午睡。”可初入园的幼儿离开了陪伴他们的妈妈会产生分离焦虑，每次午睡都有哭闹现象，只有在老师的陪伴下，他们才能入睡。针对我班幼儿午睡时出现的情况，我设计了“小熊爱睡午觉了”健康教育活动。在活动中，通过故事来引导幼儿学会安静上床独立午睡，鼓励和引导幼儿逐步养成独立午睡的习惯。

**活动目标**

（1）能安静上床独立午睡，不哭闹。

（2）逐步养成独立午睡的习惯。

## 活动准备

（1）经验准备：幼儿知道万花筒、雪花插片的玩法，知道娃娃家里布娃娃的名字。

（2）材料准备：小熊手偶、山羊手偶、布娃娃、万花筒各1个，雪花插片1筐，小贴画若干张，故事《小熊爱睡午觉了》。

## 活动重点

能安静上床独立午睡，不哭闹。

## 活动过程

### 1. 观看小熊手偶表演

（1）引入：呜呜呜……是谁在哭啊？（教师出示小熊手偶）

（2）师：猜一猜，小熊为什么哭？

### 2. 听故事《小熊爱睡午觉了》

教师利用手偶讲述故事《小熊爱睡午觉了》。

### 3. 简单回忆故事情节

师：小熊为什么哭啊？

师：你们还记得有谁来安慰小熊了吗？

### 4. 再次听故事《小熊爱睡午觉了》

师：山羊老师对小熊说了什么？

师：布娃娃贝贝说了什么？

师：万花筒说了什么？

师：玩具插片说了什么？

师：小熊睡午觉了吗？

师：小朋友午睡时哭不哭？为什么？

小结：小朋友长大了要独立午睡，不哭也不闹。

**5. 玩游戏**

（1）小朋友扮演不睡觉又哭闹的小熊，老师扮演布娃娃说："小熊不哭，小熊不闹，小熊自己睡午觉。"说完，让布娃娃亲亲每个"小熊"的脸，鼓励"小熊们"自己睡午觉。

（2）教师依次扮演万花筒、雪花插片玩具（游戏形式同上）。

小结：我们班的小朋友，都变成爱睡午觉、不哭闹的小熊了！

**6. 结束：看看小熊送来的礼物**

师：爱睡午觉的小熊送来好多小贴画。他说要奖励给爱睡午觉、不哭闹的小朋友，今天我们比一比谁是最爱睡午觉的小朋友，小熊就把贴画奖给他！

**活动延伸**

（1）在午睡环节，给独立午睡的小朋友贴上小贴画。午觉过后，请幼儿看一看谁的头上有小贴画，鼓励幼儿养成睡午觉的习惯。

（2）平时在家园联系中，请家长引导和鼓励幼儿在家中独立午睡，以实现家园共育，共同帮助幼儿养成独立午睡的好习惯。

【附：故事】

**小熊爱睡午觉了**

睡午觉的时间又到了，森林幼儿园的山羊老师叫着："快来睡觉了！"可爱的小动物们赶紧把自己的衣服、鞋子脱下来摆好，爬上小床睡觉，只有小熊还坐在小椅子上不肯睡觉。他哭着说："我不要睡觉，我要妈妈。"山羊老师说："小熊不哭，小熊不闹，小熊自己睡午觉。"小熊噘着嘴说："不要，不要，我不要自己睡觉。"

这时，小熊最喜欢的布娃娃贝贝说："小熊不哭，小熊不闹，小熊自己睡午觉。"小熊眨了眨眼睛，停住了哭声，可不一会儿小熊忍不住又要哭。小熊最喜欢的玩具万花筒跳起来说："小熊不哭，小熊不闹，小熊自己睡午觉。”小熊最喜欢的雪花插片说：“小熊不哭，小熊不闹，小熊自己睡午觉。”小熊又一次忍住了哭声，对山羊老师说：“中午我要自己睡觉，我不哭，我不闹。”山羊老师微笑着说：“熊宝宝真乖！中午能自己睡觉，不哭也不闹。”说着，小熊把衣服脱下、摆好后，赶紧爬上了自己的小床，闭上了眼睛，不一会儿就睡着了。

午睡后，山羊老师说：“小熊今天真棒，能自己睡午觉了！老师要奖励睡觉的小朋友。”说着，山羊老师为小熊和其他小朋友每个人贴上了一枚小贴画。小熊开心地笑了。

从此以后，每到睡午觉的时候，小熊再也不哭不闹了，变成了一个爱睡午觉的乖宝宝。

**专家评析**

怎样让小班幼儿养成独立午睡的习惯是很多教师面临的难题，本活动为教师们提供了一些参考。

（1）抓住幼儿的年龄特点和现实需要开展活动。教师抓住小班幼儿拟人化的心理特点，把玩具拟人化，帮助幼儿理解故事内容，鼓励幼儿逐步建立独立午睡的习惯。而且，本活动内容来源于小班幼儿午睡出现的问题，源于幼儿的生活，为幼儿所熟悉，幼儿自然更容易接受。

（2）活动过程采用故事、游戏、重复句式等方法鼓励幼儿独立午睡不哭闹。本活动最突出的优点是，运用故事情节贯穿始终，即小熊从不爱午睡—得到玩具好朋友的鼓励要独立午睡—午睡后得到老师的表扬和鼓励—自觉独立午睡，启发小朋友也要独立午睡不哭闹。同时故事中简单的重复句式（“小熊不哭，小熊不闹，小熊自己睡午觉”），也非常符合小班幼儿建构认知经验的特点。此外，教师和幼儿一起用角色扮演的方法表演故事，也加深了幼儿对故事内容的理解。

**建 议**

除了手偶之外，教师还可以选用孩子们最喜欢的玩具对小熊说话。游戏时，教师也可以和幼儿互换角色。在午睡环节时，教师可利用故事中的角色安抚、鼓励入睡困难的幼儿。

## 8. 讲卫生的嘟嘟熊

设计教师：崔林娜　评析专家：孟庆鸿

幼儿园：北京市龙泉雾小学附属幼儿园

**设计意图**

良好的生活、卫生习惯是幼儿健康成长的必要因素。正确的洗手习惯是幼儿卫生习惯的重要组成部分，对于幼儿预防疾病、保障健康具有重要的意义。9月份幼儿刚刚入园，自理能力较差，不愿意也不会自己正确洗手。依据《北京市贯彻〈幼儿园教育指导纲要（试行）〉实施细则》（以下简称《〈纲要〉实施细则》）中“通过多种形式，引导幼儿掌握正确的洗手方法，做到饭前便后洗手”的要求，我设计了本次活动，旨在帮助幼儿学习正确的洗手方法，提高幼儿对洗手重要性的认识，使幼儿养成良好的生活、卫生习惯。

**活动目标**

（1）愿意自己洗手，知道洗手的重要性。

（2）学习正确洗手、擦手的方法。

**活动准备**

（1）材料准备：香皂2种（花香型、果香型不同味道）5组，毛巾每人1条，洗手盆（内有洗手水）1个，仿真苹果一盘，小贴画若干；嘟嘟熊、跳跳虎头饰各1个；儿歌《洗手歌》。

（2）情景准备：教师提前请配班老师参演排练好情景剧——《讲卫生的嘟嘟熊》。

**活动重点**

学习正确的洗手、擦手方法。

**活动过程**

**1. 幼儿欣赏情景剧《讲卫生的嘟嘟熊》**

师：今天我们请来了两位客人——嘟嘟熊和跳跳虎，他们来和小朋友们一起做游戏了！我们欢迎他们！老师还准备了苹果送给他们吃。

情景表演内容：由配班老师扮演的嘟嘟熊和跳跳虎来到了小朋友身边，向小朋友们介绍自己，和小朋友打招呼，感谢小朋友和老师请他们吃苹果。嘟嘟熊在洗手盆中洗了手擦干净后吃苹果；跳跳虎没有洗手，用脏手拿过苹果就吃了起来。不一会儿，跳跳虎的肚子疼了起来。

**2. 教师提问**

（1）师：跳跳虎为什么肚子疼？

小结：用脏手吃东西会生病。

（2）师：嘟嘟熊的肚子为什么不疼呢？

小结：嘟嘟熊在吃苹果之前把手洗干净了，所以嘟嘟熊的肚子不疼。

（3）师：除了吃东西之前我们要把手洗干净，还有什么时候需要洗手？

小结：饭前便后要洗手；只要手脏了，就要洗手。

**3. 幼儿学习洗手、擦手**

（1）"嘟嘟熊"边说儿歌边做洗手、擦手动作，示范洗手、擦手的正确方法。

（2）全体幼儿和"跳跳虎"一起向"嘟嘟熊"学习洗手、擦手的正确方法，边说儿歌边做模仿动作（2遍）。

**4.比一比谁的小手最干净**

（1）小朋友分组到盥洗室洗手，教师和“嘟嘟熊”分别去指导。注意引导幼儿重点部位都要洗到，洗完手后摘下毛巾，打开毛巾擦手。

（2）“嘟嘟熊”检查幼儿的小手是否洗干净，并闻一闻说：“你们的手真香！味道还不一样呢！洗得真干净！”说完，拥抱幼儿，送小贴画鼓励幼儿学会了自己洗手。

小结：小朋友饭前便后要勤洗手，做讲卫生的好宝宝。

**活动延伸**

（1）在日常生活中，关注幼儿的洗手活动，给有需要的幼儿以具体的帮助。

（2）提供不同颜色、气味的香皂，吸引幼儿主动洗手。

（3）布置“嘟嘟熊，我会洗手、擦手”墙饰，包括嘟嘟熊的图片、幼儿自己拓印的小手图画、幼儿自制的小花等，鼓励幼儿每次正确洗手、擦手后粘一朵小花到自己的小手图画上，使幼儿的日常洗手、擦手活动和墙饰建立互动联系，帮助幼儿养成良好的洗手常规。

（4）向家长宣传洗手的正确方法，请家长在家鼓励幼儿自己洗手并指导幼儿正确洗手。

**【附：儿歌】**

**洗 手 歌**

小朋友，快快来，跟我来学洗手谣；

先把小手冲冲湿，再用香皂搓一搓；

搓呀搓，搓呀搓，手心、手背、手指、手缝都搓到；

快用清水洗一洗，细菌个个都吓跑，都吓跑。

（孟庆鸿　创编）

**专家评析**

良好的洗手习惯是幼儿生活习惯的重要组成部分。本活动内容的选择非常符合小班初入园幼儿的需要：在生活中学习，学习如何生活。活动目标设定合理，活动环节清楚，整个活动自始至终都让幼儿置身于游戏之中，非常符合小班幼儿的年龄特点。

活动一开始的情景剧表演一下子就“抓住”了幼儿的心。嘟嘟熊、跳跳虎，这些幼儿耳熟能详的卡通角色是幼儿非常喜欢的，他们表演的内容和幼儿的生活非常接近。通过认真地观看、倾听和教师渐进式的提问，幼儿自然而然地认识到洗手的重要性，并把洗手这一生活习惯和自己的行为建立联系。

习惯是需要强化的。学习洗手和擦手的游戏是前面环节的递进，也是整个活动的重点。从“嘟嘟熊”的示范到利用儿歌进行洗手的模拟练习，再到生活中练习，整个过程，使幼儿自己也成为游戏的一部分，和自己喜欢的卡通角色一起学洗手，并渴望得到他们的拥抱和鼓励，使学习洗手和擦手转化为幼儿的需求。尤其是幼儿看到自己洗后干净的小手，闻着香香的味道，看着美美的小贴画，心中更是充满了快乐。

“讲卫生的嘟嘟熊”不仅教会了幼儿洗手、擦手，更把爱清洁、讲卫生的习惯养成教育自然而然地融入到幼儿的生活之中。

**建 议**

擦手的目标在活动过程中涉及的不是很多，建议创编一首《擦手》儿歌，帮助幼儿较快地掌握正确擦手的方法。

# 9. 小嘴干净人人夸

设计教师：孟庆鸿 评析专家：范惠静

幼儿园：北京市门头沟区龙泉雾幼儿园

**设计意图**

幼儿期是习惯养成的关键时期。良好进餐习惯的培养能够帮助幼儿形成健康的生活方式，更有利于促进幼儿身心健康发展。小班幼儿年龄小，自理能力较差，进餐后没有自己擦嘴的意识，饭粒、菜汤粘在嘴边、脸上也不管，或者用手背、袖子随便一抹，既不卫生，又不文明。依据《纲要》中“生活、卫生习惯良好，有基本的生活自理能力”的教育目标，我们把培养幼儿良好的生活、卫生习惯贯穿于幼儿的生活之中，让幼儿做能自理、讲卫生的文明人。而本活动设计旨在让幼儿知道餐后擦嘴的必要性，帮助幼儿学习正确的擦嘴方法，使每个幼儿都成为讲卫生的好宝宝。

**活动目标**

（1）知道饭后要擦嘴，愿意自己擦嘴。

（2）学习正确擦嘴的方法。

**活动准备**

（1）材料准备：餐巾纸若干，镜子每人 1 面，嘟嘟熊、跳跳虎头饰各 1 个，儿歌《小嘴干净人人夸》。

（2）情景准备：事先排练好情景剧《跳跳虎学擦嘴》，由配班老师扮演嘟嘟熊，由大班幼儿扮演跳跳虎。

**活动重点**

学习正确擦嘴的方法。

**活动过程**

**1. 欣赏情景剧第一部分**

组织幼儿欣赏情景剧《跳跳虎学擦嘴》第一部分，帮助幼儿理解饭后擦嘴的必要性。

情景剧基本内容：嘟嘟熊和跳跳虎刚刚吃过饭，嘟嘟熊主动对着镜子认真地把嘴擦干净，而跳跳虎不管嘴巴上粘的饭粒和菜汤，就要和嘟嘟熊出去玩。嘟嘟熊笑他，请他照镜子，跳跳虎一看，赶快用手胡乱抹，结果越来越脏，跳跳虎很生气、着急。

师：嘟嘟熊吃完晚饭后对着镜子做了一件事情，是什么？跳跳虎做了吗？嘟嘟熊为什么笑跳跳虎？他们两个你喜欢谁？为什么？

小结：吃完饭后一定要自己把嘴巴擦干净，讲卫生的孩子才会人人爱。

**2. 欣赏情景剧第二部分**

组织幼儿继续欣赏情景剧《跳跳虎学擦嘴》第二部分，帮助幼儿理解用正确的方法擦嘴才能擦干净。

情景剧基本内容：嘟嘟熊劝跳跳虎别着急，耐心地带跳跳虎取了餐巾纸，教跳跳虎边说儿歌边学习擦嘴。“餐巾纸拿一张，托在双手上，轻轻靠近小嘴边，同向中间擦，折一折，擦一擦，折一折，擦一擦，对着镜子照一照，小嘴干净人人夸。”跳跳虎请小朋友和他一起学儿歌，然后按照儿歌的方法学会了自己擦嘴。他照照镜子，看到自己又变成一个干净、漂亮的跳跳虎，非常高兴。

师：跳跳虎的小嘴变干净了吗？嘟嘟熊教跳跳虎要怎样擦嘴？和跳跳虎第一次擦嘴的动作一样吗？跳跳虎最后为什么那么高兴？

小结：只有按照正确的方法擦嘴，小嘴巴才能变干净。

3. 和“嘟嘟熊”、“跳跳虎”学擦嘴

（1）嘟嘟熊和跳跳虎带领幼儿边说儿歌边模仿练习（3遍）。

（2）幼儿每人取一张餐巾纸边说儿歌边进行实物练习。（2遍）

4. 照镜子：小嘴巴，真干净

幼儿照镜子，感受自己小嘴巴擦干净后的快乐。

5. 合影：我的小嘴最干净

请幼儿每人想一个突出小嘴巴的动作留影。

**活动延伸**

（1）在进餐活动中关注幼儿的擦嘴情况，给有需要的幼儿以具体的帮助。

（2）把“跳跳虎”擦嘴的步骤拍成照片贴在幼儿擦嘴的镜子旁，给幼儿以提示。

（3）向家长宣传进餐的文明礼仪，请家长在家中为幼儿提供擦嘴的环境和条件，鼓励幼儿自己擦嘴。

**【附：儿歌】**

**小嘴干净人人夸**

餐巾纸拿一张，托在双手上，
轻轻靠近小嘴边，同向中间擦，
折一折，擦一擦，折一折，擦一擦，
对着镜子照一照，小嘴干净人人夸。

**专家评析**

文明的进餐习惯是幼儿生活习惯的重要组成部分。本活动内容的选择非常符合小班初入园幼儿的需要，活动目标设定得具体明确，活动环节清楚，整个活动自始至终都让幼儿置身于游戏之中，非常符合小班幼儿的年龄特点。

活动采用了情景表演的方式导入，以嘟嘟熊、跳跳虎这两个幼儿非常喜欢的卡通角色作为切入点，激发了幼儿观看表演的兴趣；教师把情景剧切分成两个部分，通过提问实现每一部分的不同教育目标是本活动的一个特点。从“明确擦嘴的必要性”到“知道用正确的方法才能把嘴擦干净”，层层深入，自然过渡到后面的“学习正确擦嘴”的重要环节。情景表演虽然结束了，但是游戏情景才刚刚开始，教师在后面“教擦嘴”的环节中没有舍弃两个卡通角色，而是智慧地运用这两个角色，让幼儿成为游戏情景的主角，把被动的教授变成了幼儿主动的在游戏情景中跟自己喜欢的卡通角色学习擦嘴的过程。这一过程中儿歌的运用也很巧妙，把擦嘴动作的重点要求和难点都很好地融入其中，对帮助幼儿掌握正确的擦嘴方法起到了很大的作用。

幼儿在观看情景剧时专注的眼神，回答问题时踊跃的发言，学习擦嘴时认真的表现，渴望得到嘟嘟熊、跳跳虎鼓励、拥抱的神情以及看到自己嘴巴擦干净后的快乐表情，都说明了他们对活动的积极参与。

**建 议**

本活动中跳跳虎是由大班幼儿扮演的，在和幼儿互动时不是很自然、融洽，指导作用发挥得不是很好。建议改成由教师扮演，指向性更强，也能够使活动更为顺畅。

# 10. 咕噜来了

设计教师：张秋玲　评析专家：佟义

幼儿园：北京市丰台区东管头幼儿园

**设计意图**

幼儿园要帮助幼儿养成良好的生活与卫生习惯，使其形成终身受益的文明生活方式。通过日常生活观察，我发现小班幼儿在饭后漱口环节出现的问题较多，比如，有的幼儿为了更快地参与区域游戏，饭后只擦嘴而忘记漱口；有的幼儿敷衍了事，漱口不够认真，认识不到饭后漱口的重要性；还有的幼儿没有掌握正确的漱口方法等。《纲要》中指出："幼儿园健康教育是要根据幼儿身心发展的特点，通过适宜有效的多种活动，提高幼儿的健康认知水平，改善幼儿的健康态度，培养幼儿的健康行为，最终使幼儿养成健康的生活方式。"因此，我根据幼儿的表现设计了本节活动，希望幼儿从生动的动画片中感知到细菌的危害，提高保护牙齿和注意口腔卫生的意识，利用简单的儿歌学会正确漱口的方法，能够饭后积极主动地漱口。

**活动目标**

（1）了解漱口的重要性，养成进食后漱口的习惯。

（2）学会用正确的方法漱口。

**活动准备**

《小红脸和小蓝脸》动画片，动物饼干3包，《漱口歌》；水杯每人1个，小塑料盆6个。

**活动重点**

学习用正确的方法漱口。

**活动过程**

**1.观看动画片《小红脸和小蓝脸》，回答问题**

师：小红脸和小蓝脸能成为我们的朋友吗？为什么？

师：它们生活在什么地方？吃什么？

师：它们会做什么事情？

小结：口腔内会出现细菌，它们有的会危害我们的牙齿健康。

**2.观察发现吃完食物后嘴里的残渣**

师：今天，老师给小朋友带来了自己做的饼干，请大家尝一尝。（分发饼干，幼儿品尝）

师：都吃完了，大家相互看一看，小朋友的嘴里还有饼干吗？（“没有”）

师：真的没有了吗？我们做个小实验。（请一名幼儿来漱口并将漱口水吐到塑料盆内进行观察）

小结：我们吃完食物后，有的食物会被咽下，但是有的食物残渣还会藏在我们的牙齿缝里。

**3.“咕噜”来了**

师：原来嘴里还有食物渣子，这要是被坏细菌吃了可就麻烦了。怎么办呢？（幼儿讨论）

师：你们知道“咕噜”是谁吗？它就是帮助我们清理嘴中残渣的小卫士，有它帮助我们，我们的牙齿就不会被小红脸和小蓝脸伤害了。

师：我们听一听“咕噜”来了吗？（教师漱口发出声音）

师：小水杯，接清水，抬起头闭上嘴，咕噜咕噜吐出水。（教师边说儿歌边做示范）

师：大家都来试试，看谁能把“咕噜”请出来。（教师带领幼儿边说边做，根据幼儿漱口的情况可以多说几次“咕噜”）

小结：“咕噜”告诉我们正确的漱口方法是——抬起头闭上嘴，咕噜咕噜吐出水，要反复三次。谁的咕噜声音又大又长，谁就胜利了。

**4.“咕噜”大战**

师：我们一起再和坏细菌来次大战，让“咕噜”帮我们打败它好不好？

师：我们一起边说儿歌边漱口吧！（幼儿学会了漱口的正确方法后，再次练习）

小结：你们的“咕噜”把坏细菌打败了，你们的“咕噜”真能干。

**5.教师小结**

师：我们吃过食物以后，牙齿缝里还会有食物残渣，我们要请“咕噜”来帮忙把这些残渣漱出来，不让小红脸和小蓝脸伤害我们的牙齿。要想保护我们白白亮亮的牙齿，我们就要养成吃完食物就漱口的好习惯。

**活动延伸**

（1）在盥洗室内，为幼儿提供盆底贴有各种小花（用即时贴制作而成）的塑料“花盆”，鼓励幼儿以“浇花”的形式进行漱口，增强幼儿每天饭后主动漱口的积极性，让幼儿体会到漱口也是一件有趣的事情。

（2）将幼儿的漱口水收集到封闭的玻璃瓶内放到自然角，引导幼儿通过日常观察发现漱口水的变化，提高幼儿注意口腔卫生的意识和对漱口重要性的认识。

（3）家园合作，自制“咕噜来了”的记录表，让幼儿饭后自觉地漱口并做记录。

**专家评析**

本次活动设计有以下几个亮点：

（1）活动形式尊重幼儿的学习方式和特点。幼儿的学习是以直接经验为基础，在游戏和日常生活中通过亲身体验而获得的。本次活动，教师是利用幼儿的加餐环节开展的，采用直接观察和亲自漱口的方式，让幼儿发现吃完食物后嘴里还会有残渣，而这些残渣为细菌提供了食物来源，从而增强幼儿对漱口重要性的认识。此外，儿歌简单、易懂，幼儿以儿歌的形式学习漱口方法，很容易掌握它。

（2）幼幼互动激发幼儿的探索欲望。由于幼儿自己是看不见自己口腔中的现象的，于是教师引导幼儿相互观察同伴的口腔，大大激发了幼儿的好奇心。幼儿通过仔细观察，不但能看见同伴口中是否还有饼干，还可以看到同伴的牙齿情况，发现牙齿不一样的现状，从而达到注意口腔卫生的目的。

（3）“泛灵论”教育方法的有效应用。儿童心理学家皮亚杰认为，在孩子眼里，万事万物都是和自己一样有生命活动和思想意识的个体，是同样平等的存在，是谓“泛灵论”。因此，他们对待身边的事物就像对待熟悉的小朋友一样，能够发生交往行为并乐在其中。活动中，教师充分抓住了幼儿的这一心理特点。首先，教师以小红脸和小蓝脸比喻存在的细菌。其次，用“咕噜”的形式引出漱口方法，将漱口“咕噜咕噜”的声音形象地拟人化，变为保护我们牙齿的“小卫士”，这对于幼儿模仿老师主动地漱口并掌握正确的漱口方法有推动作用，能进一步提升幼儿保持口腔卫生的意识。

此活动的开展与生活自然结合，能使幼儿养成终身受益的好习惯。

# 11. 河马先生爱刷牙

设计教师：苏博　评析专家：龙艳

幼儿园：北京市丰台区嘉园第一幼儿园

## 设计意图

小班幼儿的生活自理能力正在逐渐形成中，因此教师要有意识地引导他们了解讲卫生也是一件自己要学习的事，让他们在自己事情自己做的过程中体验到快乐。而刷牙是幼儿每天都要做的事情，有的幼儿在家会模仿家长刷牙，但有的幼儿不喜欢刷牙，也不知道刷牙是怎么回事。《纲要》提出："教师要教育幼儿爱清洁、讲卫生，注意保持个人的整洁和卫生。"借着这个教育契机，我通过情景导入活动，引导幼儿学习刷牙的儿歌，并通过进一步鼓励幼儿尝试表演儿歌来学习刷牙的好方法，愿意用牙刷自己刷牙。

## 活动目标

（1）愿意用牙刷自己刷牙。

（2）学习正确使用牙刷刷牙的方法。

## 活动准备

PPT 图片 2 张（第一张是河马的图片，第二张是河马牙疼手捂嘴的图片），小动物头饰（数量为幼儿人数的一半），欢快的音乐；教师自制大牙刷 1 个，幼儿每人自带 1 个牙刷；儿歌《刷牙歌》。

## 活动重点

学习正确使用牙刷刷牙的方法。

## 活动过程

### 1. 观看PPT中河马的形象，欢迎河马先生来做客

（1）教师出示课件，引导幼儿认识河马并向河马先生问好。

师：欢迎河马先生来做客，河马先生您好！

（2）观看PPT中河马先生手捂住嘴的图片，讨论他怎么了。

师：（“哎哟、哎哟”）小朋友猜一猜，河马先生怎么了？（请个别幼儿表达自己的想法）

小结：河马先生的牙齿特别疼，原因是吃糖吃多了，没有刷牙。

### 2. 想一想，怎样把牙齿上的糖刷干净

（1）引导幼儿说说怎样刷牙。

师：谁来告诉河马先生，怎样刷牙啊？（幼儿自由发言）

（2）教师手拿大牙刷，朗诵河马先生从医生那里学到的《刷牙歌》。

师：我们一起听一听，大象医生是怎样告诉河马先生刷牙的吧！

（3）教师头戴河马先生的头饰，生动地表演《刷牙歌》。

（4）幼儿和教师一起分析儿歌里河马先生刷牙的方法。

师：河马先生先刷的是哪里的牙？后刷的是哪里的牙？他是怎么刷的啊？

小结：刷牙的时候，前面的牙要上下刷，两边的牙要来回刷。

### 3. 伴随欢快的音乐，幼儿手拿牙刷一起表演儿歌

（1）幼儿自选小动物头饰，参与情景表演。

师：小动物们，来和河马先生一起表演儿歌吧！

（2）根据幼儿的数量及兴趣，让幼儿分组进行表演。

## 活动延伸

（1）在午餐后，教师引导幼儿实践刷牙的方法，并用儿歌提示幼儿使用牙刷正确刷牙。

（2）将儿歌的内容上传到班级网站或者张贴在“家长园地”，提供给家长，

以便家长在家按照儿歌的内容引导幼儿刷牙，做到家园教育的一致性。

【附：儿歌】

**刷 牙 歌**

小牙刷手中拿，河马先生爱刷牙，
前边牙，上下刷，刷呀刷，呲呲嚓，
两边牙，来回刷，刷呀刷，呲呲嚓。
张开大嘴巴，
左刷刷，刷呀刷，刷刷刷，呲呲嚓。
右刷刷，刷呀刷，刷刷刷，呲呲嚓。
我和河马来比赛，看谁的牙齿最洁白！

**专家评析**

苏老师设计的这节活动“河马先生爱刷牙”名字很好听，活动的目标及内容符合小班幼儿的年龄特点及发展需要。活动以学习儿歌的形式展开，引导幼儿学习正确的刷牙方法，并在各个环节中重视幼儿的参与，使幼儿在玩中学。

活动一开始，就以河马先生的形象吸引幼儿的注意力，同时对幼儿进行了礼貌教育，这点很好，使课堂气氛一下子就活跃了起来。紧接着出示的河马先生牙疼的图片也很生动，因为很多幼儿都有牙疼的经验，所以在请他们猜测的时候，他们一下子就猜出来了，让他们感到很骄傲，同时也对河马先生产生了同情心。教师及时抓住幼儿的同情心，引导幼儿想想如何帮助河马先生，然后直接导入到学习《刷牙歌》内容。教师自编的儿歌内容生动、短小精悍，非常符合小班幼儿的年龄特点，所以幼儿很快就学会了。教师巧妙地将刷牙方法融入到儿歌中，并生动地表现给幼儿，同时配合游戏情景请幼儿进行表演，使幼儿知道刷牙的重要性，同时也增强了幼儿主动刷牙的意识，这充分体现了教师“让幼儿在学中玩”的一种教育理念。

## 12. 爱干净的大狮子

设计教师：苏博　评析专家：龙艳

幼儿园：北京市丰台区嘉园第一幼儿园

**设计意图**

随着天气越来越热，洗澡成为孩子们每天必须做的事。但是，有的幼儿在洗澡时只顾着玩，不愿意让家长帮着洗；还有的幼儿胆子小，惧怕洗头发。《纲要》提出：“教师要与家长配合，根据幼儿的需要建立科学的生活常规，培养幼儿良好的盥洗习惯和生活自理能力。”因此，为了帮助幼儿了解正确的洗头发的方法，喜欢洗澡，养成爱干净的好习惯，我设计了此次活动。

**活动目标**

（1）喜欢洗澡，养成爱干净的好习惯。

（2）学习洗头发的正确方法，能愉快地配合家长洗头。

**活动准备**

（1）经验准备：幼儿有洗澡的经验。

（2）材料准备：大狮子手偶和头饰各1个；故事《大狮子的头发》，儿歌《洗发歌》。

（3）环境准备：将座位摆成圆形，使幼儿有一种亲近感。

**活动重点**

学习洗头发的正确方法，能愉快地配合家长洗头。

## 活动过程

**1. 听故事《大狮子的头发》，了解大狮子不爱洗头发的后果**

（1）教师出示大狮子手偶，吸引幼儿的注意力，引导幼儿与大狮子问好。

师：欢迎大狮子来我们班做客！大狮子，你好！

（2）听故事《大狮子的头发》第一段，了解不爱洗头发的后果。

师：小朋友，大狮子的妈妈想到了什么好办法呢？

小结：小朋友们要做讲卫生的宝宝，才会有人喜欢和你们玩。

**2. 说儿歌《洗发歌》，学习洗头发的正确方法**

（1）结合幼儿的生活经验，讨论怎样洗头发。

师：小朋友，你是怎么洗头发的啊？我们教一教大狮子吧！

（2）带领幼儿边说儿歌边学习洗头发的方法。

师：那我们一起听一听大狮子的妈妈是怎么帮他洗头发的吧！

（3）幼儿和教师一起情景表演《洗发歌》，加深对洗头发方法的学习。

师：小朋友们，让我们和大狮子一起来洗头发喽！

小结：小朋友掌握了洗头发的方法后，回家要主动配合爸爸妈妈给自己洗头发哦！

**3. 继续听故事，感受大狮子爱干净后好朋友都很喜欢他的情感**

教师出示大狮子手偶，生动地讲述故事第二段。

师：小朋友，小猴子和小兔子后来为什么愿意和大狮子一起玩了呀？

小结：小朋友要听家长的话按时洗澡哦，要做一名喜欢洗澡、洗头发的宝宝，养成爱干净的好习惯。

## 活动延伸

（1）在活动间的过渡环节，教师扮演狮子妈妈和幼儿一边朗诵儿歌一边表演。

（2）在娃娃家，为幼儿提供洗脸盆、洗发水、喷头模具以及毛巾等生活用品供幼儿选择，鼓励幼儿尝试为娃娃洗头发和洗澡。

（3）家园配合，请家长将孩子在家积极配合洗头发的照片拍下来，展示在班级互动墙饰中。

【附：故事】

**大狮子的头发**

大狮子长着一头很美丽的长发，妈妈总是教导他要经常洗头发，但他觉得洗头发很麻烦，总是不洗。有一天大狮子去找小猴子，说要和他一起去摘香蕉，但是小猴子闻到大狮子身上的臭味儿就没和他一起去，让他去找小白兔。大狮子走到小白兔的菜园子，高高兴兴地向小白兔问好，可小白兔捂着鼻子说："大狮子你怎么来了？哎呀，我家里还有事，拜拜啦！"大狮子看小动物都不愿意和他玩，就伤心地回家了。他把这件事告诉了妈妈，妈妈给大狮子想了一个好办法。那天晚上，大狮子在妈妈的帮助下好好地洗了个澡，把头发也洗得干干净净的。

第二天，洗得特别干净的大狮子出门了。他先来到小猴子家，自信地甩了甩他的长发，小猴子说："大狮子，你今天真香，我愿意和你一起去摘香蕉！"大狮子高兴地和小猴子一起去了小兔子家，小兔子闻到大狮子身上的香味也很高兴，三个好朋友一起快乐地去摘香蕉啦！

【附：儿歌】

**洗发歌**

大脑袋圆溜溜，宝宝来洗头。

洗发水手中揉，闭上眼睛低下头。

白沫沫头上揉，转着圈揉一揉，

| |
|---|
| 妈妈来洒水，宝宝胡噜头，<br>尘土沙子都冲走，妈妈亲我小额头。 |

**专家评析**

这节“爱干净的大狮子”活动，巧妙地利用故事和儿歌引导幼儿学习洗头发的方法，鼓励幼儿在生活中喜欢洗澡，养成爱干净的好习惯。首先，教师利用手偶大狮子的形象导入，能充分调动幼儿的活动兴趣，使幼儿很快地参与到活动中来。其次，教师利用儿歌讲述的形式，引导幼儿学习洗头的方法，因为儿歌内容朗朗上口、内容贴切，再加上教师生动的表演，幼儿很快就掌握了。再次，在进行情景表演的时候，教师戴着头饰扮演大狮子，吸引了幼儿的关注，激发了其主动参与的愿望。在活动中，孩子们的表现各有千秋，这和教师生动的讲授是密不可分的。最后，教师通过讲述大狮子怎样积极配合家长洗澡的故事，来感染幼儿做一名讲卫生的好宝宝。

整个活动过程再次突出了教师“让幼儿在玩中学、在学中玩”的教育理念。

## 13. 我会自己穿脱衣服

设计教师：柴依楠　评析专家：赵蕊莉

幼儿园：北京市第一幼儿园附属实验园

**设计意图**

小班幼儿在生活自理能力方面，对成人有着很强的依赖性，他们希望得到成人的帮助，甚至希望由成人代替来完成生活中的事情。同时，受传统观念的影响，许多家长只关心孩子的智力开发，忽视对孩子生活自理能力的培养，在生活中给予过多的照顾，致使孩子生活自理能力低下，依赖性强。《纲要》健康领域目标指出："要培养小班幼儿良好的生活、卫生习惯，提高其基本的生活自理能力。"而本活动意在让幼儿体验自己穿脱衣服的快乐，学习按照合理的顺序穿脱衣服，从而逐步培养幼儿良好的生活自理能力，保障幼儿的身体健康。

**活动目标**

（1）体验自己穿脱衣服的快乐。

（2）学习正确穿脱衣服的顺序。

**活动准备**

（1）经验准备：幼儿已有穿脱衣服的经验。

（2）材料准备：教师自编故事《穿穿脱脱》、自编儿歌《穿穿脱脱》，小兔子的毛绒玩具1个，游戏提示卡2张（一张提示卡的画面是一个准备脱衣服睡觉的小朋友；另一张提示卡的画面是一个准备起床穿衣服的小朋友）。

**活动重点**

学习正确穿脱衣服的顺序。

**活动过程**

**1. 讲述故事《穿穿脱脱》的前两段内容，引导幼儿了解脱衣服的顺序**

（1）教师操作小兔子毛绒玩具，讲述《穿穿脱脱》的前两段故事内容。

师：请小朋友听听故事里的小动物们是按照怎样的顺序脱衣服的。

（2）根据故事内容，教师引导幼儿了解脱衣的顺序。

师：大象老师为什么要奖励给小动物每人一个小贴画？正确的脱衣服顺序是怎样的呢？

小结：脱衣服时，要先脱袜子，再脱裤子，最后脱上衣。有顺序地脱衣服可以保好小动物的身体健康，避免着凉。

**2. 结合生活经验，引导幼儿猜一猜小动物是怎样有顺序地穿衣服的**

师：小动物知道有顺序地脱衣服可以不生病。小朋友猜一猜小动物又是怎样有顺序地穿衣服，才能保护好自己的身体呢？（幼儿自由表达自己的观点）

**3. 讲述故事《穿穿脱脱》的后两段内容，引导幼儿了解穿衣服的顺序**

（1）教师操作小兔子毛绒玩具，讲述《穿穿脱脱》的后两段故事内容。

师：请小朋友听听故事里的小动物们是按照怎样的顺序穿衣服的。

（2）根据故事内容，引导幼儿了解穿衣的顺序。

师：大象老师奖励给哪个小动物一个大大的拥抱呢？正确的穿衣服顺序是怎样的呢？

小结：穿衣服时，先穿上衣，再穿裤子，最后穿袜子。有顺序地穿衣服可以保护好小动物的身体健康，避免着凉。

**4. 看图片做动作，引导幼儿体验按顺序穿脱衣服的快乐**

（1）教师分别出示两张游戏提示卡，帮助幼儿理解其表示的内容。

（2）教师介绍游戏的玩法：游戏开始前，教师（或一名幼儿）将两张提示卡的画面朝下。当教师（或一名幼儿）宣布游戏开始后，教师（或一名幼儿）迅速翻开其中一张提示卡，参加游戏的幼儿根据游戏提示卡的内容，用动作表示有顺序地穿衣服（或脱衣服）。

（3）游戏过程中，教师和幼儿边朗诵儿歌《穿穿脱脱》边做动作。

①当游戏提示卡的内容是请幼儿有顺序地穿衣服时，教师可引领幼儿边朗诵有顺序穿衣服的儿歌内容边做动作。

②当游戏提示卡的内容是请幼儿有顺序地脱衣服时，教师可引领幼儿边朗诵有顺序脱衣服的儿歌内容边做动作。

建议：幼儿在做动作时，教师要注意观察幼儿穿脱衣服的动作顺序，及时肯定按顺序做穿脱衣服动作的幼儿。如果幼儿没能按顺序做穿脱衣服的动作，配班教师要及时进行个别指导。

**活动延伸**

（1）在午睡环节，可鼓励幼儿迁移故事中习得的经验，像小动物们一样能有顺序地穿脱衣服，保护自己的身体健康。

（2）在娃娃家，有针对性地提供娃娃或者小动物玩偶，引导幼儿在娃娃家给娃娃或者小动物有顺序地穿脱衣服。

（3）在睡眠室的墙面上粘贴小朋友穿脱衣服的顺序图，提示小朋友按照正确的顺序穿脱衣服。

（4）在“家长园地”中将《穿穿脱脱》的儿歌内容和家长分享，鼓励家长在家庭中和幼儿边说儿歌边玩《穿穿脱脱》的游戏，帮助幼儿掌握正确的穿脱衣服的顺序，提高幼儿按顺序穿脱衣服的速度。

**【附：故事】**

**穿穿脱脱**

动物幼儿园里，小动物们吃过午饭准备脱衣服睡午觉。大象老师说：“孩子们，你们在幼儿园学到了很多本领，今天来试试自己脱衣服，不用老师帮忙好不好？”小动物们都说好。

小兔子三下两下就把上衣脱完，再脱掉袜子和裤子，举起手大声说：“大象老师，我是第一名！”小猫和小兔不一样，小猫先脱掉袜子，然后脱裤子，最后才脱上衣。大象老师先称赞了所有小动物都能自己脱衣服，奖励给他们每人一个小贴画，然后微笑着问小猫：“你为什么要先脱袜子、裤子，最后才脱上衣呢？”小猫骄傲地说：“因为最后脱上衣就没那么容易着凉了！”大象老师在小猫的脸上亲了亲说：“你真会照顾自己！”小兔和小熊也向小猫竖起了大拇指。小猫高兴地笑了。

小动物们从美美的午觉中睡醒啦！大象老师说：“我们怎样穿衣服，才能不着凉呢？”小兔说：“先穿上衣，就能让身体暖和。”小兔想了想又说：“不对，不对，我们先穿裤子，就能让两条腿暖和。”小猫喵喵地叫着，不慌不忙地说：“先穿上衣，然后去卫生间小便，最后再穿裤子、袜子，这样又暖和又方便。”

大象老师眯眯地笑着，给了一个小动物一个大大的拥抱。请小朋友说说这个拥抱给了哪个小动物？为什么？

【附：儿歌】

穿穿脱脱

铃铃铃铃，时间到，宝宝脱衣要睡觉。

先来脱掉小袜子，再把脱掉小裤子。

最后脱掉小上衣，呼呼呼呼睡大觉。

铃铃铃铃，时间到，宝宝起床把衣穿。

先来穿上小上衣，再来穿上小裤子。

最后穿上袜两只，暖暖和和身体棒。

**专家评析**

整个活动设计动静交替，由浅入深，引导幼儿积极主动参与。

（1）活动目标及内容符合小班幼儿现有发展需要。在日常生活中，教师注意观察幼儿在有顺序穿脱衣服中存在的问题，制定了本节教育活动的幼儿发展目标。在活动过程中，绝大多数幼儿表现出积极参与的学习状态。首先，当教师讲述故事《穿穿脱脱》的前两段内容时，幼儿能围绕教师的提问，比较准确地回答出脱衣服的顺序；其次，幼儿又结合生活经验和故事情景，大胆地猜想穿衣服的顺序；再次，通过聆听《穿穿脱脱》的后两段故事内容，主动验证自己的猜想；最后，在游戏体验环节，绝大多数幼儿都能掌握穿脱衣服的顺序。

（2）活动过程调动起小班幼儿参与活动的主动性。首先，运用多种形式，激发幼儿对活动的兴趣。有顺序地穿脱衣服对于小班幼儿来说有些抽象，不好理解。本活动利用故事、儿歌、游戏等多种形式，变抽象的说教内容为形象的、可被幼儿模仿、感受、体验的内容，激发了小班幼儿参与活动的积极性。

其次，通过多个途径引领，鼓励幼儿主动参与活动的过程。在本节活动的设计中，教师并未直接将正确的穿脱衣服顺序教给幼儿，而是在“猜一猜”、“听一听”、“试一试”的环节中，鼓励幼儿主动参与活动过程。在“猜一猜”的环节中，教师鼓励幼儿结合自己的生活经验，表达自己的想法；在“听一听”的环节中，教师利用故事的形式，引导幼儿感受有顺序穿脱衣服的方法和有顺序穿脱衣服对身体的重要性；在“试一试”的环节中，通过辨析性的提示卡，激发幼儿参与游戏的愿望，鼓励幼儿利用动作现场体验穿脱衣服的顺序。

**建　议**

依据小班幼儿的认知特点，教师在创编《穿穿脱脱》的故事内容，尤其是故事的前半部分时，应让不同的小动物多次重复“正确脱衣服的顺序”，借以加深幼儿对“正确脱衣顺序”的理解。

## 14. 我会扣纽扣

设计教师：韩佳齐、郭莎莎　评析专家：范惠静

幼儿园：北京市顺义区南法信中心幼儿园

**设计意图**

在生活中，家长对幼儿的事情包办代替是当今社会的普遍现象。因此，当幼儿离开家庭进入幼儿园的集体中，在生活自理方面往往会感到束手无策。《指南》中指出幼儿应“具有基本的生活自理能力”，其典型的表现就包括自己能穿脱衣服、扣扣子。幼儿要成为独立的人，需要从学习生活开始，为此我设计了本次活动，希望通过活动提高幼儿的动手能力、生活能力，促进幼儿全面、健康的发展。

**活动目标**

（1）愿意做力所能及的事情。

（2）学习掌握扣扣子的方法。

**活动准备**

幼儿人手1件有扣子的衣服，布娃娃1个，适合娃娃穿的带扣子的开衫外套1件；儿歌《扣扣子》。

**活动重点**

学习掌握扣扣子的方法。

**活动过程**

**1. 情景导入，激发幼儿扣纽扣的兴趣**

出示布娃娃，师（扮演小娃娃）：“好冷啊，我要把衣服穿上了。”教师拿

起一件有扣子的开衫衣服给布娃娃穿上，说："呜……这个衣服上有扣子，我不会扣扣子啊。"

师：小娃娃不会扣纽扣，我们来帮助他吧！你们会扣扣子吗？（请个别幼儿讲一讲，试一试）

**2. 学习扣扣子的方法**

（1）认识扣子、扣眼。

师：怎么扣扣子呢？先要找到扣子和扣眼，扣眼就是旁边的小洞洞。（指给幼儿看）

（2）教师念儿歌示范扣扣子的方法。

教师边念儿歌《扣扣子》边给娃娃扣上衣服扣子："扣扣子，扣扣子，手拉衣襟对对齐，一手拿扣子，一手拿扣眼，从下往上挨个扣，漂亮又整齐"。

小结：扣扣子的方法是一手拿扣子，一手扶扣眼，由里到外拿出扣子。

**3. 幼儿操作练习**

分给幼儿每人一件衣服，让他们独立练习扣纽扣，教师巡视指导。

师：我们要帮助娃娃穿衣服，先练习一下扣纽扣吧！

**活动延伸**

（1）在午睡环节，鼓励幼儿自己穿脱衣服，自己解纽扣和扣纽扣。

（2）在娃娃家投放布娃娃及多件带纽扣的布娃娃衣服，供幼儿练习。

（3）指导家长在家时要坚持让幼儿自己穿脱衣服，自己解纽扣和扣纽扣。

**专家评析**

生活自理能力是儿童幼儿阶段需要学习与发展的重要方面，是幼儿适应社会生活必备的基本能力。此活动的目标及内容符合小班幼儿年龄特点及发展需要，不仅提高了幼儿的生活自理能力，更重要的是发展了幼儿小肌肉的灵活性。本活动目标具体、可操作，贴近幼儿生活，从幼儿生活中来，在生活中展开。教师以"学"和"习"两个主要途径发展幼儿的基本技能，并考虑到小班幼儿的年龄特点，采用了情景导入法、儿歌教学法等适宜方法，把动作要领自然地融入到儿歌中，让幼儿易于理解也乐于接受，使教师的主导作用和幼儿的主体作用相互统一、有机结合。这一点恰恰符合《纲要》中健康教育的要求——“用幼儿感兴趣的方式发展基本动作，提高动作的协调性、灵活性”。每一个环节中幼儿都能积极地体验和主动地学习，大部分的幼儿都能掌握扣扣子的方法，目标达成较好。

**建　议**

（1）在操作过程中，因为有的衣服扣眼较小、扣子稍大，比较难扣，建议教师选择扣眼及扣子都大一些的衣服并在活动之前逐一试扣，支持幼儿的学习和操作活动。

（2）教师要尊重幼儿的个体差异，对个别动作协调性较差的幼儿多指导、多鼓励。

## 15. 我是穿衣小能手

设计教师：张娜、王志红　评析专家：赵蕊莉

幼儿园：北京市第一幼儿园附属实验园

**设计意图**

现在的幼儿大部分是独生子女，家长往往包办代替较多，导致很多幼儿不会穿脱衣服。而《纲要》健康领域目标指出：“要培养小班幼儿良好的生活、卫生习惯，提高其基本的生活自理能力。”为了帮助幼儿掌握正确的穿衣方法，增加穿衣服学习的乐趣，鼓励幼儿能自己穿衣服，我设计了本次活动，将穿

衣服的步骤设计成生动有趣的儿歌，提升幼儿的学习兴趣。

**活动目标**

（1）乐意自己独立地穿脱衣服（套头衫）。

（2）学习穿脱衣服（套头衫）的方法。

**活动准备**

（1）经验准备：幼儿已了解衣服的各部位名称，如领子、袖子等；知道上、下等方位。

（2）材料准备：每个幼儿自带一件在生活中常穿的套头衫，儿歌《钻山洞》。

**活动重点**

掌握穿脱衣服（套兴衫）的方法。

**活动过程**

**1. 出示套头衫，引导幼儿感受衣服各部位的作用**

师：谁知道这件套头衫有多少个洞洞？如果让你穿上这件衣服，每个洞洞分别是让身体的哪个部分钻进去呢？

小结：套头衫有四个洞洞。衣服最上方有一个洞洞，是让头部钻进去的；衣服两侧分别有一个洞洞，是让胳膊钻进去的；还有一个最大的洞洞，是让身体钻进去的。

**2. 学儿歌、玩游戏，帮助幼儿体验正确穿衣服（套头衫）的方法**

（1）教师边朗读儿歌《钻山洞》边做动作，幼儿模仿、体验。

师：你能按照儿歌内容，边说儿歌边和老师一起做动作吗？

小结：穿套头衫时，要先将头部钻入衣服，从衣服最上面的洞钻出；然后将两只胳膊分别钻入衣服两边的洞，再从两边的洞钻出。

（2）玩游戏“我们一起钻洞洞”，引导幼儿体会自己穿衣的快乐。

师：每个小朋友都准备好了自己的套头衫，我们一起钻洞洞，好吗？（幼

儿游戏）

小结：小朋友们真棒，掌握了新本领，可以自己穿衣服了。

（3）引导幼儿思考：还有哪些不一样的方法也能穿好套头衫？

小结：穿套头衫有两种方法：一种是先伸头再伸胳膊，另一种是先伸胳膊再伸头。

**3. 鼓励幼儿迁移正确穿衣服的经验，发现自己脱衣服的方法**

（1）幼儿第一次尝试自己脱衣服。

师：想不想自己把衣服脱下来？小朋友可以试一试。

小结：自己独立脱衣服，不用大人帮忙，感觉真快乐。

（2）教师及时帮助幼儿梳理脱衣服的方法。

师：你们又是用什么方法把衣服脱下来的呢？

小结：脱衣服有两种方法：一种是先脱头部再脱胳膊；另一种是先脱胳膊再脱头部。

**4. 引导幼儿将脱下的衣服叠整齐，放在指定的地方**

小结：我们做事情要有始有终，要把脱下的衣服放在指定的位置，要保持环境的整齐、干净。

**活动延伸**

（1）在日常生活中，鼓励幼儿边说儿歌边正确地穿衣服，同时引导幼儿和老师一起创编《脱衣服》的儿歌。

（2）在娃娃家，鼓励幼儿为布娃娃穿脱衣服，在游戏中巩固正确穿脱衣服的方法。

（3）在活动室或寝室的墙面上，粘贴穿脱衣服示意图，帮助幼儿掌握正确穿脱衣服的方法。

（4）与幼儿家长分享穿衣服的方法与儿歌，引导家长在家能够多鼓励幼儿独立穿脱衣服。

【附：儿歌】

钻山洞

我学火车钻山洞，看来看去四个洞。

低头钻进大山洞，眼前黑黑别害怕。

直直钻出大黑洞，美丽画面在身前。

左手右手分别钻，小手见面拍拍拍。

**专家评析**

本活动设计有以下几个亮点值得教师借鉴：

（1）活动目标来源于幼儿生活，符合小班幼儿现有的发展水平。小班年龄阶段是提高幼儿生活自理能力的关键期。本活动是根据教师在日常生活中发现部分幼儿存在的穿脱衣服问题而设计的。教师将幼儿不会穿脱衣服的现状加以分析，通过鼓励幼儿不断地尝试、体验，并运用儿歌的形式，使幼儿学会穿脱衣服。因此，本次活动目标、内容来源于幼儿的生活，来源于小班幼儿的现有发展水平，能够切实地帮助幼儿解决生活中的问题，提高其基本的生活自理能力。

（2）反复体验的活动过程，符合小班幼儿的学习方式。在活动的一开始，教师抓住小班幼儿对各种洞洞充满好奇心的年龄特点，从引导幼儿观察衣服上的洞洞入手，调动幼儿参与活动的兴趣。接着，在重点学习穿衣服的环节，教师也是循序渐进地展开：引发幼儿对“衣服上洞洞作用”的思考—引导幼儿模仿学习正确穿衣服的方法—幼儿独立在儿歌内容的引导下，进行第二次的练习、体验—引发幼儿思考正确穿衣服的不同方法，使幼儿在想一想、说一说、练一练、再想一想等反复的思考、体验过程中逐步学会穿衣服。活动过程层层递进，符合小班幼儿的学习方式。

（3）儿歌内容凸显关键经验，符合小班幼儿的学习特点。教师将穿衣服的方法创编成了朗朗上口的小儿歌，而儿歌的内容又凸显了正确穿衣服的关键经验，这一方式具体、有趣，易于幼儿理解，使幼儿自然地掌握正确穿衣服的方法，解决了本次活动的重点问题，符合小班幼儿的学习特点。

**建 议**

在穿衣服过程中，部分幼儿会出现将衣服穿反的现象。建议教师在日常生活环节，针对部分幼儿穿反衣服的现象进行个别指导；也可以利用一个“发现问题情景”，引导幼儿发现“衣服正反面”的不同特点，帮助幼儿逐渐分清衣服的正反面并掌握正确穿脱衣服的方法。

## 16. 我会穿鞋

设计教师：孙维、赵蕊莉　评析专家：范惠静

幼儿园：北京市第一幼儿园附属实验园

**设计意图**

9 月份小班幼儿刚刚入园，幼儿园的一切对于他们而言都显得陌生，他们要尝试自己上厕所、喝水、吃饭，穿脱衣服和鞋袜。为了提高幼儿的基本生活自理能力，我设计了本次教育活动，意在让幼儿知道小鞋是一对一对组成的并能分辨鞋子的正反，自己能主动穿鞋，感受独立做事的快乐与满足。

**活动目标**

（1）愿意自己独立地穿脱鞋。

（2）掌握基本的穿对鞋的方法。

**活动准备**

（1）材料准备：5种不同种类的鞋子（布鞋、皮鞋、旅游鞋、雨鞋、拖鞋）各一双；大小不同的鞋印；教师自制情景剧《小鞋悄悄话》的PPT；儿歌《穿鞋歌》。

（2）环境准备：创设“鞋店”的游戏环境。

**活动重点**

掌握基本的穿对鞋的方法。

**活动过程**

**1.通过视频和观察自己的小鞋，产生穿对鞋子的愿望**

（1）欣赏《小鞋悄悄话》PPT，初步了解穿对鞋的方法。

师：你看到了哪些鞋？鞋穿成什么样就找到好朋友了？

（2）观察自己的鞋子，说说穿对的鞋应该是什么样的。

师：你喜欢你的小鞋吗？你能摸到你的小鞋头吗？能摸到你的小鞋跟吗？你们的两只小鞋穿成什么样就是一对好朋友了？穿上舒服的小鞋有什么感觉？

小结：小鞋是由鞋头、鞋跟等组成的；两只小鞋长得一样，鞋头碰鞋头、鞋跟碰鞋跟，这样两只小鞋就找到好朋友了。

**2.玩游戏“一双双一对对”，学会用多种方法分清正反鞋**

（1）游戏玩法：游戏开始前，教师将每一对鞋分成两部分。游戏开始后，教师请幼儿为一只一只的鞋配对，直到为每一只鞋都找到相应的另一只。然后，请幼儿说一说用什么好方法能帮鞋子找到彼此的好朋友。

师：小鞋找不到朋友正着急呢，谁能帮帮它们呢？你是用什么方法帮鞋子找到各自的好朋友的？

小结：可以有多种方法分清正反鞋，有的鞋子图案是在鞋的外侧，有的鞋子是鞋帕儿在外侧等。

（2）教师边朗诵儿歌《穿鞋歌》边做相应的动作，幼儿理解儿歌内容，并模仿教师的动作。

**3. 玩“买鞋”游戏，运用获得的经验穿对鞋**

（1）在“买鞋”的游戏情景下，幼儿自由挑选合适的鞋。

师：我们一起去鞋店买一双自己喜欢又合脚的小鞋吧！（幼儿到“鞋店”挑鞋）

（2）通过试新鞋环节，鼓励幼儿运用不同的方法穿对鞋。

师：试一试，你的小鞋合脚吗？你是用什么方法把鞋穿对的？

（3）通过“踩小鞋印”环节，引导幼儿自我验证是否穿对鞋。

小结：检查自己的小鞋是否穿对，要看小鞋是否完全踩在小鞋印里才行。

**4. 在“小鞋踢踏舞”的游戏中自然结束活动**

师：我们穿着新鞋一起跳个舞吧！

**活动延伸**

（1）在日常生活环节，请若干“穿对鞋”的幼儿当“穿鞋小老师”，检查或帮助其他幼儿“穿对鞋”，提高幼儿穿对鞋的成就感。

（2）在娃娃家，引导幼儿给布娃娃穿鞋；还可以在益智区投放不同的小鞋图片或自制小鞋模板，供幼儿给小鞋配对。

（3）在教室的墙面上粘贴穿对鞋的多种方法提示图，提示幼儿按照正确的方法穿鞋。

（4）把《穿鞋歌》粘贴在“家长园地”和幼儿家长分享，指导家长在家庭中和幼儿边说儿歌边玩“穿鞋”的游戏，鼓励幼儿在家里和爸爸妈妈比一比，看谁的穿鞋方法好，看谁穿鞋穿得又对又快。

【附：儿歌】

**穿 鞋 歌**

两个好朋友，见面不分手。
要来一块来，要走一块走。
如果穿对鞋，它们头碰头。
如果穿错鞋，它们把头扭。

**专家评析**

本次活动设计，取得了非常好的教学效果，原因如下：

（1）幼儿参与活动的积极性很高，目标达成效果良好。本次活动的选材贴近幼儿的生活，能够满足幼儿的发展需要。穿反鞋在小班初期是幼儿经常遇到的问题，而本次活动的开展，解决了幼儿穿反鞋的难题。活动中丰富多彩的游戏形式，也易于调动小班幼儿尝试、探索、模仿、学习的积极性。因此，大部分幼儿都完成了目标，学会了穿对鞋的方法，整个活动效果良好。

（2）活动形式尊重小班幼儿的学习规律，益于小班幼儿的理解和学习。整个活动设计由浅入深，层次清楚。首先，让幼儿认识各种鞋，帮助幼儿了解鞋的多种多样；其次，通过与幼儿讨论如何穿对鞋，引导幼儿发现在日常生活中“穿错鞋”的现象；再次，通过玩“一双双一对对”游戏和说《穿鞋歌》等，帮助幼儿感受头碰头穿对鞋的好方法；最后，又通过“买鞋”的情景游戏，让幼儿自己主动体验、尝试、验证穿对鞋的方式方法。

**建 议**

（1）在活动的第二个环节，由于幼儿年龄较小，他们能找到穿对鞋的方法，但不会自己总结和提升经验，这就需要教师抓住教育契机，帮助幼儿进行小结和提升。

（2）在“买鞋”这个游戏情景下，应该给幼儿更多的自主空间，让幼儿自己结合原有经验，在试鞋与验证正反鞋的过程中，巩固穿对鞋的方法。

# 17. 不哭闹的乖宝宝

设计教师：韩佳齐　评析专家：范惠静

幼儿园：北京市顺义区南法信中心幼儿园

**设计意图**

小班幼儿的行为明显受情绪支配，他们的情绪很不稳定，容易冲动，常会因为一些小事而大哭大闹。而哭闹这种消极的情绪如果长期得不到控制、调节，会引起幼儿生理上、心理上的各种问题。《纲要》指出："要高度重视幼儿的心理健康。"一个心理健康的孩子，首先应该能逐渐学会调控自己的情绪，保持乐观向上的心境。这就要求教师应该注意帮助幼儿逐渐学会驾驭自己的情绪，帮助幼儿应对那些与自己的需要和愿望有冲突的情景，使自己生活得更开心、快乐。为此，我设计了本次活动。

**活动目标**

（1）知道不因一点小事就哭闹不止。

（2）理解并愿意接受成人的安抚，缓解情绪。

**活动准备**

故事《嘟嘟不哭了》，角色手偶——小熊和小兔，本班小朋友玩游戏时开心笑的照片。

**活动重点**

理解并愿意接受成人的安抚，缓解情绪。

## 活动过程

**1. 欣赏教师表演的手偶故事《嘟嘟不哭了》，了解故事大意**

师：嘟嘟哭了，他为什么哭啊？（幼儿自由回答）

师：嘟嘟最后不哭了，是谁来帮助嘟嘟了？（幼儿自由回答）

小结：人人都会有哭的时候，但不能因为一点小事就大哭大闹。当有人安慰时，就不要再哭了。

**2. 再次欣赏手偶故事，理解并接受别人的安抚**

师：兔姐姐帮助嘟嘟了，兔姐姐是怎么说的？提出了什么好办法？

小结：当你哭的时候，有人来帮助，要听听别人说了什么，也可以试着做一做。

**3. 观看小朋友开心玩游戏的照片**

（1）出示小朋友各自玩玩具时开心笑的一组照片。

师：小朋友在玩什么玩具呢？

师：他们高兴吗？你是从哪里看出来的？

（2）出示小朋友们一起玩时开心笑的一组照片。

师：他们在做什么呢？

师：他们高兴吗？你是从哪里看出来的？

小结：跟自己喜欢的玩具一起玩会很高兴，还可以找自己的好朋友一起玩也会很开心。

**4. 和自己的好朋友一起玩**

请幼儿和身边的好朋友手拉手（或者配班教师与幼儿拉手）围成圆圈，教师边弹琴边唱歌，带领幼儿按照节奏摆手。

## 活动延伸

（1）布置“不哭闹的乖宝宝”墙饰，奖励在哭闹现象方面有改进的幼儿。将全班幼儿分成两组，一组为平时爱哭闹的幼儿，一组为情况稍好的幼儿，以周为单位记录每一名幼儿哭闹现象的改进情况。一周获得3个小笑脸的小朋友可以乘坐“快乐小火车”。(每组幼儿有一个“快乐小火车”的墙饰，教师将获得3个小笑脸的小朋友的照片贴在“快乐小火车”墙饰上，每周五“快乐小火车”开动一次，教师带着快乐小天使参观幼儿园。)教师可根据本班实际情况调整小笑脸的个数，初期可以少一些，如获得2个笑脸可以上“火车”；后期可以多一些，如获得5个笑脸可以上“火车”。

(2)鼓励幼儿回家将《嘟嘟不哭了》的故事讲给爸爸妈妈听，在家也做不哭闹的乖宝宝。

**【附：故事】**

**嘟嘟不哭了**

小熊嘟嘟从幼儿园一回到家，就拉着妈妈给自己讲故事，可妈妈要去做饭，就对嘟嘟说：“我们吃完饭再讲好吗？”嘟嘟不高兴了，走到自己房间大声地哭闹。邻居家的白兔姐姐听到了嘟嘟的哭声，赶忙跑过来问嘟嘟：“嘟嘟你为什么哭呀？”嘟嘟不说话，只是跺脚哭。白兔姐姐忙说：“嘟嘟这样哭真难看，快别哭了！”嘟嘟边哭边说：“妈妈不给我讲故事。”白兔姐姐对嘟嘟说：“嘟嘟，妈妈做饭多累啊！嘟嘟是个好孩子，不要因为一点小事就哭闹，不高兴的时候，可以跟玩具一起玩，也可以找好朋友一起玩啊！我们俩玩游戏吧！”嘟嘟听了白兔姐姐的话，真的不哭了，他们两个开始一起玩游戏了！

**专家评析**

幼儿的情绪管理在幼儿园是一项非常重要的教育内容，需要从小培养。本活动结合小班幼儿容易冲动、常会为一些小事而大哭大闹的特点进行情绪教育，让幼儿知道不因一点小事就哭闹不止，理解并接受成人的安抚，是一节非常有意义的活动。本活动由四个环节组成，环节一中教师以配合手偶讲故事的方式激发幼儿参与活动的兴趣，引导幼儿知道不因一点小事就哭闹；环节二通过故事讨论让幼儿理解并接纳成人的安抚，表现在听一听别人是怎么说的，按照别人的方法试着做一做；环节三通过看身边的小朋友开心玩玩具以及小朋友们一起玩的照片，来告诉幼儿这两种方法会使小朋友很开心；环节四请幼儿亲身感受与小朋友一起玩的快乐。

此活动目标清楚，重点突出，活动过程始终以故事贯穿，引导幼儿懂得什么是对的、应该怎么做，将心理健康教育融于故事中，使枯燥的道理和要求在活动中内化为幼儿的需要和自觉行为，发挥了事半功倍的作用。

## 建 议

（1）解决小班幼儿哭闹的现象是一个长期的过程，不可能通过一两次教育活动就收到立竿见影的效果。建议教师和家长深入分析、了解幼儿哭闹的原因，从问题入手解决幼儿的哭闹现象。

（2）成人（教师和家长）要和幼儿建立一个良性的沟通方式，当幼儿不因小事就哭闹不止或接受成人的安抚时，必须对他进行表扬，比如，对他说：“你能好好地听我讲话，我很高兴。”每当幼儿有好的表现时，就关注他。这样，幼儿就会知道你注意到并赏识他的好的表现。成人甚至可以记“好行为”日记，帮助幼儿记住这些表现。

## 18. 玩具要回家

设计教师：韩佳齐　评析专家：范惠静

幼儿园：北京市顺义区南法信中心幼儿园

### 设计意图

小班幼儿入园已有一段时间，他们已经适应了幼儿园的生活，喜欢和同伴、老师一起游戏、玩玩具。但是，玩完之后就不会整理了。《指南》指出，幼儿应“具有基本的生活自理能力”，其典型表现包括整理生活用品与学习用品。为了帮助幼儿建立愿意整理玩具的情感、习得整理玩具的技能，依据小班幼儿的年龄特点和认知特点，我把玩具柜设为“妈妈”，把玩具设为“娃娃”，并用游戏的组织方式设计了本次活动。

### 活动目标

（1）愿意整理自己的玩具。

（2）会按标记将玩具物品放回原处。

### 活动准备

会哭、会笑的布娃娃1个，班级中的常见玩具若干，标记图片（图片内容、数量与玩具对应），儿歌《玩具娃娃找妈妈》。

### 活动重点

会按标记将玩具物品放回原处。

### 活动过程

#### 1. 情景游戏：送娃娃回家

（1）把布娃娃放在一个角落里，触动机关让娃娃哭，幼儿听到哭声寻找布娃娃。

师：娃娃为什么会哭？（“娃娃找不到家了”）

娃娃的家在哪里呢？（“贴有娃娃照片的地方”）

小结：娃娃照片就是娃娃的家的标记。（让幼儿了解什么是标记）

**2. 送玩具回家**

（1）教师和幼儿一起观察玩具和标记。

①认识常见玩具的标记。教师出示各种玩具的标记，让幼儿猜猜分别代表哪种玩具。

②知道玩具和标记一一对应。教师告诉幼儿贴标记的地方就是相应玩具的家，并说儿歌：“柜子妈妈要说话，请你看看她的娃”。

（2）幼儿开始游戏，把事先准备好的散落的玩具按标记送回家。

幼儿游戏时，教师说儿歌：“柜子妈妈想娃娃，要按标记送回家。”幼儿按照标记把玩具送回家时，“柜子妈妈”（教师扮演）对幼儿表示感谢。

小结：玩具和标记是一一对应的，小朋友要依据标记送玩具回家。

**活动延伸**

（1）幼儿园内，在幼儿的生活用品和学习用品上都贴上标记，在日常生活和游戏中鼓励幼儿按标记使用、整理物品。

（2）请家长在家和幼儿一起为幼儿所用的物品设计相应的标记，鼓励幼儿使用后按标记整理。

**【附：儿歌】**

**玩具娃娃找妈妈**

柜子妈妈玩具娃，

快快乐乐是一家。

柜子妈妈要说话，

请你看看她的娃。
柜子妈妈想娃娃，
要按标记送回家。

**专家评析**

此活动的目标及内容是符合小班幼儿的年龄特点及发展需要的，并且很好地践行了“教育是知、情、意、行的和谐统一”这一教育理念。为了让幼儿把获得的情感体验和认知内化为自己的自觉行为，教师创设了一个很好的实践活动情景——“把玩具娃娃送回家”。在“使用标记”的过程中，教师首先让幼儿认识标记，其次再了解标记与玩具的对应关系，最后练习使用标记将玩具送回家，在操作活动中让幼儿的认识、技能获得了提升。活动中幼儿的兴趣高涨，每个幼儿都能积极地参与到活动中，能主动地使用标记整理玩具物品。

**建 议**

（1）幼儿收拾整理玩具的前提是学会将玩具分类摆放。对玩具进行分类是一件非常令人头疼的事情，因为幼儿经常把不一样的玩具混放在一起。建议下次活动时教师要引导幼儿进行玩具的分类摆放，让幼儿在游戏中懂得同样的玩具应该放在一起，感受玩具分类收放的整齐有序。

（2）活动结束时，教师应及时检验幼儿把玩具送回家的情况，让幼儿进一步清楚玩具不能随意放置，应根据玩具的标记进行收拾。在日常生活中，教师也应持之以恒地鼓励幼儿整理自己的物品，帮助幼儿逐渐养成习惯。

# 19. 有趣的身体检查

设计教师：邓蕊、王志红　评析专家：范惠静

幼儿园：北京市第一幼儿园附属实验园

**设计意图**

面对打针和体检，大部分小班幼儿都存在着恐惧心理——怕疼！我们不能一味地要求幼儿勇敢，而应从积极的角度帮助幼儿感受和理解体检的重要作用。正如《纲要》中指出的，“要鼓励、教育幼儿知道身体不舒服时告诉成人，配合医务人员进行身体检查和预防接种”。所以，我设计了本次活动，希望幼儿在“小医院”的角色游戏中感受到医生对小朋友的关心，愿意配合医务人员进行预防和接种，在生病时不怕医生，愿意亲近医生。

**活动目标**

（1）乐于配合医生进行身体检查。

（2）初步了解定期体检对身体成长的好处。

**活动准备**

（1）经验准备：幼儿玩过“小医院”的游戏，有去过医院的经历，接受过幼儿园保健医生的晨检；熟悉儿歌《我最勇敢》。

（2）材料准备：扮演医生用的白大褂、帽子、药品箱、针筒、体温计、药瓶等；教师自制一个愁眉不展的布娃娃；创设2~3个“小医院”区域，并准备相应的医疗器具（如听诊器、手电筒、尺子、体重秤等）。

（3）人员准备：请幼儿园保健医生参与部分教育活动。

**活动重点**

乐于配合医生进行身体检查。

**活动过程**

**1. 出示“小医院”玩具，帮助幼儿简单了解医疗器具对身体检查的重要性**

（1）教师创设问题情景，帮助幼儿回忆原有经验。

师：我们要开设一家小医院，小医院里都应该有些什么呢？

（2）教师根据幼儿的回答，出示相应的小医院玩具。

师：在小医院里，为什么要准备这些？如果没有这些，可以吗？

小结：医院是为病人治病或给人们检查身体的地方，这些医疗器具对检查人们的身体有重要的作用。

**2. 玩“小医院”游戏，引导幼儿感知、体验配合医生检查身体的乐趣**

（1）创设2～3个小医院的区域，鼓励幼儿主动到医院检查身体。

师（扮演医生）：今天我们的小医院可以为小朋友做身体检查了，欢迎小朋友的光临。

（2）幼儿扮演到医院检查身体的顾客，自选其中的一所小医院进行体检。

（3）医生一边为顾客检查身体，一边自然地与顾客交流。

● 听诊器放到你的身上有什么感觉？请你吸气、呼气。

● 张开嘴，让医生看看你的牙齿里面是不是有小虫子。

● 掀开衣服，让医生摸摸你的肚子。

● 请站在上面，称称你有多重？站直，量量你有多高？

小结：我们在做身体检查时，就像和医生及这些医疗器具做游戏一样，并不可怕。

（4）请幼儿园的保健医生给幼儿讲解定期检查身体的重要性。

小结：定期体检可以帮助我们了解身体成长的状况，预防疾病，保证我们更加健康。

**3.创设问题情景，鼓励幼儿大胆地运用新经验解决生活中的问题**

（1）教师出示一个愁眉不展的布娃娃，引发幼儿思考。

师：这个娃娃应该参加今天的身体检查，可是她害怕、不想去，怎么办？

（2）引导幼儿开展“我想对娃娃说”的交流活动，鼓励幼儿大胆地运用新经验。

师：你们在做身体检查时，是什么感觉？谁愿意帮助娃娃，让她也像你们一样勇敢地进行身体检查？你想对娃娃说些什么？

小结：小朋友体检时不要紧张、害怕，要勇敢地配合医生检查身体。

**活动延伸**

（1）在日常生活中，鼓励幼儿见到保健医生要主动问好，主动配合保健医生做晨检；教师要与保健医生配合开展班级体检活动，鼓励每个幼儿勇敢面对。

（2）在班级中开辟“小医院”的角色游戏区，投放医疗器具让幼儿反复操作。

（3）在班级创设“我和医生做朋友”的墙饰。墙饰分为两个部分，第一部分展示班级中从事医务工作的家长及他们的工作环境和部分工作内容；第二部分展示班级中的小朋友装扮成小医生和小顾客游戏的照片。

（4）在“家长园地”中与家长分享相关儿歌《我最勇敢》，引导家长帮助幼儿克服上医院的畏难情绪；教师将班级中从事医务工作的幼儿父母请到班级中，简单地向小朋友介绍医生的职业及他们的工作。

**【附：儿歌】**

**我最勇敢**

小针管儿亮晶晶，
里面药水清又清，
打针吃药我不怕，
健康身体人人夸。

**专家评析**

生病、打针、吃药的经历会在小班幼儿的脑海中留下深刻的印象，因为这个过程没有给他们带来快乐的感受。怎样帮助小班幼儿克服恐惧、紧张的情绪，乐于面对医生，积极配合医生进行身体检查呢？教师针对小班幼儿的实际发展需要和《纲要》对这个年龄段幼儿的发展目标设计了本次教育活动。

（1）理解幼儿的情绪，制定符合幼儿需要的教育目标。教师能够站在幼儿的角度去寻找、发现、理解他们情绪变化的真正原因，成为制定本次教育活动目标的关键。接着，教师又站在教育的角度思考：如何在幼儿现有发展水平的基础上，帮助他们克服恐惧、紧张的心理，促使他们在未来的身体检查中能够做到积极配合。因此，本次活动的目标制定和内容选择符合幼儿的现有发展水平和实际需要。

（2）角色扮演游戏，丰富幼儿“配合体检”的认知经验。幼儿之所以对“体检”产生恐惧、紧张的心情，原因之一就是对“医生的恐惧”。因此，在活动设计的过程中，教师通过“小医院”的情景，丰富幼儿对“医生”职业的认识：医生不仅是为人们打针、开药，还可以帮助人们定期检查身体，预防疾病。在玩“小医院”的游戏中，教师有意识地设计了一系列与身体检查相关的游戏情景，让幼儿去感受、体验，自然地丰富他们对“体检”的认知经验。幼儿心里没有了负担，拥有了积极配合医生进行身体检查的轻松体验。

（3）创设、运用情景，巩固幼儿“配合医生”的积极情绪。为了帮助幼儿将良好的情绪体验运用到日常生活中，教师设计了一个“我想对娃娃说”的交流活动。通过这个环节的相互交流，进一步强化了幼儿对于“应积极配合医生做身体检查”的认识。

**建 议**

在幼儿进行身体检查的环节中，“医生”在与小朋友交流时的语言还可以更生动、形象些。比如，把“请站在上面，称称你有多重？站直，量量你有多高”调整为“请站在上面，称称你有多重？比一比是其他小朋友重还是你重？看看你站得直不直，量一量是你高还是其他小朋友高”等。

## 20. 爱护眼睛

设计教师：岳春清　评析专家：孟庆鸿

幼儿园：北京市门头沟区龙泉雾幼儿园

**设计意图**

眼睛是人体重要的感觉器官，是非常宝贵的。如果没有眼睛，我们的世界将是一片黑暗。小班幼儿年龄小，缺乏对眼睛重要性的认识，往往没有爱眼、护眼的意识。在日常生活中，有的幼儿会不自觉地用脏手揉眼睛，有的幼儿看书、绘画姿势不正确，而且随着数字化产品的发展，越来越多的孩子喜欢长时间看动画片、玩游戏……这些不良习惯严重影响了幼儿眼睛的健康。幼儿期的视力处于发育阶段，保护眼睛尤为重要。作为幼儿教师，我们有责任、有义务培养幼儿保护眼睛的意识。此活动旨在帮助幼儿初步了解眼睛的重要性，知道保护眼睛的简单方法，并在日常生活中初步养成保护眼睛的好习惯，使每个幼儿都能拥有一双健康、明亮的眼睛。

**活动目标**

（1）初步了解眼睛的重要性，知道保护眼睛的简单方法。

（2）在成人的提示下不长时间地看视频。

**活动准备**

幼儿每人1个眼罩，保护眼睛的图片，课件《小花猫的眼睛》，儿歌《眼睛眼睛亮晶晶》。

**活动重点**

初步了解眼睛的重要性，知道保护眼睛的简单方法。

**活动过程**

**1. 玩游戏“找朋友”，初步感知眼睛的重要**

（1）组织幼儿一起玩游戏：找朋友。

（2）提问：你是怎么找到好朋友的？眼睛还能看到什么？

小结：我们的眼睛真能干，不仅帮助我们找到了好朋友，还能看到许多东西。

**2. 黑暗体验，进一步感知眼睛的重要**

（1）组织幼儿玩游戏“关窗、开窗”，帮助幼儿体验戴眼罩和不戴眼罩的不同感受。

（2）提问：说一说眼睛戴上眼罩后有什么感受？“开窗”（摘下眼罩）后，你看到了什么？眼睛有什么用？

小结：眼睛能帮助我们做许多的事情，没有眼睛什么也看不到。眼睛对于我们很重要，我们要从小爱护它、保护它。

**3. 了解保护眼睛的方法**

（1）观看课件《小花猫的眼睛》。

师：眼睛这么重要，我们要怎样保护它呢？一起看一看小花猫是怎样做的。

（2）提问：小花猫的眼睛怎么了？应该怎样保护眼睛呢？

小结：我们要记住熊猫医生的话，少看电视、电脑，不趴着看书，画画、

写字要坐直，从小养成爱护眼睛的好习惯。（教师边讲边展示相应的图片）

（3）和小花猫学说儿歌《眼睛眼睛亮晶晶》。

①欣赏儿歌。

②请幼儿和小花猫一起说儿歌，出示相应的图片帮助幼儿记忆。

小结：今天我们学会了几种保护眼睛的方法，以后我们小朋友都要爱护自己的眼睛。

**4. 活动结束**

做护眼操，加深体验。

## 活动延伸

（1）把保护眼睛的教育融入到一日生活的各个环节之中，如“小手洗干净”（不用脏手碰眼睛）、“健康不挑食”（多吃胡萝卜眼睛亮）等，帮助幼儿养成良好的爱眼、护眼习惯。

（2）投放有关“动物的眼睛”的图书，帮助幼儿了解不同动物眼睛的用途。

（3）请幼儿与爸爸妈妈一起寻找保护眼睛的好方法并开展“家庭护眼行动”，家园配合监督与指导幼儿保护眼睛。

**【附：儿歌】**

**眼睛眼睛亮晶晶**

小朋友，仔细听，保护眼睛要记清；

看书、画画要坐直，不用脏手揉眼睛；

电脑电视要少看，适当休息多锻炼；

从小养成好习惯，眼睛眼睛亮晶晶。

**专家评析**

此活动选材贴近幼儿的生活，教师能较好地把握小班幼儿的年龄特点；目标制定具体明确，符合小班幼儿的年龄特点和发展需要；活动材料准备充分，内容丰富；活动过程层次清晰，环环相扣。

首先，教师注重遵循小班幼儿游戏化的学习特点，以游戏“找朋友”导入活动，激发幼儿参与活动的兴趣。其次，有效运用了“黑暗体验”的游戏，较好地利用了小班幼儿的好奇心理，使其在轻松、愉悦的游戏中进一步体验到眼睛的重要性。再次是视频课件的运用，使幼儿初步了解了保护眼睛的方法。后面小儿歌的创编也是活动的一大亮点，儿歌内容浅显易懂，既简单又朗朗上口，通过小猫的口吻帮助幼儿强化护眼知识。同时，教师运用具体、形象、直观的图片帮助幼儿理解记忆，运用层层递进的方式，使幼儿进一步了解了保护眼睛的简单方法。最后，“护眼操”有效地帮助幼儿进行了眼部放松，与活动主题紧紧相扣，起到了画龙点睛的作用。

**建 议**

整个活动以游戏贯穿始终，各环节设计连贯而流畅，幼儿表现得积极主动，有较强的求知欲和兴趣。但在自由探索感知的过程中，有的幼儿表现得比较胆小，比如，不敢表达自己的想法，与同伴交流不够主动等，需要教师提示。教师要注意既要面向全体幼儿又要关注个别幼儿，使每个幼儿都能在原有水平上获得进步和发展。

## 21. 不一样的男孩女孩

设计教师：张秋玲　评析专家：佟义

幼儿园：北京市丰台区东管头幼儿园

### 设计意图

夏季到来了，天气炎热，但是幼儿园还是要求幼儿穿着少量的衣物午睡，这对幼儿的睡眠质量有良好的帮助。不过，经过一周的观察，我发现幼儿不穿内裤的现象较多，家长反映幼儿自己觉得不舒服不喜欢穿。在午睡脱衣环节，个别男孩和女孩会光着身体走来走去，不觉得害羞。与成人外出时，幼儿甚至出现随地小便现象。《指南》提出："帮助幼儿养成良好的生活与卫生习惯，提高自我保护能力，形成使其终身受益的生活能力和文明生活方式。"结合幼儿的问题及《指南》的要求，我设计了"不一样的男孩女孩"活动，让幼儿从影子游戏中发现人的不同性别，从不同的角度观察发现男孩与女孩的区别，使幼儿喜欢自己的性别并且知道简单的保护自己私密处的方法，从而提高幼儿自我保护的意识。

### 活动目标

（1）知道男孩和女孩的不同之处。

（2）有保护自己私密部位的意识。

### 活动准备

男孩、女孩布娃娃各 1 个，投影仪 1 台，分别给男孩和女孩玩的玩具或用的饰品每人 1 件；卫生间标牌 1 个，男、女卫生间标牌各 1 个。

**活动重点**

正确分辨自己的性别，知道男孩和女孩的不同之处。

**活动过程**

1. 看影子说一说

教师同时操作男孩、女孩布娃娃，利用投影仪，将娃娃的影子呈现在墙壁上。

师：今天我们班来了小客人，你们看到了几个小客人？他们一样吗？从哪里看出来的？（引导幼儿从影子中观察出男孩和女孩的外形不同，并说出不一样的部位）

2. 送礼物

同时出示男孩和女孩布娃娃。

师：请小朋友说一说，谁是弟弟（妹妹），你是怎么知道的？

师：弟弟妹妹来和我们做游戏，我们也有礼物送给他们，请大家为弟弟妹妹选他们喜欢的礼物吧！（幼儿自由选送礼物）

师：说说你为弟弟（妹妹）选了什么礼物？为什么要选这样的礼物？

小结：男孩和女孩性别不同，性格也不同，所以喜欢的东西也各有不同。

3. 认识标志，辨别男女

师：弟弟妹妹喝的水太多了，现在要小便怎么办？（出示卫生间、男厕、女厕标牌）

师：应该带弟弟（妹妹）去哪里小便？

小结：应该带弟弟去男厕所小便，带妹妹去女厕所小便，这样按指示牌要求做是文明的行为。

4. 保护自己

师：我们小便要去卫生间，不能随地大小便，这样做既保护了我们自己，也保护了环境。那么，我们还有其他保护自己的好方法吗？

小结：男孩和女孩都要保护自己、爱护自己，小内裤遮住的地方是最怕羞的地方，我们不能让别人碰触它。

**活动延伸**

（1）在班级卫生间的墙壁上，贴上卫生间的标牌及男孩、女孩标牌。

（2）在娃娃家投放表示不同性别的洋娃娃以及男孩、女孩喜爱的玩具、饰品、衣物等。

（3）家园合作，请家长在为幼儿着装、洗澡时考虑到幼儿的性别，给幼儿讲一讲良好的生活、卫生习惯及自我保护的知识。

**专家评析**

在设计本次活动时，教师充分考虑了小班幼儿的学习特点和学习方式，具体表现为以下两点：

（1）活动内容从生活中来到生活中去。教师从幼儿生活中的表现发现问题，并针对问题设计出一系列生活情景组织幼儿进行讨论，帮助幼儿梳理总结经验，并将经验带到生活中再进行应用，让幼儿自然地分辨出自己的性别，了解到男孩与女孩的性格特征。

（2）活动过程注重结合幼儿的已有经验进行。教师结合生活环境，提供标志使幼儿熟悉并了解标志的作用，进一步分辨男孩与女孩性别上的不同之处。此处教师还结合生活实际对幼儿进行安全教育，告诉幼儿不允许别人触摸自己的隐私部位，初步提高幼儿自我保护的意识。同时，教师利用弟弟妹妹的角色调动幼儿作为哥哥姐姐的意识，主动帮助弟弟妹妹，并且潜意识地提醒幼儿要比弟弟妹妹做得更好，给弟弟妹妹做榜样，让幼儿能更加积极地投入活动，更加清楚地认识到男孩和女孩的不同。

**建　议**

在一日生活中，教师还要积极地帮助幼儿树立良好的形象，鼓励幼儿利用自己性别上的优势做一些力所能及的事情。

# 22. 看好"洞洞"的大门口

设计教师：潘海霞、骆杨　评析专家：范惠静

幼儿园：北京市房山区韩村河镇中心幼儿园

## 设计意图

小班幼儿对周围的事物有很强的好奇心，他们喜欢从地上捡拾各种小玩意儿，如小珠子、小豆子、小纸片等，然后把它们藏在口袋里或塞入口鼻中。由于他们的自我保护意识较差，一不小心就会出现危险。《纲要》提出："应密切结合幼儿的生活和活动进行安全、保健等方面的教育，以提高幼儿的自我保护能力。"所以，我设计了这个集体教育活动，从生活中常见的"洞"入手带领幼儿一起了解"洞洞"的作用，通过故事引导使幼儿了解身体上的"洞洞"，养成爱护"洞洞"的好习惯。

## 活动目标

（1）了解身体上的小"洞洞"（如鼻孔、耳孔等），知道不往里塞东西。

（2）养成爱护小"洞洞"的好习惯。

## 活动准备

（1）经验准备：幼儿知道身体上小"洞洞"的名称及所在的位置。

（2）材料准备：由绘本《我们身体里的"洞"》中1—6页图片制作的PPT，小老鼠手偶1个，蛋糕及大花猫图片各1张，故事《皮皮历险记》。

## 活动重点

了解身体上的小"洞洞"，知道不往里塞东西。

**活动过程**

**1.出示图片，引导幼儿了解“洞洞”（下水道、喷头、隧道）的作用**

（1）教师逐一出示PPT图片，请幼儿看一看上面的小“洞洞”，猜一猜这些小“洞洞”都是什么，引导幼儿了解“洞洞”的作用。

师：咦，这是什么？这个小“洞洞”是干什么用的呢？

小结：下水道是流水用的，喷头是用来喷水的，隧道是让小汽车通过的。

（2）请幼儿想一想小“洞洞”被堵住了会怎么样。

师：下水道被堵住了会怎么样？

喷头被堵住了会怎么样？

隧道被堵住了会怎么样？

小结：下水道和喷头被堵住就不能流水了，隧道被堵住就不能过汽车了。

**2.讲述故事《皮皮历险记》**

（1）教师出示小老鼠手偶。

师：小老鼠皮皮身上也有小“洞洞”，它特别喜欢这些小“洞洞”，你们想不想知道这是为什么呢？让我们一起听一听小老鼠皮皮的故事吧。

（2）教师操作小老鼠手偶讲述故事第一段。

师：皮皮身上哪有小“洞洞”？ 它们都有什么作用呢？ 皮皮的耳朵怎么了？咱们一起来看一看接下来发生了什么事。

（3）教师出示蛋糕及大花猫图片，操作手偶讲述故事第二段。

师：皮皮是用什么闻见香味的？然后谁来了？最后皮皮吃到好吃的了吗？为什么大花猫来的时候皮皮没有听见声音？

（4）教师操作手偶完整地讲述故事。

小结：身体上的小“洞洞”本领可真大，要保护好这些小“洞洞”。

**3.找找身体上的小“洞洞”**

（1）找一找。

师：请小朋友们找一找自己身上有没有跟皮皮一样的小“洞洞”？它们都在哪里？

（2）说一说。分别请幼儿说一说身上的小“洞洞”都有什么作用。

小结：我们鼻子上的“洞洞”可以呼吸、闻味道；耳朵上的“洞洞”可以听声音；嘴巴上的“洞洞”可以说话、吃东西。我们一定要看好这些“洞洞”的大门口，保护好小“洞洞”，这样它们才会更灵敏。

**活动延伸**

（1）在生活中，时刻提醒幼儿不往身体上的小“洞洞”里塞东西。

（2）将图画书《我们身体里的“洞”》投放到图书区，供幼儿阅读。

（3）创设主题环境“保护身体上的小‘洞洞’”，包括“身体上的小‘洞洞’”、“小‘洞洞’的用处”和“怎样保护小‘洞洞’”三个板块的内容。

（4）积极向家长宣传如何保护好幼儿身体上的小“洞洞”，提醒家长在日常生活中要防止幼儿玩小豆子、小纽扣等物品，以免发生危险。

**【附：故事】**

***皮皮历险记***

皮皮是只可爱的小老鼠，别看它个头小，但是它的鼻子和耳朵都特别灵敏。它的鼻子尖尖的，上面有两个小洞洞，能帮助它闻见各种味道的蛋糕；它的耳朵大大的，上面也有两个小洞洞，能帮助它听见特别远的声音。可是，皮皮老是看不好洞洞的大门口，这不，一不小心，一颗小豆子就从耳朵上的洞洞掉进去了。

皮皮带着耳朵里的小豆豆在河边玩了一会儿，忽然闻见一股香喷喷的味道，它动了动鼻子上的小洞洞，啊，是奶油味的蛋糕！它顺着香味就跑了过去，果真是一块大蛋糕啊。皮皮刚要张嘴咬一口，一只大花猫猛地扑过来要抓它，皮皮吓得赶紧躲了起来。等大花猫走了，它才敢出来吃蛋糕。

“咦？大花猫什么时候走过来的，我怎么都没听见呢？”皮皮一边吃一边想。原来啊，皮皮的耳朵里因为进了小豆豆，就听不见大花猫走路的声音了。皮皮想：我一定要保护好身上洞洞的大门口，这样我的耳朵才会听得更远，鼻子才会闻到更多好吃的东西。

**【附：PPT图片】**

图1

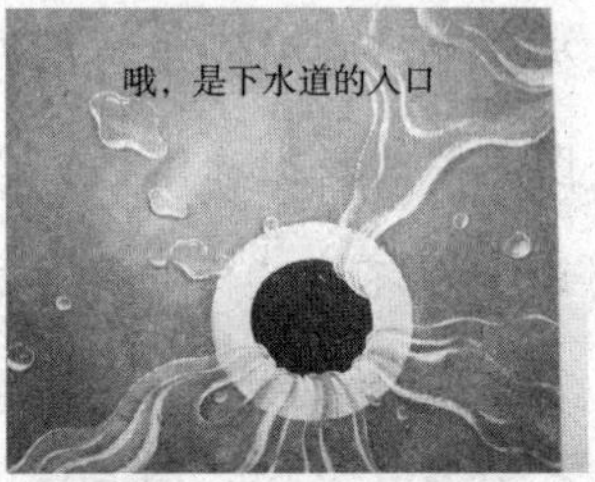

图2

图3

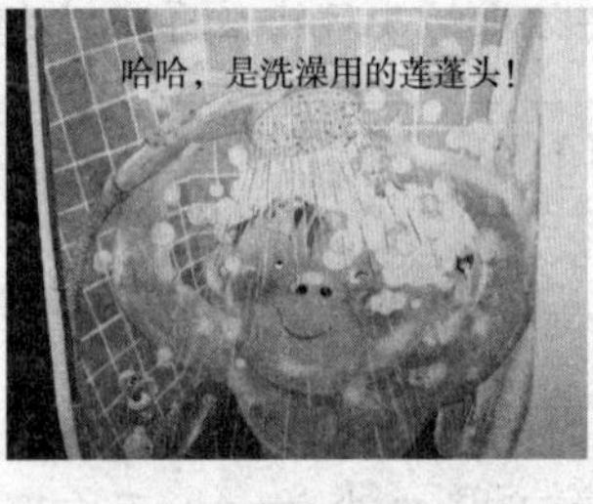

图4

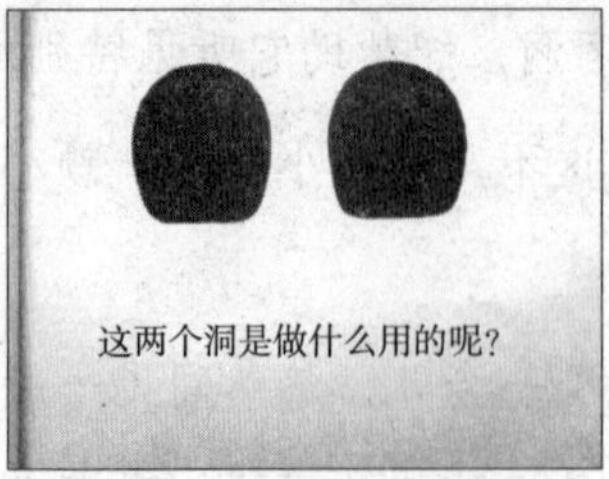

图5

图6

（摘自：许恩美．我们身体里的“洞”[M]．陈爱丽，译．杭州：浙江教育出版社，2011.）

**专家评析**

小班幼儿喜欢探索，但不知道危险在哪里，教师针对这一问题选择了容易出现危险的小“洞洞”（耳、鼻、口）的教育内容，引导幼儿保护好身体上的小“洞洞”。因此，本活动的目标和内容符合小班幼儿的年龄特点。

活动过程中，教师通过引导幼儿观察图片进行猜想、听故事、找一找自己身体上的小“洞洞”的方法引发幼儿探索，使幼儿知道小“洞洞”的用处大，一定要看好自己身上小“洞洞”的大门口。本活动突出的优点之一是教师选取了绘本《我们身体里的“洞”》的图片，引发幼儿猜想，引起幼儿了解“洞洞”的兴趣；优点之二是教师把教学重点物化在生动的故事之中，对安全教育的尺度把握得很好（既没有过分地向幼儿强调千万别把小珠子、小扣子等往小“洞洞”里塞，又起到保护小“洞洞”的教育作用）；优点之三是此活动的故事创编得生动有趣，利用故事主人公皮皮由于没有看好耳朵“洞洞”的大门口，而险些被大花猫吃掉的惊险经历，引导幼儿要看好自己身上小“洞洞”的大门口。

在教学过程中，幼儿喜欢猜想到底是什么“洞洞”，能说出生活中下水道、水喷头、隧道的用处，喜欢听《皮皮历险记》的故事，对故事情节感兴趣，能积极回答老师的提问，懂得不能往身体上的小“洞洞”里塞东西。

**建　议**

在活动开始部分也可以选用幼儿生活中常见的小“洞洞”图片，如水管、瓶口等，帮助幼儿了解小“洞洞”的重要性。

# 23. 身边的危险

设计教师：何学清　评析专家：范惠静

幼儿园：北京市大兴区亦庄第五幼儿园

## 设计意图

中国台湾儿童烫伤基金会根据多年所做的调查指出，0—6岁儿童发生烧烫伤的概率占烧伤患者的23%，以热液烫伤最多（46%），其中被热开水、热汤、热饮料泼洒所造成的烫伤案例有显著增加的趋势。幼儿园也无法避免孩子烫伤的事故，很多幼儿也没有安全防范意识。为了更好地保护幼儿的健康，预防烫伤对幼儿造成的伤害，根据小班幼儿的生理、心理特点，我特地设计了这个教育活动。

## 活动目标

（1）愿意接受成人的提醒，初步学会保护自己。

（2）知道身边有哪些是热或烫的危险物品，避免被烫伤。

## 活动准备

用红色瓶子装有水温较高的水（注意封好瓶口），图片（食物、厨房设备、日用电器等），安全标志。

## 活动重点

知道身边有哪些是热或烫的危险物品，避免被烫伤。

## 活动过程

### 1. 感知“烫”的物品，对活动感兴趣

（1）师：今天老师给小朋友带来一件礼物，你们想知道是什么吗？（出示

装水的红瓶子）

（2）幼儿轮流摸一摸并说出感受，引出“烫烫魔鬼”。

**2. 结合图片讨论生活中有哪些“烫烫魔鬼”**

（1）师：生活中哪些东西可能会烫伤我们？（幼儿自由回答）

（2）师：这些东西会怎么把我们烫伤呢？怎样做才能避免被烫伤呢？（幼儿自由回答）

（3）师：幼儿园里有哪些东西可能会烫伤我们？（幼儿自由回答）

（4）师：这些东西怎么会把我们烫伤呢？怎样做才能避免被烫伤呢？（幼儿自由回答）

**3. 针对分类物品，谈论如何不被烫伤**

（1）出示食物类图片，提问：我们在吃这些食物时，怎样才不会被烫伤呢？（引导幼儿说出“凉一凉”）

（2）出示厨房的图片，提问：人们在厨房做饭时，哪些用具是烫烫的，怎样才不会被烫到呢？（引导幼儿说出不碰烫的容器表面，不靠近热蒸锅等）

（3）出示明火类图片，引导幼儿说出火的危害，懂得不玩火。

（4）出示取暖类物品图片，引导幼儿说出怎样使用热水袋、暖手宝等。

**4. 粘贴安全小标志**

寻找教室里的“烫烫魔鬼”，粘贴安全小标志。

### 活动延伸

请幼儿在家中和父母设计安全标志，然后找出家中的危险物品并贴上标志。

### 专家评析

幼儿园每天都在给教师敲警钟，那就是一定要保证每个幼儿的安全。其实，我们在保证幼儿的安全时更重要的是让幼儿学会自我保护。在本节教育活动中，教师通过让幼儿看一看、摸一摸、想一想，切实地感知了烫伤对人体和心灵造成的严重危害。

为了引导幼儿深入展开讨论，了解烫伤事故发生的原因以及注意事项，教师提问:“在家里有哪些东西容易对我们造成烫伤？我们应该怎样避免烫伤事故的发生？”孩子们积极回答，有的说是热水瓶，有的说是火，有的说是开水。当教师问“在幼儿园，有哪些东西会对我们造成烫伤？我们应该怎样避免”时孩子们说到了汤桶、饭桶、保温桶等。教师及时进行了总结:“煤气灶、热水器、热水瓶、打火机、汤桶、饭桶等都容易对我们造成烫伤，应该远离它们，不去触碰。”

本节活动就像小锤一样，敲响了教师注重安全教育的警钟，同时也敲响了幼儿注意安全的警钟。总之，这是一次很有价值的健康教育活动。

## 24. 小剪刀真神奇

设计教师：苏博　评析专家：龙艳

幼儿园：北京市丰台区嘉园第一幼儿园

**设计意图**

很多家长都不愿意让幼儿使用剪刀，生怕幼儿在使用的过程中发生危险。《纲要》中提出:“教师要用幼儿感兴趣的方式发展幼儿的基本动作，提高幼儿动作的协调性、灵活性。”所以，正确使用剪刀是小班幼儿应该掌握的本领。考虑到小班幼儿的年龄特点，我尝试以儿歌《小剪刀真神奇》引导幼儿学习、体验使用剪刀的方法；通过故事《小剪刀的大嘴巴》使幼儿知道剪刀是有危险的，在使用剪刀的过程中要注意安全。

**活动目标**

（1）初步具有安全使用剪刀的意识。

（2）学习正确使用剪刀的方法。

**活动准备**

（1）经验准备：幼儿对剪刀有一定的认识。

（2）材料准备：PPT（大班幼儿的剪纸作品），剪刀人手1把，长宽均为10厘米的彩色卡纸每人1张；自制笔筒，每组1个；儿歌《小剪刀真神奇》，故事《小剪刀的大嘴巴》。

**活动重点**

学习正确使用剪刀的方法。

**活动过程**

**1. 欣赏PPT中大班哥哥姐姐的剪纸作品**

播放PPT，引导幼儿猜测一下是用什么工具完成的。

师：小朋友，猜猜看，哥哥姐姐做的是什么呢？他们是用什么工具做的呢？

小结：剪刀的魔力很大，它能剪出很多美丽的作品。

**2. 学习儿歌《小剪刀真神奇》，了解使用剪刀的正确方法**

（1）教师用神秘的口吻引出剪刀，引导幼儿观察剪刀的样子和种类，激发幼儿的想象力，说一说剪刀像什么。

师：看看有这么多种剪刀，它们哪里长的一样啊？

（2）给每个幼儿一把安全剪刀和一张纸，用生动的语言和动作来感染幼儿积极主动地说儿歌，了解使用剪刀的方法。

师：我的小剪刀要跳舞啦。你的小剪刀快快准备好！

（3）三位教师分好组，巡回指导，重点看幼儿握剪刀的姿势是否正确。

小结：使用剪刀时，要把大拇指、食指和中指套在剪刀的把手里，上下用力。

**3. 欣赏情景故事《小剪刀的大嘴巴》，了解使用剪刀时怎样注意安全**

教师生动地讲述故事后，提问：怎样用剪刀，它的大嘴巴才不会咬到人呢？

小结：用剪刀的时候要小心，慢慢剪；递给别人时要握住“大嘴巴”，不能把剪刀对着别人；用完剪刀后要盖上“帽子”。

4. 送剪刀回家

（1）教师引导幼儿用完剪刀要握着“大嘴巴”送回家。

师：看看谁能把剪刀宝宝安全地送回家。

（2）给每组一个自制笔筒，请幼儿给小剪刀分好“家”。

**活动延伸**

（1）在一日生活过渡环节，引导幼儿边说儿歌《小剪刀真神奇》边表演。

（2）在美工区投放安全剪刀、花边剪刀等不同样式的剪刀供幼儿使用。

（3）把幼儿使用、传递、收放剪刀的过程拍成照片，展示在安全角（安全角是向幼儿展示生活中一些注意安全的地方和物品的互动墙饰）。

（4）将儿歌《小剪刀真神奇》发布在“家长园地”或者家园互动网站上，引导家长在家按照儿歌中的方法指导幼儿使用剪刀，做到家园教育的一致性。

**【附：儿歌】**

**小剪刀真神奇**

小剪刀，真神奇，我来和你做游戏。
大拇哥、二兄弟，一起钻到洞洞里。
站起来，蹲下去，大嘴巴，在这里。
对准食物咬下去，咔嚓嚓、咔嚓嚓。
两人一起来用力，食物吃到肚肚里。

**【附：故事】**

**小剪刀的大嘴巴**

小剪刀长了一张很大很大的嘴巴，它的大嘴巴什么都吃，要是吃快了就会咬到小朋友的手，要是对着别人张大嘴巴不小心就会把别人咬流血，所以小朋友在把剪刀递给别人的时候，一定要记住用手握住它的大嘴巴！用完了它，还要记得给它戴上帽子，然后把它送回家！这样它才会更喜欢你，和你成为好朋友！

**专家评析**

苏老师的这节“小剪刀真神奇”活动，目标明确、层次清晰、重点突出，使幼儿在玩的过程中学到了使用剪刀的方法以及应注意的安全事项，符合小班幼儿活动的要求。

在第一个环节中，教师出示大班幼儿的剪纸作品，激发了幼儿的活动兴趣，此环节很好地利用了幼儿园资源，充分证明了幼儿是会相互学习、相互影响的。同时，教师出示的剪纸作品样式很丰富，促使幼儿在猜测的过程中表现得很主动、很大胆。随后，在第二个环节中，教师直接出示了剪刀，这既是幼儿认识又是平时比较难接触的物品。让幼儿直观地见到自己熟悉的物品，幼儿表现得很感兴趣。接下来，在幼儿最想模仿老师的时候，每人拿到了一把剪刀，需求得到了满足。教师此时抓住了幼儿的关注点，让幼儿在有兴趣的前提下自主学习。因此在边说儿歌边操作的时候，幼儿的注意力也很集中。在第三个环节的情景故事讲述中，儿童化的语言符合幼儿的心理发展特点，有效地提高了幼儿安全使用剪刀的意识。第四个环节也是最后一个环节，让幼儿尝试送剪刀回家，则进一步加深了幼儿安全使用剪刀的意识。

# 25. 小兔乖乖

设计教师：项杰、骆杨　评析专家：范惠静

幼儿园：北京市房山区韩村河镇幼儿园

**设计意图**

电，对幼儿来说是神秘的也是危险的。平时，当教师在使用白板、录音机时，幼儿表现出很强的好奇心，他们总想去摸摸、去动动。《纲要》指出："教师应把保护幼儿的生命和促进幼儿的健康放在教育工作的首要位置。"的确，小班幼儿自我保护意识欠佳。作为教师，我们应教育幼儿不做危险的事情。考虑到小班幼儿以具体形象为主的思维特点，我设计了本次活动，旨在通过幼儿喜爱的动物形象讲述和幼儿生活中熟悉的事物，对幼儿进行安全用电知识的渗透。

**活动目标**

（1）了解电源的危险，不触碰电源。

（2）养成远离电源的好习惯。

**活动准备**

（1）经验准备：幼儿知道几种生活中常见的电器。

（2）材料准备：兔妈妈头饰1个，兔宝宝胸贴（与班内幼儿数相同），录音机1台，电源插线板1个，危险标志（与班内幼儿数相同）。

**活动重点**

了解电源的危险，不触碰电源。

## 活动过程

### 1. 角色扮演，了解电的用途和危险

（1）兔妈妈蹦蹦跳跳地出场。

师：孩子们好，我是兔妈妈，你们是我的兔宝宝。（教师为幼儿贴上兔宝宝的胸贴）

（2）兔妈妈出示录音机。

师：妈妈来给你们放首好听的歌曲。咦，录音机怎么不响啊？（引导兔宝宝们发现“录音机没插电源”）

小结：录音机是用电的，没有电，录音机是不会唱歌的。

（3）了解电源的正确使用方法。

①出示电源插线板。

②兔妈妈边讲解边演示插线板的使用方法。（手要拿着插座的底部）

小结：电器要插上电源才能使用。

③知道电很危险，不能动。

师：我们平时有哪些动作不能做？（引导幼儿讲出不能去玩电器，不能去碰电源插座等）

小结：电是我们的好朋友，但电也是很危险的，电源、插座对你们这些小兔子来说“只能看，不能摸”。

### 2. 寻找班里的电器

师：活动室里有没有用电的电器呢？（请幼儿找一找）它们的插座在哪里？插座为什么装这么高？你家里有没有用电的电器呢？

小结：电源和插座很危险，只能看，不能摸。

### 3. 认一认，贴一帖

（1）认识电的危险标志。

师：这是什么？它有什么用？

小结：这是电的危险标志，它告诉我们不能接近。

（2）贴标志。

师：让我们把这个危险的标志贴在电器、插座上吧！

**4. 夸奖“小兔”**

师：兔宝宝们最听妈妈的话了，都知道电源和插座只能看，不能摸。

## 活动延伸

（1）师幼一起在美工区制作危险标志。

（2）在图书区投放有关“安全用电”的图书（可以是购买的，也可以是幼儿教师自制的）和故事书《危险的小洞洞》，供幼儿在图书区阅读。

（3）请幼儿回家和家长一起找一找家里哪里有电源和插座并贴上标记，引导家长重视对幼儿的安全教育。

## 专家评析

小班幼儿对任何新奇的事物都很感兴趣，总想动一动班上的电脑、白板、录音机等带电的东西，但不知道危险在哪里。教师针对这一问题，结合小班幼儿认识事物直观形象的思维特点，精心设计了此活动。

活动过程首先采用了让幼儿发现问题（录音机没有电）的引入方式，引起幼儿的兴趣，让幼儿知道“电是有用的，是我们的好朋友”。其次，出示真实的电源和插座，引导幼儿知道电虽然用处很大，是人类的好朋友，但电是很危险的，电源和插座只能看、不能摸。最后，运用“找一找，贴标志”的形式让幼儿注意到生活中危险在哪里。整个活动过程顺畅自然，并能用兔妈妈和兔宝宝的角色贯穿始终，尊重了小班幼儿的年龄特点和学习方式，达成了活动目标。

**建议**

（1）本次活动的第一个环节也可以采用“兔妈妈告诉兔宝宝电源和插座是危险的，不能触碰”的情景表演的方式进行，以调动幼儿的活动兴趣。

（2）本活动设计还可以采用故事的形式进行，把“电”这一抽象的事物拟人化，让“电”成为一个可看不可摸的小怪物或小精灵，吸引幼儿的注意力，引导幼儿远离电源，不触碰电源。

## 26. 会咬人的“大嘴”

设计教师：骆杨、李亚男　评析专家：赵蕊莉

幼儿园：北京市房山区韩村河镇中心幼儿园

**设计意图**

幼儿入园后会面临一些安全隐患，比如由小椅子、门、抽屉、电梯等物品的缝隙带来的危险。《指南》健康领域教学建议中提出：“教师要帮助幼儿了解周围环境中不安全的事物，不做危险的事。”为了让我班幼儿学会远离缝隙带来的危险，学习保护小手不受伤，我设计了此次健康活动。

**活动目标**

（1）知道缝隙的危险，保护自己的小手不受伤。

（2）逐步形成保护小手的意识。

**活动准备**

（1）经验准备：幼儿知道缝隙的名称和位置。

（2）材料准备：小兔手偶1个，2把小椅子，娃娃家带抽屉的桌子，故事

《会咬人的“大嘴”》，红色圆形标记（与班内幼儿数相同）。

**活动重点**

知道（门、抽屉、电梯等）缝隙的危险，学会保护自己的小手不受伤。

**活动过程**

**1. 手偶表演，引入活动**

教师出示手偶，扮演小白兔。

师：小班的小朋友们好！我是小兔白白。你们知道吗？在咱们班里有好几张会咬人的“大嘴”。它们咬过我的小手好几次，可疼了，有一次还把我的手咬流血啦！现在，我要给小朋友讲一讲我是怎么被咬的！

**2. 听故事《会咬人的“大嘴”》**

教师讲述故事，配班教师配合利用真实的椅子、抽屉演示小兔的手被咬的过程。

**3. 寻找会咬人的“大嘴”**

（1）师：小兔请小朋友帮忙找到可怕的“大嘴”，他把红色的圆形标记也带来了。请小朋友每人拿一个红色的标记，把它贴到会咬人的“大嘴”上。

（2）教师引导幼儿在班级中寻找各种可怕的“大嘴”并贴上标记。

**4. 看看会咬人的“大嘴”都是谁**

小兔白白带领全班幼儿一起看看会咬人的“大嘴”都是谁。走到贴标记的地方，小兔白白告诉幼儿：“××的‘大嘴’会咬人，一定要小心，别让它咬到我们的手。”

**5. 夸夸小朋友**

师：小班的小朋友真棒，找到了门缝、抽屉缝、衣柜缝、桌子缝、椅子缝这么多可怕的“大嘴”。我们一定要小心哦，千万不要让它们咬到我们的手！

**活动延伸**

（1）鼓励幼儿在幼儿园日常生活中继续寻找会咬人的“大嘴”并贴上标记。

（2）师幼一起在美工区制作红色的圆形标记。

（3）布置《会咬人的“大嘴”》故事墙饰，内容包括小兔白白被椅子缝咬到手的图片、被抽屉缝咬到手的图片和幼儿发现的会咬人的“大嘴”图片。

（4）请幼儿与爸爸妈妈一起寻找家中会咬人的“大嘴”，提高幼儿保护小手的意识。

**【附：故事】**

**会咬人的“大嘴”**

今天是小兔白白上幼儿园的第一天，他可开心了。来到幼儿园，小兔和小羊、小狗坐在小椅子上一起听老师讲故事。听着听着，小兔就把小手放在了椅子缝里。旁边的小羊坐累了，挪了一下椅子，这张会咬人的“大嘴”就咬到了小兔的手。只听“嗷”的一声，小兔缩回了自己的小手，随即他疼得哇哇大哭起来。他伤心地说：“我再也不把手放在椅子缝里了，它会咬我的手。”

又过了些日子，有一天小兔在娃娃家里玩得非常开心，他想把娃娃的衣服放进抽屉里，可关抽屉的时候没把小手放在抽屉的把手上，这张会咬人的“大嘴”又咬到了小兔的手，这次咬得更疼，手指头都被夹流血了！小兔疼得又哇哇大哭起来，他伤心地说：“我再也不把手放在抽屉缝里边了，它会咬到我的手。”

小兔的手挨了两次咬，心里害怕极了。他想：班级里哪里还有可怕的“大嘴”呢？我一定要找到它，找到以后贴上红色的圆形标记，这样所有的小朋友都不会受伤了。我请小班的小朋友帮忙，找到所有会咬人的“大嘴”。

**专家评析**

本活动内容源于幼儿在生活中遇到的潜在危险，让幼儿通过小兔上幼儿园受伤的生活经历，知道危险在哪里，懂得保护自己的小手不受伤。由此可见，此次活动的目标和内容符合小班幼儿的年龄特点。此外，综观活动过程，还具有以下三个优点值得我们学习：

优点之一是活动以情景化的游戏方式贯穿始终，使故事和真实生活一脉贯通。教师抓住了小班幼儿拟人化的心理特点，把小兔白白拟人化，整个活动过程让幼儿感觉到小兔白白就是班中的一员，过程自然真实。活动通过讲述小兔白白受伤的经历，让幼儿一起寻找会咬人的“大嘴”，看看会咬人的“大嘴”在哪里并贴上标记，让幼儿知道危险在哪里，引导幼儿做事情要小心，保护自己的小手不受伤。

优点之二是当幼儿找到会咬人的“大嘴”并贴上标记后，活动并没有结束，而是教师带领全班幼儿再认一认、说一说，加深对危险地方的认识。

优点之三是故事的结尾与活动环节自然衔接。“班级里哪里还有可怕的‘大嘴’呢？我一定要找到它，找到以后贴上红色的圆形标记，这样所有的小朋友都不会受伤了。我请小班的小朋友帮忙，找到所有会咬人的‘大嘴’。”这样的故事结尾把幼儿自然地带入寻找会咬人的“大嘴”情景中。

**建 议**

可以把此活动的故事主人公——小兔白白，换成幼儿熟悉且喜爱的或班中有现成手偶的任何一种小动物。

# 中 班

# 27. 我会用筷子

设计教师：白秋红　评析专家：范惠静

单位：北京市通州区教师研修中心

**设计意图**

筷子是日常生活中常见的餐具，也是中国传统饮食文化的代表之一。使用筷子，是人们日常生活中必备的一项技能。人们在使用筷子时，同时牵动着手指、手腕、手臂等多个关节的肌肉，不仅可以帮助锻炼小肌肉的协调性，提高手部精细动作的能力，还有助于大脑的发育，促进手、眼、脑的协调发展。

刚刚升入中班的幼儿对筷子虽然不陌生，但对于如何拿筷子、如何正确地使用筷子没有明确的认识。为了帮助幼儿掌握这一生活技能，促进幼儿的发展，设计了本次活动。

**活动目标**

（1）学习正确使用筷子的方法。

（2）愿意使用筷子夹食物。

**活动准备**

（1）经验准备：幼儿知道自己收集的各种各样的筷子的来源和用途。

（2）材料准备：不同材质的筷子若干，花生米、黄豆、小盘子、茅根每组1份，每组1张闯关记录贴画，拼图6盒，儿歌《小筷子，手中拿》，正确使用筷子的视频。

**活动重点**

掌握使用筷子的方法。

**活动过程**

**1. 猜谜激趣，引出活动内容**

教师出谜语——“兄弟俩，一样长，是咸是淡它们尝”，请幼儿猜是哪一种餐具。

**2. 出示筷子，讲解使用方法**

（1）教师出示筷子，讲解正确使用筷子的方法（边说儿歌边教方法），幼儿跟着教师练习。

（2）播放正确使用筷子的视频，使幼儿通过观看视频进一步掌握筷子的使用方法。

（3）教师带领幼儿边说儿歌边再次强调五指配合正确使用筷子的方法，幼儿再次尝试练习。

小结：使用筷子时，五个手指要相互配合。

**3. 闯关游戏，练习使用筷子**

（1）教师讲解游戏的玩法：4人为一组，正确使用筷子夹起指定数量的物品。第一关：夹取茅根10根；第二关：夹取花生米8颗；第三关：夹取黄豆5颗。每关完成后就能获取通行标志一枚，集齐三枚标志，小组闯关成功，可获得拼图一盒。

（2）幼儿游戏，教师重点对个别幼儿进行指导，帮助幼儿完成任务，进一步体会使用筷子的方法。

**4. 交流与分享**

师：小朋友们在使用筷子夹软的、硬的、长的、圆的东西时，感觉有什么不同？五指要怎样配合？

小结：在使用筷子夹取东西时，五个手指要配合好。要把大拇指往下压，食指、中指负责一根筷子，无名指负责另一根筷子。五指力量要平衡，不能太松也不能太紧，太紧会令两根筷子翻转交叉，太松夹不上东西。

**5. 快乐拼图**

幼儿闯关成功后，分小组玩拼图，直至活动自然结束。

**活动延伸**

（1）将筷子投放在操作区、娃娃家、小餐厅的区域环境中，引导幼儿在游戏区中继续进行练习。

（2）请家长配合，在家就餐时鼓励幼儿使用筷子，将正确使用筷子的方法粘贴在餐桌一旁的墙面上，便于幼儿模仿。

（3）在日常游戏中，以说儿歌的方式，帮助幼儿记住使用筷子的要领。

**【附：儿歌】**

**小筷子，手中拿**

小筷子，本领大，
吃饭夹菜全靠它。
五根手指齐上阵，
相互配合把菜夹。
一根筷子压三哥，
一根筷子挨四弟，
大哥二哥来保护，
配合起来稳稳夹，
不让饭菜满桌撒。

**专家评析**

使用筷子是中班幼儿开始学习和掌握的一项生活技能。“我会用筷子”的活动目标是符合中班幼儿的年龄特点和发展需要的，也是锻炼幼儿小肌肉灵活性、提高其生活自理能力的一节很好的教学内容。

教学活动注重丰富幼儿的原有经验，活动前教师和幼儿共同收集有关筷子的相关知识，激发幼儿学习使用筷子的兴趣。教学活动一开始，教师首先以猜谜语的形式引出筷子，然后利用儿歌、视频的方法调动幼儿的原有经验，为下一步的闯关活动做好铺垫。其次，运用闯关的游戏为幼儿提供了练习使用筷子的机会，并引导幼儿以小组共同闯关的形式完成任务，提高了幼儿练习的兴趣，也促进了同伴间的学习。最后，对闯关成功的小组进行物质奖励，使幼儿体验到小组合作的成功感。活动中，幼儿兴趣高，教学效果很好。

**建　议**

此次活动，教师还可以根据本班幼儿的实际水平由易到难地提供更多大小不一、形状不同、软硬不同的物品，以满足不同水平幼儿练习的需要，使每个幼儿在活动中都能感觉到自己很棒，从而获得成功的体验。

## 28. 蔬菜沙拉真好吃

设计教师：白秋红　评析专家：范惠静

单位：北京市通州区教师研修中心

**设计意图**

日常生活中，大多数幼儿都喜欢吃肉，不喜欢吃蔬菜，而且每个幼儿不喜欢吃的蔬菜也各不相同。进餐中总有幼儿会想出各种理由拒绝吃青菜。帮助幼儿认识和了解各种常见蔬菜的丰富营养，既有利于纠正他们挑食、偏食的不良饮食习惯，又有利于他们的身体健康成长。因此，设计了本次教学活动。

**活动目标**

（1）了解芹菜、胡萝卜、大蒜、西红柿等蔬菜的营养价值。

（2）喜欢并愿意主动吃多种蔬菜，知道吃蔬菜对自己的健康有好处。

**活动准备**

（1）经验准备：请幼儿家长带领幼儿去菜市场，购买蔬菜（芹菜、胡萝卜、西红柿、大蒜等）。

（2）材料准备：把将要介绍的蔬菜做成 PPT，把切好的蔬菜装在透明的容器中封好，筷子，小盘，沙拉酱，千岛酱。

**活动重点**

喜欢并愿意主动吃多种蔬菜，知道吃蔬菜对自己的健康有好处。

**活动过程**

**1. 认识几种常见的蔬菜，了解其丰富的营养**

（1）谈话活动，引导幼儿了解蔬菜的不同营养价值。

师：你们喜欢吃哪些蔬菜？为什么？（幼儿自由表达自己的想法）

师：吃多种蔬菜能使我们的身体更强壮、不生病。

（2）欣赏动画表演。（播放 PPT）

①将蔬菜做成 Flash 的形式，介绍蔬菜的营养价值。

胡萝卜宝宝：我长得红红的，我身体里有丰富的维生素 A，小朋友吃了眼睛会更明亮。

大蒜宝宝：我的本领很大，能帮助小朋友杀灭细菌，保护小朋友的身体健康、不腹泻。

芹菜宝宝：我长得绿油油的，我的身体里有各种维生素和膳食纤维，小朋友吃了以后大便会很通畅。

西红柿宝宝：我的身体里有很多维生素C，多吃我，小朋友就不会感冒啦！

②请幼儿说一说还知道哪些关于蔬菜的知识。

小结：富含维生素A的蔬菜，如胡萝卜，能使我们的皮肤变得光滑，预防口腔溃疡。青椒、南瓜、油菜、菠菜里也含有丰富的维生素A；富含维生素C的蔬菜，如西红柿，能帮助我们预防感冒，使我们的牙齿、骨骼变得坚固，还能防止牙龈出血；还有一些蔬菜富含纤维，如芹菜，吃了能使我们的肠道更顺畅；大蒜等刺激性的蔬菜，则能帮助我们杀灭细菌。

**2. 亲自制作、品尝蔬菜沙拉，提高对蔬菜的兴趣**

幼儿自选蔬菜、沙拉酱或者千岛酱，拌匀，品尝，并说一说味道怎么样，相互交流彼此的感受。

**3. 收拾整理，感恩父母**

引导幼儿收拾整理物品，并对幼儿进行随机教育，让其感受到父母和亲人为自己的健康成长所做的努力和付出。

**活动延伸**

（1）请幼儿收集平时自己喜欢的蔬菜的制作方法和图片，并将幼儿收集的方法及图片制作成册，供家长参考制作菜肴，提高幼儿吃蔬菜的兴趣。

（2）利用墙饰，把幼儿收集的资料张贴出来，提醒幼儿不挑食。

**专家评析**

“蔬菜沙拉真好吃”这个活动，选择的内容符合中班幼儿的实际需要，教学目标符合中班幼儿的特点。整个活动，教师通过让幼儿亲身体验与参与的方式，引发幼儿主动感知和学习的兴趣。

比如，活动前，教师利用家长资源带领幼儿逛菜市场、买菜，体验蔬菜的多种多样。活动中，利用多媒体、动画和拟人化的口吻，让幼儿直观形象地了解各种蔬菜的营养和对身体的好处，引导幼儿喜欢吃蔬菜；通过亲手制作的过程，来引发幼儿喜欢吃蔬菜的积极情感。通过品尝蔬菜和同伴间的相互影响，进一步激发幼儿爱吃蔬菜的兴趣，进而慢慢地接受不同味道的蔬菜。最后，通过收拾整理的过程，使幼儿感受到父母和亲人以及食堂的叔叔阿姨们为自己的健康成长所付出的辛劳。

**建 议**

幼儿良好饮食习惯的养成不是一节活动就可以实现的，需要成人长时间对幼儿进行引导和培养，这其中离不开家长的配合。所以，教师要利用家园宣传栏以及约谈的方式和家长及时沟通孩子在饮食方面的问题，同时也可以定期举行小型的“家庭美食日”，请家长和幼儿一起制作并分享美食，帮助幼儿逐渐养成科学健康的饮食习惯。

## 29. 小小营养师

设计教师：刘晓蕾　评析专家：范惠静

幼儿园：北京市门头沟区东辛房幼儿园

**设计意图**

入园后，幼儿的一日三餐几乎都在幼儿园吃。但由于大多数幼儿是独生子女，家长比较宠爱，在进餐方面也是任由孩子的喜好选择，导致幼儿在吃幼儿园的营养早餐时，爱吃什么就吃什么，不爱吃的就一口不吃。有的孩子为了能早点玩早餐后的区域活动，甚至说：“老师，我不饿，我不想吃了。”作为成人，我们都知道吃早餐的重要性。《指南》中健康领域里也明确指出：“要培养幼儿不偏食、挑食的习惯。”因此，为了帮助幼儿养成吃早餐的好习惯，引导幼儿吃营养早餐，我设计了本次活动。

**活动目标**

（1）认识吃早餐的重要性。

（2）会选择合适的早餐食品，养成良好的进餐习惯。

**活动准备**

（1）经验准备：幼儿有吃早餐的经验。

（2）材料准备：人物卡片（壮壮：高大，身体壮；瘦瘦：矮小，身体瘦），壮壮的营养早餐食谱（幼儿园的早餐食谱），配餐表格人手1张，早餐食物卡片若干（牛奶、豆浆、粥、馒头、香肠、咸菜、包子、青菜等），故事《壮壮和瘦瘦》。

**活动重点**

认识吃早餐的重要性。

**活动过程**

**1. 以"我爱吃的早餐"谈话活动导入**

师：小朋友，每天早上我们都要吃早餐，你爱吃什么呢？

小结：我们每天早上吃的饭各式各样，都不相同。

**2. 听故事《壮壮和瘦瘦》，了解吃早餐的重要性**

（1）出示壮壮、瘦瘦人物卡片，请幼儿进行对比。

师：你来看看，壮壮和瘦瘦有什么不一样？

小结：壮壮个子高、身体壮，瘦瘦个子矮、瘦瘦的。

（2）教师讲述故事《壮壮和瘦瘦》，幼儿倾听。

（3）回忆故事内容，了解吃早餐的重要性。

师：为什么瘦瘦不长个儿、爱生病，壮壮长得高、身体好呢？

小结：小朋友每天早上都要吃早餐，才会长得高、长得壮。

**3. 观察“壮壮的营养早餐食谱”，懂得早餐搭配的重要性**

出示壮壮的营养早餐食谱，提问：你来看看，壮壮每天都吃了什么东西？（周一、周二、周三……）

小结：小朋友每天都吃不一样的食物，什么都吃一点，这样才能让身体里有各种营养，才能变得像壮壮一样健康。

**4. 玩游戏“我给瘦瘦配早餐”，尝试选择合适的早餐**

（1）分配角色，引出游戏。

师：小朋友都来当小营养师，给瘦瘦配早餐，让他也变得高高的、壮壮的。

（2）出示表格，介绍使用方法。

**瘦瘦的营养早餐**

| 星期 | 食物 |
| --- | --- |
| 1 | |
| 2 | |
| 3 | |

师：表格前边的数字代表星期几，后边的长格子用来摆放小朋友给瘦瘦搭配的早餐图片。

（3）幼儿搭配食谱，教师指导。

（4）组织幼儿交流、分享自己设计的早餐食谱。

小结：大家给瘦瘦设计的早餐食谱真有营养，这样瘦瘦就能变得健康了。

**5. 观察幼儿园的食谱，喜欢吃幼儿园的营养早餐**

教师出示幼儿园的食谱，请幼儿观察。

小结：你们是小营养师，咱们的校医可是了不起的大营养师，他给小朋友搭配的食谱可有营养了，小朋友们要每天吃早餐，这样我们才会更健康。

**活动延伸**

（1）请幼儿为娃娃家的小娃娃搭配早餐，进一步理解吃营养早餐的重要性。

（2）在早餐环节，鼓励、引导幼儿吃丰富的早餐食品。

**【附：故事】**

**壮壮和瘦瘦**

壮壮和瘦瘦是两个中班的小朋友，他们是一对好伙伴，每天一起来园、一起游戏、一起回家，总是形影不离。

吃早餐的时间到了，壮壮和瘦瘦又坐在了一起。今天的早餐真丰盛，有牛奶、馒头、豆制品。等老师分完饭，壮壮大口地吃了起来，馒头软软的、牛奶甜甜的，真香。再看看旁边的瘦瘦，只见他看着眼前的早饭皱起了眉头，嘴里还嘟囔着："我不喝牛奶，豆制品我也不爱吃。"就这样瘦瘦一动不动地坐在那里，不肯吃饭。老师看见了，赶忙说："瘦瘦，吃饭啦。"听老师一说，瘦瘦不情愿地拿起馒头小口小口地咬着……过了一会儿，壮壮已经吃完早饭到活动区玩了，瘦瘦却还在拿着馒头小口地吃着。看到许多小朋友都去游戏了，瘦瘦着急了："老师，我吃饱了！"说着，他就把几乎没动过的早餐送了回去。就这样，这一天，壮壮吃光了早餐，瘦瘦却只吃了一点点馒头。

第二天早上，壮壮吃光了老师分的早餐，有芹菜粥、肉包子、咸菜，瘦瘦却只喝了几口粥。

第三天早上，壮壮吃光了老师分的早餐，有豆浆、鸡蛋饼、香肠，瘦瘦却只吃了两片香肠。

就这样，壮壮每天都能把各种各样的早餐吃光，瘦瘦却只吃一点点。一天天过去了，壮壮长得又高又壮，身体棒棒的；而瘦瘦却不长个儿，变得更瘦了，还总是生病。小朋友，你们猜猜，这是为什么呢？

**专家评析**

幼儿的进餐情况是家长、老师最为关注的内容之一，因此在幼儿园教学活动中，我们经常看见老师们组织“培养幼儿良好进餐习惯”的相关内容，但大多都体现在不挑食这一方面。刘老师设计的“小小营养师”活动关注的是吃早餐的内容，让我们觉得耳目一新。

活动中，教师设计了两个大环节来实现目标。一个是以幼儿爱听的故事贯穿，通过将两个鲜明人物吃早餐的情况进行对比，让幼儿知道吃早餐的重要性，以实现活动的第一个目标；另一个是让幼儿通过动手操作尝试搭配早餐食谱，以此来实现活动的第二个目标。两个环节是递进的，幼儿的动手操作是建立在对故事内容理解的基础上的。幼儿由浅入深、层层递进地实现目标，使活动得以顺利地进行。

**建　议**

帮助幼儿养成吃适宜早餐的习惯是一件长期的工作，仅仅凭借一节教育活动是难以实现的。教师还需要做好家长工作，实现家园共育，共同促进幼儿健康成长。

## 30. 好吃的粗粮

设计教师：任颖超　评析专家：郭静

幼儿园：北京航天华盛幼儿园

**设计意图**

现在的孩子挑食的比较多，这不爱吃，那不喜欢，特别是对于一些粗粮。

由于粗粮的口感没有那么细腻，孩子看见了就皱眉。我们班有的孩子不喝豆浆，有的不吃炒饭里的玉米粒，还有的不吃豆腐，等等，这些挑食的习惯直接影响幼儿身体的发育和健康。为了让孩子们知道吃粗粮有益于身体健康，进而喜欢吃粗粮，养成良好的饮食习惯，我设计了这次活动。

**活动目标**

（1）认识常见的粗粮及用其制作的相关食物。

（2）知道吃粗粮有益于身体健康。

**活动准备**

（1）材料准备：玉米、小米、黄豆的图片及实物，3个铁皮罐子（如露露饮料罐），用玉米、小米、黄豆制作的相关食物的图片。

（2）人员准备：邀请大班的3个小朋友扮演粗粮宝宝。

**活动重点**

认识常见的粗粮及用其制作的相关食物。

**活动过程**

**1.听一听、看一看，认识三种粗粮**

（1）出示罐子，吸引幼儿的注意力。

师：这里有三个罐子，小朋友们听一听三个罐子（分别装有玉米、小米、黄豆）摇晃的声音。

（2）倒出罐子里的粗粮，让幼儿看一看、摸一摸、闻一闻。

师：你们说这是什么？（教师分别来问，让幼儿分别来说）

（3）分别出示与实物相对应的图片（见图7、图8、图9），请个别幼儿拿图片与实物一一对应，分别认识这几种粗粮。

师：你们说这是什么？（教师分别来问，让幼儿分别来说）

小结：玉米、小米、黄豆都是粗粮。粗粮还包括红豆、绿豆、高粱、红薯（白薯）等。

图7

图8

图9

**2.观察图片，认识用粗粮制作的相关食物**

（1）组织幼儿讨论：用这些粗粮可以制作哪些食物？

师：你们知道用玉米、小米、黄豆可以做成什么食物吗？

（2）出示图片（见图10、图11），告诉幼儿用玉米制作的食物。

图10

图11

师：用玉米做的食物有窝头、煎饼、玉米碴子粥、爆米花、玉米面条、松仁玉米等，人们还可以把玉米煮熟了吃。

（3）出示图片（见图12、图13），告诉幼儿用小米制作的食物。

图12

图13

师：人们可以用小米做小米粥、小米饭、小米面馒头、小米面发糕吃。

（4）出示图片（见图 14、图 15），告诉幼儿用黄豆制作的食物。

图 14

图 15

师：人们可以把黄豆做成豆浆、豆奶、豆腐、豆皮、黄豆芽等吃。

小结：原来我们身边有这么多用玉米、小米、黄豆做成的美味的食物啊！

**3.了解粗粮食物的营养价值，知道吃粗粮的好处**

（1）师：你们知道为什么要多吃粗粮吗？（幼儿自由回答）

（2）请幼儿观看大班小朋友的表演。（3 名扮演粗粮的幼儿依次做简单的动作进行自我介绍）

玉米宝宝：我是玉米宝宝，小朋友要和我做朋友。吃了我，可以让你们皮肤白白的，让你们长得更高、变得更聪明。（玉米中含水量谷氨酸较高，具有健脑的作用，能加速幼儿机体的生长发育，延缓衰老，并有保护皮肤的作用）

小米宝宝：我是小米宝宝，我身体里有很多营养，吃了我可以让女孩变得更漂亮，男孩变得更帅气，对身体也好。（小米中含有维生素 $B_1$ 和 $B_2$，其蛋白质中含有较多的色氨酸和蛋氨酸，对防止衰老有很好的作用。平时常吃点小米粥、小米饭，也有益于脑的保健）

黄豆宝宝：我是黄豆宝宝，小朋友们知道吗？我可是“豆中之王”，我身体里面也有很多营养。小朋友们猜一猜黄豆对你们的身体有什么好处呢？对了，我可以让你们的身体更健康，少生病。（黄豆含有高质量的蛋白质，可以

提高人体的免疫力）

玉米宝宝、小米宝宝、黄豆宝宝：我们的营养高，我们爱宝宝。

小结：粗粮里面的许多营养是大米和白面中没有的，而且粗粮中有大量的纤维素和丰富的维生素，能锻炼我们的牙齿，使大便畅通，对身体有好处，所以我们应该多吃一些粗粮。

**4.玩游戏“对对碰”，进一步巩固对粗粮的认识**

玩法：幼儿分成两组，一组拿粗粮图片，另一组拿用粗粮制作的相关食物的图片。当教师说出一种粗粮时，用这种粗粮制作出来的食物就要去找相应的粗粮。

**活动延伸**

（1）在日常生活中，引导幼儿认识玉米、小米、黄豆及用其制作的食物。

（2）将玉米、小米、黄豆及用其制作的相关食物的图片制作成小册子，投放在图书区。

（3）将游戏“对对碰”中的图片投放在益智区，鼓励幼儿在区角活动时继续学习。

（4）请家长多收集一些关于粗粮的知识，并用粗粮制作一些美食，以实现家园共育。

**专家评析**

粗粮是幼儿生活中常见的食物，含有丰富的营养。幼儿园为了均衡幼儿的饮食，也会做些粗粮食物，但是因为粗粮的口感没有那么细腻，很多幼儿都不喜欢吃。教师通过观察、发现，特别设计了这节活动，充分挖掘幼儿身边常见粗粮食物中蕴含的教育价值。

活动中，教师让幼儿通过图片、实物和情景表演直观地感受粗粮对人们身体的好处，这种方式非常吸引幼儿，激发了幼儿对粗粮的探索兴趣，帮助幼儿了解了用粗粮可以制作哪些食物，进而喜欢吃粗粮。而且，因为活动内容贴近幼儿的生活，在活动中幼儿能根据自己的已有经验进行简单的讨论，活动积极性很高。教师通过小结及时对幼儿的认识进行总结和提升，帮助幼儿形成了新经验和新认识。

**建　议**

（1）让大班的幼儿进行情景表演很好，非常有利于幼儿去理解和记忆粗粮对身体的好处。不过，教师也可以用手偶或者由配班教师配合进行情景表演。

（2）在班级自然角中，开展种植活动，帮助幼儿进一步感知和理解五谷的生长知识。

## 31. 多吃零食坏处多

设计教师：康云燕　评析专家：郭静

幼儿园：北京航天华盛幼儿园

**设计意图**

吃零食，是一种不良的饮食习惯。爱吃零食是小朋友们普遍存在的问题，现在越来越多的“肥胖”、“体弱儿”和幼儿龋齿问题，都说明不良的饮食习惯给幼儿的成长带来的危害。《指南》健康领域教育建议中指出：“帮助幼儿养成良好的饮食习惯，了解食物的营养价值，引导他们不偏食、不挑食，少吃或不吃不利于健康的食品……”根据这一目标，为了帮助幼儿了解多吃零食对身体的危害，进而少吃零食，帮助幼儿养成良好的饮食习惯，促进幼儿的正常生长发育，设计了本次活动。

**活动目标**

（1）了解乱吃零食的害处。

（2）养成良好的饮食卫生习惯。

**活动准备**

烧烤肉串、糖果、巧克力、汽水、果冻、馒头、米饭、水果、蔬菜的图片幼儿人手1份（可以在网上收集相关图片，也可以用实物代替）；故事《再也不多吃零食了》。

**活动重点**

了解乱吃零食的害处。

**活动过程**

**1. 出示图片，导入主题**

（1）出示图片，提问：小朋友们看看这上面都有什么？（“烧烤肉串”、“糖果”、“巧克力”、“汽水”、“果冻”等）

小结：小朋友们，上面的这些吃的都叫零食。

（2）提问：那你们平常都吃些什么零食呢？（“巧克力”、“糖”等）为什么喜欢吃零食？（“甜甜的很好吃”）

小结：这些零食吃多了对身体有害，小朋友们千万不可以多吃。

**2. 讲述故事，让幼儿了解乱吃零食的危害**

（1）讲述故事《再也不多吃零食了》。

（2）组织幼儿讨论：乱吃零食有什么不好？

师：小朋友刚才听了跳跳虎的故事，那谁来告诉老师多吃零食有什么害处呢？（“容易引起肥胖、蛀牙，胃也会慢慢地坏掉”）

师：小朋友回答得很对，那以后我们可千万不要向跳跳虎学习啊！这样乱吃零食很危险，还会把身体搞坏。

小结：除了一日三餐外，这些对身体没有益处的都是零食。不少小朋友养成了好吃零食、不爱吃饭的坏习惯，一定要改掉。

**3. 谈话引出“吃东西前应该怎么做”**

师：我们了解了吃零食的危害，所以我们平时要吃一些对身体有益的食物，如米饭、馒头等。那么我们在吃之前要注意什么呢？（“吃之前要洗干净手，不能多吃”）

小结：小朋友应该吃一些对身体有益的食物，但是在吃东西之前要把手洗干净，吃完后要记得漱口，保护我们的牙齿。

**4. 玩游戏：找一找**

教师将提前准备好的图片，包括馒头、米饭、烤串、蔬菜、水果、汽水、糖果、果冻等，发给每个幼儿一份。

（1）请幼儿将这些图片分类，找一找哪些食物对身体有益，哪些对身体有害。

（2）请幼儿相互评价一下找的对不对。

小结：小朋友都很聪明，通过今天这节课知道了汽水、糖果、果冻、巧克力等都是零食，吃多了对我们的身体和牙齿都不好。所以，我们要少吃零食，保护好我们的身体。

**活动延伸**

（1）利用班内的语言区，投放故事材料，让幼儿随时可以进行故事表演，以加深幼儿对多吃零食危害健康的了解。

（2）在美工区投放各种零食图片，让幼儿模仿画零食，加深幼儿对零食的认识。

（3）请幼儿做“小小宣传员”，向家长宣传多吃零食的危害。

【附：故事】

再也不多吃零食了

这天，跳跳虎的妈妈要去菜市场买青菜。临走前，妈妈嘱咐跳跳虎在家好好玩，跳跳虎一见妈妈走出家门，就飞奔到冰箱前，打开冰箱把巧克力、糖果、果冻、虾条都拿了出来，一个接一个地吃了起来。跳跳虎心想，这次妈妈终于不在家了，可以吃个够。

可是没过一会儿，他突然感觉到肚子很疼，就捂着肚子“哎哟哎哟”地叫起来，最后疼得哭了起来。正巧这时妈妈买菜回来了，见跳跳虎趴在沙发上哭，赶紧把跳跳虎送进了医院。经过大象医生的诊断，跳跳虎得了急性肠胃炎。大象医生把跳跳虎的病治好后对跳跳虎说：“你吃了这么多零食，你的肠胃肯定不会消化，还会增加你胃的负担。而且多吃零食还会引起肥胖、蛀牙，以后如果你还继续吃那么多零食，你的牙齿也会被虫子吃光的。”跳跳虎听了后悔极了，羞愧地低下了头，嘴里一直嘟囔着：“我以后再也不吃那么多的零食了。”

**专家评析**

本次活动中，教师对幼儿进行了一次很好的健康教育。从目标的制定到内容的选择均符合中班幼儿的年龄特点和实际需要。

在教学活动中，教师以幼儿为主体，以图片为载体，创造了一个自由、宽松的语言交流环境，鼓励、吸引幼儿与教师、同伴进行交谈，并体验语言交流的乐趣。针对胆小的幼儿，教师鼓励其大胆、清楚地表达自己的想法和感受，发展语言表达能力和思维能力。

本节活动中，故事的运用很好地让幼儿知道吃零食原来有这么多的害处。教师选择幼儿喜欢的游戏活动是另一个亮点，此环节让幼儿充分互动、积极讨论，这对培养中班幼儿清晰的思维、形成良好的学习品质有很大的好处，幼儿的兴趣非常高，更加深刻地认识到哪些是零食。教师同时还对幼儿养成良好的卫生习惯加以引导，很好地完成了活动设定的目标。

**建 议**

（1）与表演区相结合，通过让幼儿表演故事内容，加强幼儿对多吃零食危害多的理解。

（2）开展“小小营养师”活动。教师和幼儿共同收集有营养的食物的图片，让幼儿自己设计和搭配美食，向同伴宣传有营养的食物，引导幼儿少吃和不吃零食。

（3）开展家园共育活动，及时把班级活动内容告诉家长，要求家长在教育上与教师保持一致，在家帮助幼儿改掉吃零食的不良习惯。

## 32. 小苗口渴了

设计教师：刘敬伟　评析专家：范惠静

幼儿园：北京市西城区马连道幼儿园

**设计意图**

水是人类生存不可缺少的重要元素之一，我们每天都离不开水。对于幼儿来讲，喝水对他们的健康成长具有重要意义。然而，很多幼儿即使是天气炎热时都不知道主动补充水分。有些幼儿虽然口渴了会主动找喝的，但在家中他们往往更倾向于选择甜甜的饮料，而非白开水。《指南》健康领域目标中提出：“4—5 岁幼儿要具有良好的生活与卫生习惯，常喝白开水，不贪喝饮料。”因此，设计了健康活动“小苗口渴了”，旨在让幼儿明白饮料虽然好喝但对身体无益，多喝白开水才能补充身体所需的水分，才能使身体更健康。

**活动目标**

（1）了解喝水对身体成长的重要性，逐步养成爱喝水的好习惯。

（2）能够主动喝白开水。

**活动准备**

（1）经验准备：活动前，教师带领幼儿进行实验探究，观察同样光照下的两盆洋花萝卜，每天带幼儿给一盆浇水，另一盆不浇水。

（2）材料准备：①第一组图片，包括运动后、外出游玩时、游泳后、起床前的图片各一张；第二组图片，包括池塘里的水、自来水、井水等不能饮用的水的图片各一张。②两盆洋花萝卜，其中一盆因浇水而发芽、长叶，另一盆因没浇水而干枯。

**活动重点**

能够主动喝白开水。

**活动过程**

**1.感知讨论，了解水对身体成长的重要作用**

（1）观察洋花萝卜，了解缺水的后果。

师：这里的两盆洋花萝卜，一盆萝卜发芽长叶了，另一盆却枯萎了。请你们仔细看一看，猜一猜为什么。（幼儿自由回答）

师：看看它们的泥土是怎么样的？（“一干一湿”）

小结：萝卜没有水喝就会枯死，就发不了芽、长不了叶。人也像萝卜一样离不开水，我们只有每天多喝水才能长高、长大。

（2）通过回忆调动已有体验，感受口渴后喝水带来的舒适感觉。

开展本活动前，教师带领幼儿进行了游戏活动，并在游戏活动后组织幼儿喝了水。

师：玩过游戏之后，你们感觉口渴吗？

师：喝了水之后有什么感觉？

小结：活动后，身体出汗了，我们会感到口渴，喝了水之后就不渴了，身体也才能更健康、更舒服。

**2. 观看两组图片，了解什么时候应该喝水以及哪些水不能喝**

（1）观察第一组图片，了解锻炼后、外出游玩时、游泳后，人们会想喝水；睡觉起床后，人们也会想喝水。口渴了不喝水会很难受，想喝水的时候可以自己去喝水。

（2）观看第二组图片，了解有些水不能喝。

师：这些地方的水我们能喝吗？为什么？

小结：池塘里的水、自来水、井水看上去清清的，但是都不能直接喝，因为水里有细菌，只有烧开了才可以喝。幼儿园的饮用水是烧开过的，所以可以喝。

**活动延伸**

（1）将班级的饮水桶进行装饰，激发幼儿主动饮水的愿望。

（2）家园配合，引导家长提醒幼儿口渴时多喝白开水、少喝饮料，帮助幼儿养成健康的饮水习惯。

**专家评析**

《指南》在生活习惯与生活能力的目标中把“常喝白开水，不贪喝饮料”作为主要内容提出来，说明喝白开水对幼儿身体成长发育的重要作用。刘老师以“小苗口渴了”为内容，引导幼儿理解多喝白开水的重要性，符合幼儿的实际需要，教学目标明确、适宜。

整个活动过程围绕“主动喝白开水”层层展开。教师准备充分，能够利用观察比较、体验比较等方式促进幼儿良好饮水习惯的养成。

（1）观察比较：教师能够利用生动有趣的洋萝卜花小实验吸引他们的注

意力，使他们积极地参与到活动中，形象直观地让幼儿了解到：喝水对身体有益。活动内容符合幼儿的思维特点及年龄特点，幼儿的兴趣及探索氛围浓厚，效果很好。

（2）体验比较：调动幼儿已有经验，联系幼儿生活实际，帮助幼儿认识到喝白开水对身体有益，是我们成长过程中身体所需要的。只有主动喝白开水，常喝白开水，才能更加健康。

活动中，教师非常尊重幼儿，给了幼儿很大的思考空间及发现问题、探索问题的空间，并利用启发性提问，使幼儿更加清楚主动喝白开水对身体的重要性。

**建 议**

（1）与区域活动相结合开设“小水吧”，为幼儿提供一个舒适和温馨的喝水环境，鼓励幼儿喝白开水。

（2）做好家园共育，把活动的开展情况告诉家长，请家长在家鼓励孩子多喝白开水少喝饮料，从而养成良好的生活饮食习惯。

## 33. 如厕我会这样做

设计教师：王建平　评析专家：杨爱荣

幼儿园：北京市房山区周口店镇中心幼儿园

**设计意图**

中班幼儿动手能力逐步增强，凡事都想尝试自己做。在自理生活环节中，幼儿拉完便便也会自己主动擦一擦。有的幼儿在家中习得了擦屁股的方法，能将屁股擦得很干净；有的幼儿不知道怎样擦，仍需老师进一步帮助。针对幼儿这一时期的表现，成人要对幼儿的积极行为给予支持，特别是方法上的具体指导。《纲要》对中班幼儿提出了“培养正确的盥洗习惯，逐步学会自理大小便”的教育目标。结合这一目标，我设计了“如厕我会这样做”的教学活动，目的在于使幼儿初步掌握正确的擦屁股方法，学会自理大小便，使幼儿养成良好的生活和卫生习惯。

**活动目标**

（1）学习正确的擦屁股的方法。

（2）养成便后塞衣服、冲水、洗手等良好行为。

**活动准备**

（1）经验准备：幼儿有自己擦屁股的经验。

（2）材料准备：录音机，娃娃哭的录音；塑料玩具娃娃 2 个（在娃娃屁股上涂上土黄色浆糊）；教师示范用卫生纸 1 份（涂有少许土黄色浆糊）；将卫生纸沿虚线裁好，每个幼儿 2 份；干净的垃圾筐 3 个（供幼儿扔卫生纸用）；儿歌《如厕我会这样做》。

**活动重点**

学习正确的擦屁股的方法。

**活动过程**

**1. 出示玩具娃娃，激发幼儿为娃娃擦屁股的愿望**

（1）播放娃娃哭的录音，引导幼儿猜测娃娃为什么哭。

（2）出示玩具娃娃，引导幼儿观察，使幼儿懂得娃娃拉大便了，屁股不舒服才会哭。

**2. 引导幼儿学习擦屁股的方法**

（1）请两名幼儿分别尝试为娃娃擦屁股，教师引导其他幼儿观察。

（2）师：谁给娃娃擦得干净，为什么？（重点引导幼儿观察卫生纸是怎样

使用的，擦屁股的方向是怎样的）

师：为娃娃擦屁股的小朋友谁的手最干净？

小结：擦屁股的关键一步是折叠卫生纸，在折叠卫生纸时要向上对折整齐，把大便藏好，不要污染手（教师边说边示范）；擦屁股时（用塑料娃娃示范），要从前向后擦。

**3.朗读儿歌引导幼儿练习擦屁股的方法**

把幼儿分成三组，每组幼儿围蹲在一起（在中间放一个垃圾筐），和教师边说儿歌，边玩擦屁股的游戏。

重点提示：幼儿要把卫生纸向上折叠整齐，从前向后擦。游戏后，提示幼儿将擦过屁股的卫生纸扔进自己面前的垃圾筐中。

**4.结束部分**

师：小朋友拉完大便，擦完屁股，还应该做哪些事呢？（和幼儿一起模仿整理衣服、冲便便、洗手等动作）

**活动延伸**

（1）在娃娃家游戏中，组织幼儿玩给娃娃擦大便、换衣服、做夹心饼干的游戏（引导幼儿把卫生纸向上对折整齐把彩泥包裹起来，帮助幼儿提升把纸折叠整齐、把大便藏好的能力）。

（2）如厕时注意观察幼儿擦屁股的情况，及时纠正幼儿错误的行为，使幼儿尽快掌握擦屁股的方法，培养幼儿便后自己整理衣服、冲水、洗手的良好行为习惯。

（3）在盥洗室布置“如厕我会这样做”的墙饰，包括折叠卫生纸的方法、擦屁股的方法、塞衣服、冲水、洗手的图示等内容。

（4）家园同步，鼓励家长在家中支持幼儿便后自理的行为，持之以恒地锻炼幼儿的自理能力。

【附：儿歌】

**如厕我会这样做**

小朋友，长大了，
拉了便便自己擦。
手纸对折手拿好，
从前向后别忘啦！

**专家评析**

中班幼儿随着年龄的增长，认知水平、理解能力、动手能力比之小班幼儿都有了很大的进步。这一时期的幼儿，乐于从事自我服务的劳动，但是缺乏方法上的支持、引领，常将事情搞砸。“养成良好的生活卫生习惯，学会自理大小便”是《纲要》为中班幼儿提出的发展目标，王老师设计的这节教育活动来源于幼儿的生活实际，帮助幼儿解决了生活中如厕后把屁股擦干净的难题，符合《纲要》的精神。

本节教育活动还有以下几个优点：

（1）整节教育活动清新、自然、生动，富有趣味性，寓教于乐，没有枯燥的说教，符合中班幼儿的认知特点。比如整节活动中既有帮娃娃擦屁股的环节安排，又有擦屁股游戏环节的设计；既有观察活动（引导幼儿观察小朋友为娃娃擦屁股的活动，观察教师的示范活动），又有朗读儿歌模拟实践擦屁股的环节安排。

（2）活动方式直观，注重细节，易于幼儿理解、接受。教师先是让幼儿观察小朋友给娃娃擦屁股，比较直观地让幼儿看到了擦屁股的正确方法，激发了幼儿自己擦屁股的愿望。此外，王老师在示范折叠卫生纸时，选用了抹有土黄色浆糊的卫生纸，使幼儿清楚地观察到卫生纸折叠的方法，化解了折叠卫生纸的难点，也让幼儿明白了为什么要向上折叠卫生纸。然后通过儿歌引导，使幼儿在游戏中又进行了反复的模拟练习，使幼儿充分掌握了从前往后擦屁股的正确方法。

（3）延伸活动中，利用多种途径，照顾到了不同发展水平的幼儿，使幼儿尽快习得了擦屁股的方法。比如有的幼儿能力弱一些，不能将纸张折叠整齐，王老师在娃娃家游戏活动时，与幼儿一起玩做饼干的游戏，使幼儿提升了把卫生纸折叠整齐的能力。此外，又结合环境创设、家园合作等途径对幼儿掌握这一技能进行了巩固。

**建 议**

根据地域的不同和幼儿能力发展的不同，也可以将本次教育活动安排在小班下学期进行。

## 34. 乖宝宝

设计教师：富军　评析专家：周永革

幼儿园：北京市丰台区嘉园第一幼儿园

**设计意图**

日常生活中，大多数幼儿午睡起床后，不去自己叠被子、整理床铺。而《〈纲要〉实施细则》中指出："生活中避免过度保护和包办代替，鼓励指导幼儿自理的尝试。"根据这个目标，我设计了"乖宝宝"的活动，旨在让幼儿学会自己叠被子和整理床铺，养成自己的事情自己做、不会的事情学着做的习惯，提高生活自理能力。

**活动目标**

（1）体验自己的事情自己做的乐趣。

（2）学习叠被子、整理床铺。

**活动准备**

（1）材料准备：幼儿午睡时和起床时的两段录像；笑脸花贴画若干，儿歌《起床歌》。

（2）人员准备：提前请配班教师和两名大班幼儿排练好情景剧《小花熊和小黑熊》。

**活动重点**

能自己学习叠被子、整理床铺。

**活动过程**

**1. 观看录像一**

（录像内容：大部分幼儿在园安静午睡，个别幼儿在床上玩没有睡觉）

师：请小朋友说一说他们在做什么呀？为什么要午睡？

小结：良好的午睡有利于身体健康。

**2. 观看情景剧《小花熊和小黑熊》**

（1）电话铃响，教师接电话后告诉幼儿："熊妈妈打来电话，邀请我们班的小朋友去看她的孩子小花熊和小黑熊是怎样起床的。我们一起去看看，好吗？"

（2）幼儿观看情景剧。

提问：

- 熊妈妈家有哪两个宝宝？
- 你喜欢哪只小熊？为什么喜欢他？
- 你们喜欢小黑熊吗？告诉小黑熊，怎么做你们就喜欢他了？

小结：小花熊真能干，起床前会把自己的衣服叠整齐，起床后会自己穿衣服、叠被子、整理床铺。小花熊能够自己的事情自己干，我们奖给他一朵笑脸花。

（3）师：小黑熊不自己叠被子是因为担心叠不好，我们应该怎样去鼓励他？（引导幼儿以鼓励的口吻激发小黑熊的自信心）

（4）表演儿歌《起床歌》。

师：我们一起把我们学过的儿歌《起床歌》教给小黑熊吧！

**3.观看录像二**

（录像内容：幼儿起床后，只有个别幼儿叠被子、整理床铺，其他幼儿没有叠直接走出睡眠室）

（1）师：小朋友都看到自己了吗？你起床后是谁帮你叠被子、整理床铺的？

（2）师：你还看到了谁？他是怎样起床的？

小结：大多数小朋友和小花熊一样能干，在幼儿园会自己叠被子、整理床铺，只有个别小朋友还需要老师帮忙才能叠好被子、整理好床铺。

**4.叠被子比赛**

（1）师：我们来进行一个叠被子比赛，好吗？老师这儿还有许多笑脸花，如果你们有进步，笑脸花就会跟你交朋友。

（2）有目的地挑选依赖性强的幼儿参加比赛。

小结：看到小朋友的进步，笑脸花很高兴，也希望你们以后在家、在园一个样，坚持自己的事情自己做，笑脸花会继续跟你做朋友。

**活动延伸**

（1）设计“乖宝宝”记录表，记录幼儿自己午睡、叠被子、整理床铺的情况，每周一次小结评比，对做得好的幼儿进行奖励。

（2）家园共育：把表格贴在“家园宣传栏”中，让家长和幼儿都能看到记录的情况，并请家长引导幼儿在家也要做到自己的事情自己做，不会的事情学着做。

（3）在日常游戏中，鼓励幼儿将自己的物品收放整齐，养成良好的习惯。

【附：情景剧】

小花熊和小黑熊

（布景：小花熊的衣服叠得整整齐齐地放在椅子上，小黑熊的衣服乱乱地放在地上、椅子上）

熊妈妈（配班教师扮演）：小花熊，小黑熊，起床喽！（说完，熊妈妈去厨房做饭）

小花熊（一名大班幼儿扮演）：哎，起床了。（说着从床上坐起来，熟练地穿衣、穿裤、系鞋带、叠被子、整理床铺；而小黑熊仍缩在被窝里睡觉，不理妈妈）

熊妈妈（又喊）：小黑熊，起床喽！

小黑熊（另一名大班幼儿扮演）：不，我不会穿衣服。

熊妈妈：你看，小花熊自己穿衣服，真是个好孩子！你也自己学着穿吧，不会的地方妈妈来教你，好孩子要自己穿。

小黑熊（撒娇地）：我不，我怕穿不好，我还怕烦，我要妈妈穿，我要妈妈叠被子、整理床铺。

熊妈妈：真没办法。（说着帮小黑熊穿起衣裤来）

小花熊：妈妈，我穿好了，我自己洗脸去。（小花熊下场）

熊妈妈：好孩子，去吧。（小黑熊也穿好衣服，下场）

【附：儿歌】

起 床 歌

小朋友，起床啦，

穿好衣，叠好被，
整理床铺我都会，
大家都夸我不累！

**专家评析**

学习叠被子和整理床铺是培养中班幼儿自理能力的内容之一。教师能利用教育活动的形式，帮助幼儿学习这项生活技能，不仅培养了幼儿自我服务的意识和能力，而且使幼儿懂得自己的事情自己做是快乐的。教学活动内容来源于幼儿的生活，符合幼儿的发展需要，制定的目标也比较适宜中班幼儿的接受能力。

在教学活动中，教师运用了以下策略：

（1）录制了本班幼儿在午睡起床环节中的问题，引发幼儿对叠被子、整理床铺等问题的讨论。

（2）通过情景表演的方式，直观地再现幼儿的生活内容引发幼儿的思考。这样的学习方式，符合中班幼儿的学习特点，幼儿参与性比较强。

（3）运用儿歌总结提炼，帮助幼儿记住午睡起床后要做的事情。朗朗上口的儿歌让幼儿边说边做，幼儿非常感兴趣。

**建 议**

（1）培养幼儿的生活自理能力，单靠一位教师是完不成的，班级几位教师都要掌握指导幼儿学习整理的方法。

（2）在美工区或娃娃家，给幼儿提供一个练习的环境，帮助幼儿掌握方法。

（3）教师应随时与家长沟通幼儿的学习情况，取得家长的配合，在家也训练幼儿的自理能力。

# 35. 赶走细菌

设计教师：刘敬伟　评析专家：周永革

幼儿园：北京市西城区马连道幼儿园

**设计意图**

良好的卫生习惯不仅关系着孩子们的身体健康，也是一个人文明礼貌的重要标志。然而，幼儿园的孩子们在日常生活中存在着一些手脏时不洗手的不良卫生习惯，需要教师的反复督促。他们尚未意识到勤洗手、讲卫生对身体健康的重要性。《指南》提出："4—5岁幼儿要具有良好的生活与卫生习惯，饭前便后要洗手，方法基本正确。"依据目标要求，设计了此活动，对幼儿进行手脏时主动洗手的卫生教育，使他们明白勤洗手能够预防"病从口入"，帮助幼儿逐步养成勤洗手的好习惯。

**活动目标**

（1）了解洗手的重要性，逐步养成勤洗手的好习惯。

（2）能够在手脏时主动洗手。

**活动准备**

（1）经验准备：幼儿有过肚子疼的经历。

（2）材料准备：自编故事《小熊看医生》、《讲卫生的小熊》，细菌图片1张，每人1个小棉球。

**活动重点**

能够在手脏时主动洗手。

## 活动过程

**1. 倾听故事《小熊看医生》**

师：故事里都有谁？（“河马医生和小熊”）

师：小熊为什么去医院看病？（“小熊用脏手吃东西导致肚子里有细菌”）

师：小朋友肚子疼过吗？肚子疼时感觉怎么样？

小结：手脏时吃东西会把细菌带到肚子里，使自己生病痛苦，危害身体健康。

**2. 玩“小棉球变变变”游戏，感知细菌**

师：细菌是什么样的呢？我们来找一找。请小朋友看看自己的手上有细菌吗？（“没有”）请小朋友用小棉球擦一擦自己的手，小棉球变成什么样了？（“灰色”）

师：我们看一看擦手之前的小棉球和擦过手后的小棉球，比一比，你发现了什么？（“小棉球由白色变成灰色了，说明手上很脏，有细菌”）

师（出示细菌图片）：这就是让小熊和小朋友生病的细菌，它很小，我们用眼睛是看不到的。请你们帮小熊想想办法，怎么做才能不生病？（“手洗干净后再吃东西”）

师：小朋友们想一想，做什么事情时会沾到病菌？（“玩玩具时”、“玩滑梯时”等）

小结：细菌很微小，眼睛看不到，因此小朋友要勤洗手才能防止“细菌从口入”，才能保护身体不生病。

**3. 倾听故事《讲卫生的小熊》**

教师讲述故事，幼儿倾听。

小结：只有爱讲卫生、勤洗手，才能避免细菌危害身体健康。手脏时要主动去洗手，养成勤洗手的好习惯。

**4. 进行盥洗活动**

组织幼儿如厕和洗手，在实践中培养幼儿主动洗手的意识。

**活动延伸**

(1)在语言区提供故事《小熊看医生》和《讲卫生的小熊》的图片与头饰，引导幼儿进行故事表演，从而认识到勤洗手有益身体健康。

(2)在盥洗室的墙面上粘贴“六步洗手法”的图示，在日常生活中请幼儿相互监督和检查，比一比谁的手洗得最干净。

(3)家园合作，引导家长正确认识洗手的重要性，请家长在家里和幼儿玩“小棉球变变变”的游戏，使孩子认识到勤洗手有益身体健康。

**【附：故事】**

**小熊看医生**

小熊很开心，今天星期天不用去幼儿园，他可以想玩什么就玩什么了。

他跑到院子里，跳上秋千架，大喊一声“呦呼”，把秋千荡得很高。他爬到滑梯上，大喊一声“呦呼”，高兴地滑了下来。他来到沙堆前，堆了一座漂亮的城堡。

小熊玩累了，回到了屋子里，看到了桌子上有美味的点心，刚想拿起来，想到了妈妈的话：吃东西前要洗手。他看了看自己的手，一点也不脏，就随便在衣服上蹭了几下，拿起点心吃起来。

到了晚上，小熊很难受，肚子疼极了，被送进了医院。

河马医生检查完毕，说道：“没关系，是吃坏了肚子，以后记得吃东西前一定要把手洗干净，要不然细菌会跑到你的肚子里，让你生病难受。”

小熊很纳闷：吃点心前看了手呀，没有脏东西，细菌是怎么跑到肚子里去的呢?

**【附：故事】**

**讲卫生的小熊**

小熊的肚子不疼了，但他记住了妈妈和医生的话：吃东西前一定要认真把手洗干净。可是他仍然想不明白：明明手上很干净没有脏东西，细菌怎么会跑到肚子里去了呢?

于是，小熊来到了医院，找到了河马医生，把自己的困惑告诉了他。河马医生听了后说道："细菌很小很小，我们直接用眼睛去看是看不到的，要借助工具才能看到。"说着，他让小熊看了显微镜下的细菌，小熊恍然大悟："哦，这就是细菌啊，原来我的手看上去很干净没有脏东西，其实有很多的细菌啊！"

"谢谢您，河马医生，我以后一定会记住，饭前便后要洗手，手脏时也要洗手。"

从此以后，小熊养成了勤洗手的好习惯，成了小伙伴中的榜样。

**专家评析**

在传染病多发的季节，经常洗手是讲卫生、预防传染病的有效方法之一。幼儿由于年龄小，还需要成人的反复提醒，要做到主动洗手确实不是一件很容易的事情。刘老师选择的教学内容，能从幼儿身体健康的角度出发，本着培养幼儿"勤洗手，讲卫生"的意识层层展开，活动内容是符合幼儿实际需要的，教学目标也较适宜。

在教学过程中，教师运用了以下策略：

（1）故事法：通过讲述生动、有趣、贴切的故事，让幼儿与自己的生活经验相结合，在引发共鸣中促幼儿积极思考回答问题，同时也引出了活动的重点——"洗手能使我们不生病，身体健康"。

（2）游戏法：通过“小棉球变变变”的游戏，让幼儿直观地看到：细菌很微小，是肉眼看不到的，只有勤洗手讲卫生才能使自己身体健康不生病。教师在此处设计此环节非常巧妙，把看不见的细菌用棉球颜色的变化引导幼儿亲身感知，这样的方式符合中班幼儿的思维特点及年龄特点，且简单易行。

（3）实践法：最后的实践活动让幼儿把学到的知识在生活中进行练习，起到引导幼儿主动认真洗手的作用。

整个活动中，幼儿的参与性和积极性都很高，尤其是在“小棉球变变变”的游戏环节，幼儿兴趣浓厚，起到了调动幼儿学习主动性的作用，也体现出教师的教育智慧，活动效果非常好。

**建　议**

（1）在活动准备方面，也可以用小棉签代替小棉球。

（2）利用保健医生的资源，在幼儿洗手环节，检查幼儿洗手的方法，并给予幼儿指导，这样更具有说服力。

（3）利用“家园宣传栏”，向家长进行勤洗手预防传染病的宣传，引起家长的关注和重视。

## 36. 我是牙齿小卫士

设计教师：赵燕燕　评析专家：周永革

幼儿园：北京市第六幼儿园

**设计意图**

在日常生活中，有的孩子不喜欢刷牙是因为牙膏太辣了，有的是嫌刷牙太麻烦，还有的孩子贪玩不刷牙……孩子们在刷牙环节表现出来的行为，说明孩子对保护牙齿的重要性还不是很理解。《指南》中对中班幼儿提出了“每天早晚刷牙、饭后漱口，方法基本正确”的教育目标。结合这一目标，我设计了“我是牙齿小卫士”教学活动，让孩子从内心感觉到刷牙是非常重要的，帮助孩子学习保护牙齿的方法，逐步培养孩子形成早晚刷牙的好习惯，变“我要刷牙”为“我爱刷牙”。

**活动目标**

（1）学习保护牙齿的方法。

（2）逐步形成早晚刷牙的好习惯。

**活动准备**

（1）经验准备：请幼儿收集有关牙齿结构的图片，丰富幼儿对自己牙齿的知识经验。

（2）材料准备：录制本班幼儿刷牙环节录像小片，小镜子人手1面，奥利奥糕点每人1块，保护牙齿的方法图片（用正确的方法刷牙、早晚刷牙饭后漱口、不吃过多甜食、正确选择牙刷和牙膏、定期进行口腔检查、不咬硬物避免外伤），刷牙记录表。

**活动重点**

学习保护牙齿的方法。

**活动过程**

**1. 播放幼儿刷牙视频片段，和幼儿一起回顾刷牙环节**

播放视频，请幼儿观看后，提问：我们为什么要刷牙？

小结：我们天天都要刷牙，让牙齿清洁，预防蛀牙。

**2. 组织幼儿玩游戏“牙齿探秘”**

（1）先请每个幼儿品尝奥利奥糕点一小块，然后照镜子观察自己吃完糕点后的牙齿。

（2）请幼儿漱口并观察自己的漱口水，说一说自己的发现和感受。

小结：吃完东西后嘴巴里会留下食物残渣，影响口腔卫生。

**3. 组织幼儿讨论：保护牙齿我知道**

师：怎样保护我们的牙齿。（幼儿讨论自己保护牙齿的方法，教师出示相应的图片）

小结：保护牙齿的方法包括用正确的方法刷牙、早晚刷牙饭后漱口、不吃过多甜食、正确选择牙刷和牙膏、定期进行口腔检查、不咬硬物避免外伤等。

**4. 活动结束**

播放《刷牙歌》，请幼儿漱口，喝点水。

**活动延伸**

（1）在盥洗室的墙面上粘贴"牙齿小卫士"刷牙记录表，鼓励幼儿不仅要会刷牙，还要认真刷牙，并且每天记录自己刷牙的情况。

（2）引导家长在家观察幼儿刷牙的表现，用照片和视频记录下来；请家长在家提醒幼儿饭后漱口，坚持早晚刷牙，和幼儿一起填写刷牙记录表。

**专家评析**

此活动内容来源于孩子的生活。刷牙是中班幼儿健康生活教育的重要内容之一，教师通过观察、分析幼儿在刷牙时的行为表现，抓住了帮助幼儿解决生活中的问题的关键。活动目标符合中班幼儿的年龄特点和发展需要。

活动过程中，教师录制了本班幼儿刷牙的视频，直观、形象地再现了幼儿的刷牙过程，引发幼儿的兴趣、好奇与关注。此外，教师还通过图片讲述保护牙齿的方法，视觉效果强烈。整个活动，教学策略丰富，体现了教师对中班幼儿学习特点的把握和支持幼儿在活动中主动建构知识的教育意识。

在延伸活动中，教师通过创设环境，如盥洗室的"刷牙记录表"，重视让幼儿在日常生活中实践。此外，还充分利用家长教育资源，向家长提供宝宝刷牙记录表等，让家长重视对幼儿生活习惯的培养，使家园教育达成一致，共同为幼儿养成良好的卫生习惯而努力。

## 37. 讲卫生的乖宝宝

设计教师：富军　评析专家：范惠静

幼儿园：北京市丰台区嘉园第一幼儿园

**设计意图**

天气越来越热，每天小朋友们都会出很多汗，有些孩子经常穿脏衣服，另外有部分家长反映有些小朋友不爱换衣服。根据以上这些现象，设计了教学活动“讲卫生的乖宝宝”，旨在通过谈话交流、讲解示范、感知体验、讨论评议等方式，使幼儿养成勤换衣服的卫生习惯，懂得换衣服是在保护身体健康的道理。

**活动目标**

（1）愿意与别人交流自己勤换衣服的想法和感受。

（2）养成爱清洁、讲卫生的习惯。

**活动准备**

各种各样的衣服（大的、小的、各种颜色的、脏的、干净的）；音乐《嘻唰唰》、《阳光海岸》；故事《不受欢迎的明明》；洗衣盆、肥皂。

**活动重点**

愿意与别人交流自己勤换衣服的想法和感受。

## 活动过程

**1. 聆听故事《不受欢迎的明明》**

（1）教师讲故事：明明和方方是邻居，方方特别讲卫生，每天衣服都干干净净的，叔叔阿姨还有小朋友们都很喜欢方方，可明明呢？衣服整天脏兮兮的，不爱换衣服，妈妈给他换衣服，他会哭着喊着跑开。小朋友们看到明明不换衣服，整天脏兮兮的，都不愿意跟他玩。

（2）组织幼儿讨论：

- 小朋友们为什么都不愿意跟明明玩？
- 明明应该怎样做，小朋友们才喜欢跟他玩？
- 你想做一个什么样的孩子？

**2. 选择喜欢的衣服**

让幼儿在干净衣服和脏衣服堆里自由地选择喜欢的衣服，并说出选择这件衣服的原因。

**3. 玩游戏“洗衣服”**

带领幼儿在音乐的伴奏下帮明明洗脏衣服（袜子、手绢、背心）。

小结：小朋友们要常换衣服，保持衣服整洁。

## 活动延伸

（1）评选“每周或每日干净宝宝”，从而鼓励幼儿在生活中能够经常换衣服，保持衣服整洁。

（2）家园合作，请家长帮助幼儿养成勤换衣服的习惯。

## 专家评析

“帮助幼儿养成良好的个人卫生习惯”是目标要求，富老师在设计这节活动时，充分考虑到幼儿的年龄特点和实际需要，目标制定和内容选择比较适宜。

在活动过程中，教师采用了故事导入的方式，引导幼儿感受脏和干净给别人的不同感受。活动中，教师运用问题情景，为幼儿解决问题搭建了适度的阶梯，让幼儿在自己解决问题中理解和体验，使活动能够顺利进行。教师还特别重视幼儿操作，在幼儿操作过程中培养幼儿做事的坚持性和克服困难的勇气。

**建 议**

任何一个良好习惯的养成都不是一朝一夕的事情，勤换衣服跟家庭教养方式有直接的关系，所以教师要利用家长资源，共同帮助孩子养成良好的卫生习惯。

## 38. 运动出汗这样做

设计教师：刘晓蕾　评析专家：范惠静

幼儿园：北京市门头沟区东辛房幼儿园

**设计意图**

夏天到了，天气变得炎热，户外活动时，孩子们稍稍运动就会满头大汗。这时候，孩子们就会用各种“招数”对待脸上、脖子上的汗珠。有的孩子拉起上衣在脸上蹭几下；有的孩子直接用小手抹两把，立刻变成了“小花猫”；还有的孩子甚至直接跑向水龙头用凉水洗脸……孩子们的这些做法不仅不卫生，还对皮肤造成了伤害。针对发现的问题，我设计了“运动出汗这样做”活动，旨在引导幼儿学会运动出汗后正确的处理办法，养成爱清洁的好习惯。

**活动目标**

（1）运动出汗后，能够自己用纸巾或热毛巾擦拭干净。

（2）初步懂得运动后的卫生常识，养成爱清洁的好习惯。

**活动准备**

（1）经验准备：幼儿有擦汗的经历。

（2）材料准备：绘画纸，画笔，照相机，电子白板，毛巾，纸巾。

**活动重点**

运动出汗后，能够自己用纸巾或热毛巾擦拭干净。

**活动过程**

（在幼儿户外运动后进行此活动）

**1. 谈出汗后的感受**

师：刚才我们在外边玩了半天，你们现在有什么感觉？头上、脖子上有什么？

小结：小朋友运动后觉得特别热，身上黏黏的，头上、身上出了许多汗。

**2. 尝试用自己的方法解决出汗的问题**

（1）提出问题，幼儿讨论解决方法。

师：我们出了这么多汗，应该怎么办呢？

（2）请幼儿尝试用自己的方法解决出汗问题，教师用相机记录幼儿的方法。

师：小朋友现在就来用你自己的方法把汗珠变没了。

（3）幼儿交流、分享自己的方法。

**3. 观看照片，知道处理汗珠的好方法**

（1）组织幼儿观看照片，引导幼儿通过观察、发现不适宜的做法（如用手擦汗、用衣服擦汗、用凉水洗脸等），寻找正确的做法。

师：小朋友这样做对吗？为什么？应该怎样做？

（2）播放适宜做法的照片（如用毛巾、纸巾、温水擦汗等），与幼儿达成共识。

小结：小朋友出汗后要用毛巾、纸巾擦脸，还可以用温水擦擦汗，这样既卫生，又能保护我们的皮肤。

**4. 设计提示标志**

（1）提出问题，激发幼儿设计标志的兴趣。

师：我们中班小朋友学会了擦汗的好方法，小班的弟弟妹妹们还不会呢，他们总是用手、用衣服擦汗。现在，小朋友就来用画笔把你们的好方法画下来变成小标志，送给小班弟弟妹妹，这样你们就教给了他们一个新本领。

（2）幼儿设计提示标志，教师指导。

（3）请幼儿介绍自己设计的标志。

**5. 小标志送给弟弟妹妹**

带领幼儿把设计的提示标志送给小班的幼儿，并给他们讲解标志内容。

**活动延伸**

（1）在户外活动后，提示、引导幼儿先把手洗干净，再用毛巾或纸巾擦汗。

（2）家园共育：向家长介绍本次活动内容，引导家长和教师在教育上达成共识，共同培养幼儿形成良好的卫生习惯。

**专家评析**

运动出汗是人的一种生理现象，教师抓住了这个契机对幼儿进行引导，从保护幼儿健康的角度出发选择活动内容，是非常有意义的。

在教学活动中，教师先让孩子们进行户外活动。当孩子们大汗淋漓的时候，教师巧妙地引出问题，让孩子们运用已有的经验解决，体现了“以幼儿为主体”的教育观念。教师注重对幼儿问题的收集，用照相的方式把幼儿在运动后擦汗的做法进行了拍照记录，利用多媒体的手段播放给幼儿看，很直观地再现了幼儿不正确的做法，从而引导幼儿学习正确擦汗的方法。教师鼓励幼儿把学到的方法用设计标志的方式进行记录，起到了强化和宣传的作用。这样的方式，体现了健康领域与多个领域的整合，促进了幼儿的全面发展。

**建 议**

在幼儿户外运动后或者游戏后开展此活动，以便让幼儿更深刻地体验出汗的感觉；在班级建立生活角，为幼儿提供纸巾，方便幼儿出汗时随时取用。

## 39. 镜子里的宝宝

设计教师：富军　评析专家：周永革

幼儿园：北京市丰台区嘉园第一幼儿园

**设计意图**

日常生活中，一些幼儿如厕后经常不把上衣整理好或者塞进裤子里，而上衣短的幼儿甚至还会露出小肚皮，这样不仅会让幼儿受凉而肚子疼，也会让人感觉不雅。帮助中班幼儿学会正确塞上衣的方法，是培养幼儿自理能力的内容之一。为了让幼儿了解穿衣时塞好上衣的好处，保护自己不生病，学会正确塞上衣的方法，我特地设计了本次活动。

**活动目标**

（1）喜欢自己的事情自己做，增强自信。

（2）穿衣时能将自己的上衣塞进裤子，养成保持服装整齐的习惯。

**活动准备**

（1）材料准备：录像，内容包括幼儿如厕后有的能将上衣塞进裤子，有的没有这么做；儿歌《不露小肚皮》。

（2）人员准备：提前邀请配班教师和几名大班幼儿排练好情景剧《镜子里的宝宝》。

**活动重点**

穿衣时能将自己的上衣塞进裤子，养成保持服装整齐的习惯。

**活动过程**

**1. 观看情景剧《镜子里的宝宝》**

（1）师：为什么小朋友们都不喜欢宝宝？你有什么办法帮帮他吗？

（2）师：你会自己塞衣服吗？

**2. 观看录像**

（1）师：哪个小朋友如厕后衣服还是那么整齐？为什么？

（2）请两名幼儿上前演示将上衣塞进裤子的方法。

（3）组织幼儿讨论方法对不对，教师进行点评。

（4）鼓励全班幼儿练习塞上衣。

小结：我们要随时将上衣塞进裤子，这样不仅可以保护自己，还能让衣服更整齐。

**3. 学习儿歌《不露小肚皮》**

（1）教师朗诵儿歌，幼儿欣赏。

（2）幼儿和教师共同朗读儿歌。

**活动延伸**

（1）在日常生活环节，利用盥洗室的镜子引导幼儿如厕后玩“镜子里的我”游戏，让幼儿通过照镜子及时将衣服塞好，保持服装整齐。

（2）在娃娃家投放丰富的衣物，让幼儿在游戏中进行练习和整理。

【附：情景剧】

**镜子里的宝宝**

宝宝（衣服的一边塞进了裤子里，另一边露在外边）跑出去玩，小朋友看见了都笑他，说他真难看。他很伤心地回到家，对妈妈说，小朋友都笑他，不喜欢他。妈妈让他照镜子，他发现自己的衣服没塞好，他塞好衣服出去玩，这次大家都说他很漂亮。

【附：儿歌】

**不露小肚皮**

小朋友，要记住；

如厕后，塞好衣；

不露小肚皮，

身体才会棒！

**专家评析**

这个健康活动涉及的是幼儿着装的问题。活动内容的选择来源于教师对幼儿日常如厕后的细心观察，符合幼儿的实际需要。

在教学过程中，教师运用情景剧和录像呈现了幼儿如厕后的问题，唤起幼儿的原有经验，并注重在实践中让幼儿练习、总结、分享，为幼儿提供了共学、互学的机会，提高了幼儿自我服务的意识和能力。短短的一节课是不能让幼儿养成塞衣服的习惯的，教师需要在日常生活中加强引导和练习，让幼儿真正地感受到塞好衣服与自己身体健康、衣着整洁漂亮的关系。

**建 议**

（1）教学活动过程中最好撤离桌椅，给幼儿提供较为宽阔的空间。

（2）在盥洗室和卧室，为幼儿提供小镜子，塞好衣服后让幼儿自己检查是否整齐。

（3）创设“我最漂亮”的评价表格，对便后和午睡后把衣服穿整齐的幼儿进行奖励，帮助幼儿养成塞衣服的习惯，也让幼儿能感受到自己的进步。

（4）家园共育：请家长协助，给幼儿穿适合穿脱的衣服，让幼儿能自己进行整理。

## 40. 百变服装秀

设计教师：富军　评析专家：周永革

幼儿园：北京市丰台区嘉园第一幼儿园

### 设计意图

在我们的生活中，有一部分幼儿不能根据季节、活动内容等合理地选择衣服，只是一味地根据自己的喜好选择服装。因此，出现了冬天里有的孩子穿凉鞋、有的孩子户外活动时穿裙子和皮鞋等现象。孩子在着装上表现出来的行为，说明孩子对着装的重要性还不是很理解。《〈纲要〉实施细则》中提出了“户外活动时，幼儿穿合脚的运动鞋和舒适的服装，要根据气温变化和活动量的不同，适当增减衣服”的教育目标。结合这一目标，我设计了“百变服装秀”这一教学活动，旨在帮助幼儿梳理服装与人们生活的关系，让幼儿学会根据季节、运动性质等合理地选择服装。

**活动目标**

（1）喜欢尝试自己搭配服装。

（2）能根据不同的场合需要选择合适的服装。

**活动准备**

自制多媒体故事课件《熊猫服装店》；幼儿每人1份操作图卡《服装设计师》、彩色笔；春夏冬季衣服各1套，特殊衣服（如跆拳道服、武术服、舞蹈服等）若干件。

**活动重点**

能根据不同场合的需要选择合适的服装。

**活动过程**

**1. 设置情景，导入活动**

师：呜呜……听，谁在哭啊？原来是小猴子！我们去看看小猴子为什么哭啊？

师：原来小猴子在外面玩，把衣服弄脏了。小猴子马上要去参加朋友的生日会了，你们说怎么办啊？（幼儿自由回答）

师：我们看看小猴子后来是怎么解决的？发生了什么事情？

**2. 观看多媒体故事课件，知道不同的场合要穿合适的衣服**

（1）组织幼儿观看片段一，提问：小猴子对小熊猫说了什么话？小熊猫给小猴子拿了一件什么样的衣服？小猴子买了吗？为什么小猴子没有买？

小结：在冬天穿又薄又短的纱裙太冷了，会生病的。

（2）组织幼儿观看片段二，提问：小兔子要参加运动会，小熊猫给小兔子拿了什么样的衣服和鞋子？小兔子穿上去参加跑步比赛，她跑了第一名吗？为什么？

小结：穿运动衣和运动鞋参加运动会才是最合适的。

（3）组织幼儿观看片段三，提问：小松鼠在玩什么游戏？她为什么会受伤？

小结：玩轮滑时要穿合适的衣服，并且要戴上护膝、护腕、头盔来保护自己。

**3.玩游戏“服装设计师”**

（1）引导语：今天，还有一些小动物要参加不同的活动，他们想请我们班的小朋友帮他们设计合适的衣服。你们愿意帮忙吗？

（2）玩法：幼儿根据操作图卡上的提示进行连线游戏。（比如，为冬天里的小兔子穿上厚衣服，戴上围巾、帽子）

（3）将幼儿画好的操作图卡进行展示，并奖给连线对的幼儿一个笑脸印章。

**4.玩“穿脱衣服比赛”**

（1）引导语：老师这里也有一些漂亮的衣服，你们知道应该在什么时候穿它们吗？为什么？应该怎么穿它们呢？

（2）游戏：穿脱衣服比赛。将幼儿分成几组，自选衣服进行穿脱衣服比赛，并对优胜者予以奖励。

**活动延伸**

（1）请幼儿在生活中继续根据活动需要和不同的场合选择合适的服装，了解更多服装及其与人们生活的关系。

（2）家园共育：请家长根据幼儿园活动的内容，提示和帮助幼儿穿合适的衣服上幼儿园。

**【附：多媒体课件】**

**熊猫服装店**

片段一：冬天里，小猴子来到熊猫服装店对熊猫说：“我想买一件参加生日会的服装。”熊猫给她拿了一件漂亮的纱裙，小猴子说：“不要不要，穿上太冷了。”后来，小猴子选了一件漂亮的棉衣。

片段二：小兔子要去参加运动会，熊猫给她拿了一件紧身衣和一双高跟鞋，结果兔子穿上后在比赛中摔了个大跟头，得了最后一名。

片段三：小松鼠在熊猫服装店买了一条裙子，然后她穿着这条裙子玩轮滑，结果摔倒受伤了。

**【附：幼儿操作图卡内容】**

**服装设计师**

| | |
|---|---|
| 冬天里玩雪的兔子 | 纱裙、皮鞋 |
| 参加舞会的小猫 | 棉衣、帽子、围巾、手套 |
| 玩轮滑的小松鼠 | 轮滑护具、头盔 |
| 在跑步的猴子 | 游泳衣、游泳帽、游泳镜 |
| 在游泳的小狗 | 运动衣、运动鞋 |

**专家评析**

会选择并穿着合适的衣服是一种能力，需要成人在日常生活中对幼儿进行引导。富老师很用心地选择了这个内容，说明她对幼儿生活中的健康教育非常关注，具备一定的健康教育意识。

在教学活动中，教师采用了故事情景的导入方式，引导幼儿了解小动物在穿衣中遇到的问题。然后，通过“服装设计师”、“穿衣服比赛”等操作活动，让幼儿感受穿适宜衣服的舒适和便捷。这对幼儿学习如何选择衣物是很有帮助的。

在合适的场合选择穿着合适的衣物，不仅是在培养幼儿具备一定的穿衣能力，更重要的是让幼儿懂得合适的穿着也是在保护自己的安全。

**建 议**

在活动中，教师还可以利用对比的方式，让幼儿亲自穿不同的衣服感受不合适的衣物带来的不舒适感，加深幼儿的体验。

## 41. 鼻子变干净了

设计教师：王雪莲　评析专家：范惠静

幼儿园：北京市怀柔区杨宋镇中心幼儿园

**设计意图**

在日常生活中，我们常常发现孩子流着鼻涕到处玩，不理会它；有的孩子有了鼻涕用衣服袖子擦拭；还有的孩子不会擦鼻涕，怎么擦也擦不干净。平时我们在与家长交谈中发现，很多家长没有教过孩子擤鼻涕和擦鼻涕的方法，都是家长帮忙做。针对以上这些问题，我设计了本次健康教育活动，使幼儿了解鼻子的功能，并学会正确的擤鼻涕和擦鼻涕的方法。

**活动目标**

（1）学习正确擤鼻涕、擦鼻涕的方法。

（2）了解鼻子的作用，养成良好的卫生习惯。

**活动准备**

（1）经验准备：孩子有擦鼻涕的经验。

（2）材料准备：花露水 1 瓶，流鼻涕的照片，《正确擤鼻涕、擦鼻涕》的录像，正确擤鼻涕、擦鼻涕的步骤图 5 张，抽取式纸巾每桌 1 包。

**活动重点**

学习擤鼻涕的方法。

**活动过程**

**1. 猜谜游戏，引出活动主题**

师：左边一个孔，右边一个孔，有它能呼吸，还能闻香臭。（“鼻子”）

**2. 了解鼻子的功能**

（1）师：闻一闻有什么气味？你用什么闻到的？你的鼻子还闻到过什么气味？

（2）请幼儿用手捏住鼻子、闭紧嘴巴，说说有什么感受。（提醒幼儿注意，捏住鼻子的时间不能太长）

小结：鼻子的用处很大，可以帮助我们呼吸，让我们辨别气味。不过，有时鼻子也会生病。你们看，这个小朋友怎么啦（出示流鼻涕的照片）。

**3. 讨论：擤鼻涕、擦鼻涕的方法**

（1）请幼儿说一说自己处理鼻涕的方法。

（2）组织幼儿观看录像，学习正确的擤鼻涕、擦鼻涕的方法。

（3）请幼儿取一张纸巾跟随录像学一学正确的擤鼻涕、擦鼻涕的方法。

（4）请孩子们边擦边说，复习巩固。

（5）请学得认真且方法正确的幼儿到前边带领幼儿一起再学一学。

小结：我们学的这个方法不仅可以擤鼻涕，如果你鼻子里有东西，你也可以用这个方法将鼻子里的东西擤出来，小朋友要注意擤鼻涕时不要太用力。

**活动延伸**

（1）在日常生活中，把正确擤鼻涕、擦鼻涕的方法的图片贴在教室取放纸巾的地方，起到提示作用。

（2）把纸巾放到室内幼儿能够够到的地方，以便幼儿取放方便，及时提醒幼儿有鼻涕自己擦。

（3）和家长沟通教学内容，请家长配合在家鼓励幼儿自己擦鼻涕。

**专家评析**

正值感冒多发季节，天气干燥容易使幼儿发生感冒，而流鼻涕是感冒的一个症状。教师利用这个契机，紧紧围绕着教会幼儿擤鼻涕、擦鼻涕的方法开展教学活动，非常适宜。

在活动过程中，教师运用多媒体和同伴间互助学习的方式，让幼儿反复练习；运用亲身实践、情景演示帮助幼儿掌握正确的擤鼻涕、擦鼻涕的方法。

幼儿在观看和模仿的过程中非常认真，都觉得很有意思。当教师请幼儿到前边带领其他小朋友一起做的时候，幼儿都不约而同地举着小手，在一次又一次的练习中，幼儿掌握了正确的擤鼻涕、擦鼻涕的方法。此次活动很好地突破了难点，收到了良好的教育效果。

**建 议**

掌握正确的擤鼻涕、擦鼻涕的方法，是具有良好卫生习惯的表现。教师一定要在日常生活中，多关注和指导幼儿擤鼻涕、擦鼻涕的方法。在活动中，教师还可以增加让幼儿了解不擦鼻涕或用袖子擦的不利影响的内容，让幼儿在对比中学习正确的擦鼻涕的方法。

# 42. 快乐的小脚丫

设计教师：侯克慧　评析专家：周永革

幼儿园：北京市第六幼儿园

## 设计意图

幼儿升入中班后，对周围的一切事物更加好奇，喜欢模仿。比如，班里有的女孩特别想像妈妈一样天天穿小皮鞋；有的男孩不管什么都爱用脚踢。这些做法既损伤孩子的小脚，又会影响孩子的健康成长。于是，我设计了“快乐的小脚丫”健康教学活动，通过活动的开展，帮助幼儿懂得保护小脚丫的重要性。

## 活动目标

（1）懂得要保护好自己的小脚丫。

（2）了解保护小脚丫的一些方法。

## 活动准备

故事《唐老鸭的大脚丫》；绿地毯，石子路、坡形路；大小不同的鞋（可以是爸爸妈妈的鞋）。

## 活动重点

懂得要保护好自己的小脚丫。

## 活动过程

### 1. 倾听故事《唐老鸭的大脚丫》

教师讲述故事《唐老鸭的大脚丫》，引出话题，激发幼儿的活动兴趣。

**2. 讨论故事内容，引出小脚丫**

（1）师：唐老鸭的大脚丫为什么会受伤？

（2）师：我们的小脚丫都能做哪些事情？

（3）师：你喜欢用小脚丫做什么事情？

小结：走路时乱踢东西，会伤害小脚丫。

**3. 玩游戏：小脚丫带我们去旅行**

（环节目的：鼓励幼儿穿不同大小的鞋走一走，尝试不同的感受）

（1）师：今天的天气可真好，小脚丫要带我们去旅行，路上我们要经过“草地”（绿地毯）、石子路，还要过“小山”（坡形路），小朋友们可以选择自己想要穿的鞋去旅行哦。

（2）幼儿自选鞋子，尝试走路。

（3）请幼儿说一说：小脚丫走在什么样的路上觉得很舒服？小脚丫穿什么样的鞋走路很舒服？

小结：穿合适的鞋是保护小脚丫的方法。

**4. 我爱我的小脚丫：讨论怎样保护小脚丫**

师：小脚丫能给我们带来很多的快乐，那我们怎样保护好小脚丫，让它也很快乐呢？

小结：每天要洗脚或泡脚，勤剪指甲，穿合适的鞋，不踩、不踢硬东西等。

**活动延伸**

（1）在班级里开展“我爱我的小脚丫”健康主题活动。

（2）在一日生活过渡环节中带领幼儿说《小脚丫》的儿歌，加深幼儿爱护小脚丫的情感。

**【附：故事】**

## 唐老鸭的大脚丫

唐老鸭长着一双比所有鸭子都大的大脚丫，这双大脚丫不光让他走起路来稳稳地，而且还帮助他赢得了所有游泳比赛的第一名。鸭子们见了他都说：“唐老鸭，你的大脚丫好能干啊，我们要是也能长一双你这样的大脚丫就好啦！”唐老鸭听了可神气啦，走起路来“啪嗒啪嗒”地更有劲了。

但是，唐老鸭有个很不好的习惯，就是只要看见地上有石头子、饮料瓶之类的，他就一定要用他的大脚丫用力地踢上一脚，看着那些石头子、饮料瓶被自己踢得“咕噜噜、咕噜噜”地滚得远远地，唐老鸭就觉得自己的大脚丫本领非常大。他的好朋友米老鼠好心地提醒他说：“唐老鸭，你不要总用你的大脚丫乱踢东西，它会受伤的。”唐老鸭听了却说：“不会的，我的大脚丫很有劲，不会受伤的。”

有一天，唐老鸭又要去参加游泳比赛了，走在路上的时候，他想：“一会儿的比赛，第一名肯定还是我。”想到自己又要站在冠军的领奖台上了，唐老鸭特别兴奋。这时候，唐老鸭突然发现路旁的草丛里有一个五颜六色的大足球，于是，他就忍不住“啪嗒啪嗒”地跑过去，对着大足球使劲地踢了一大脚。结果，只听到唐老鸭“哇……”地大叫起来，抱着他的大脚丫坐在了草地上。再看那个大足球呢，却躺在原地一动也没动。这是怎么回事呢？原来，那个根本就不是大足球，那是用圆圆的大石头做成的皮球装饰物。这回，唐老鸭可惨啦，他的大脚丫很快就肿了起来，疼得他“嘎嘎”地叫。唐老鸭受了很严重的伤，不仅不能参加游泳比赛了，还不能走路了，只能躺在床上看着窗外的小伙伴们游戏。他现在特别后悔自己当初没有听米老鼠的劝告。

【附：儿歌】

小脚丫

小脚丫，蹦蹦跳，
爬大山，过小桥，
带着我们做游戏，
小朋友们哈哈笑。
小脚丫，用处大，
不乱踩来不乱踢。
指甲长了剪一剪，
每晚都要泡一泡。
穿上合适小鞋子，
走起路来多神气，
保护小脚很重要，
快乐游戏离不了。

**专家评析**

“快乐的小脚丫”活动内容的选择、目标的制定都紧紧围绕着“让幼儿学习保护小脚的方法，提高幼儿自我保护的意识”，跟幼儿自身的安全和健康密切联系，不仅激发了幼儿的活动兴趣，而且对幼儿今后良好习惯的养成也非常有意义，所以是符合中班幼儿的年龄特点和实际发展的需要的。

在教学活动中，教师运用了讲故事及情景游戏的教育策略，使幼儿能很快地被吸引到主题中来，并在自身充分的感知中去体验小脚丫的感受，自然而然地产生要爱护自己小脚的情感。教学过程在体验中进行，轻松而又快乐。教师不是单纯地说教，而是以让幼儿边体验、边总结方法的方式，使幼儿懂得保护小脚的重要性。最可贵的是，教师自编的有趣的小故事引发和调动了幼儿参与活动的兴趣，为活动的开展增添了亮点。

**建 议**

（1）在益智区活动中，为幼儿增加配对的内容让幼儿进行配对，如球鞋一运动，雨鞋一下雨天，拖鞋一卧室里等，增强幼儿的辨别能力。

（2）在家园宣传栏中向家长介绍活动的开展情况，提倡家长为幼儿穿适合运动的鞋。

## 43. 我运动，我健康

设计教师：刘敬伟　评析专家：周永革

幼儿园：北京市西城区马连道幼儿园

**设计意图**

现在有很多幼儿平时饮食习惯不好，还不爱运动，导致体重超标或是身体弱小。《〈纲要〉实施细则》中提出："鼓励幼儿积极地参加体育活动，不怕困难。"而《指南》中指出："幼儿要具有良好的生活习惯，喜欢参加体育活动，不偏食，不挑食，不暴饮暴食。"因此，我设计了本次活动，目的是为了让幼儿在活动中体会到运动的重要性，知道运动是能让身体变健康的好方法，逐步养成爱运动的好习惯。

**活动目标**

（1）了解运动对身体健康的重要性。

（2）能积极地参加体育活动，逐步养成爱运动的好习惯。

**活动准备**

毛绒玩具小熊两只（一只身体瘦弱的小熊，一只身体胖胖的小熊），故事《胖胖熊减肥》。

**活动重点**

了解运动对身体健康的重要性。

**活动过程**

**1. 出示瘦弱的小熊，激发幼儿的活动兴趣**

教师出示一只身体瘦弱的小熊并模仿小熊的声音说：小朋友们好！今天我要和你们一起玩游戏，来，我们一起运动一下吧！

小结：这只小熊每天都和小动物们一起跑步、做操，身体可好了。可是后来他觉得运动太累了，就每天吃了睡、睡了吃。慢慢地，他做事的时候觉得很累，变得没有精神，身体也发生了变化。

**2. 开展谈话活动：帮小熊减肥**

（出示胖胖的小熊）

师：这只小熊看起来怎么样？（“很胖，没有精神”）

师：他为什么变得这么没有精神，这么胖？（“他吃很多，不运动”）

师：森林里的小动物们都叫他胖胖熊，那你们知道胖胖熊很胖了会带来什么麻烦吗？（幼儿自由回答）

**3. 生活经验联想：肥胖带来的不便**

师：小朋友，你们觉得长得太胖好不好？为什么？（“胖了不好，很丑，跑不动，做事的时候很累”）

师：肥胖给胖胖熊带来了很大的麻烦，他一走起路来就会呼哧呼哧喘气，胖胖熊心里可难受了。那怎么办呢？我们一起来帮帮他吧！想一想有什么好办法可以帮助胖胖熊变得有精神，瘦下来？（幼儿畅所欲言自由回答）

小结：你们真会动脑筋，帮胖胖熊想了这么多的好办法，那胖胖熊到底用谁想到的办法呢？现在我们就一起听听《胖胖熊减肥》的故事吧！

**4.倾听故事，理解故事内容**

（1）教师讲述故事《胖胖熊减肥》。

（2）提问：

- 胖胖熊为什么一走起路来就呼哧呼哧喘粗气呢？（启发幼儿学一学）可他后来怎么样了？
- 袋鼠是用什么办法帮胖胖熊变成运动员小熊的？
- 胖胖熊怎么学会拍球的？袋鼠和小兔分别说了什么？

**5.了解使身体健康的方法**

师：除了拍球以外，还有哪些运动项目能使我们身体健康呢？（“跑步、做操、跳绳、转呼啦圈等”）

师：应该怎样做，我们的身体才会像运动员那样更加健康强壮呢？

小结：除了运动外，还要不挑食、不偏食，多吃蔬菜、水果。这样我们的身体才会变得像运动员一样更加健康、强壮。

**活动延伸**

（1）在日常生活中鼓励幼儿多走路、少坐车、自己上下楼梯、自己背书包等，使幼儿认识到运动对身体健康的重要影响。

（2）在户外活动中提供各种运动器械，供幼儿自由玩耍，鼓励他们多进行跑、跳、钻、爬、攀登、拍球等运动，逐渐养成爱运动的好习惯。

（3）在班上健身娱乐区内布置“运动与健康”关系的墙饰，使幼儿与之互动起来，让幼儿从生活点滴中知道运动对自己的重要性。

（4）家园共育：引导家长认识到运动对幼儿身体健康的重要性，从而改善肥胖儿、体弱儿的饮食习惯，加强身体锻炼，共同促进幼儿的健康成长。

【附：故事】

## 胖胖熊减肥

清晨，森林里的小动物们在运动，真热闹，处处充满了朝气与活力！

小兔子说："小熊好久没来运动了，他怎么了？"

"我也很久没有见小熊了，今天去看看他吧。"袋鼠应声道。

来到了小熊家，小兔和袋鼠大吃一惊："小熊你怎么了？怎么变得这么胖？"

小熊说："我这段时间一直没运动，每天待在家里吃很多很多好吃的，就变成了这样，我现在很累，没有力气。"

"这都是因为你缺乏运动，才会这么没有精神，身体都生病了。"小兔对小熊说。

袋鼠也说道："小熊你不能这样了，赶快起来，我们一起去运动，身体才会变得健康起来。"

来到运动场，袋鼠说："咱们先拍球吧。"

"啊，这很简单。"胖胖熊学着袋鼠的样子拍起球来。可是，刚拍了一下，球就滚跑了。胖胖熊呼哧呼哧地去捡球，刚拍了一下，球又滚跑了。

袋鼠在地上画了一个圈对胖胖熊说道："你站在里面，不要把球拍到圈外，试着每次连着拍10下。"

"1、2、3，累死我了！"胖胖熊拍了三下，就累得不行，拍得手发软、腿发抖。

小兔连忙扶着小熊说："小熊你一定要坚持！"

第二天胖胖熊拍了5下，就累得一屁股坐在地上。

袋鼠对小熊说："小熊你一定要坚持住，不能偷懒！"

胖胖熊站起来接着拍。拍着拍着，篮球听话了，不会到处乱滚了。

一下、两下、三下……胖胖熊可以连着拍10下了。胖胖熊越拍感觉越有趣，每天都来拍球。

几天以后，胖胖熊变成了运动员小熊，恢复了以前的活力，走起路来再也不会呼哧呼哧喘粗气了。

**专家评析**

体育运动是健康的生活方式。教师能结合本班幼儿的实际问题选择设计教学内容，是符合幼儿实际发展需要的。活动过程层层递进，环节紧凑，运用多种方法，引导幼儿知道运动对身体健康的重要性，达成了目标要求。

教学过程中教师运用了以下策略：

（1）故事法：自编的故事《胖胖熊减肥》角色形象生动，深受幼儿喜欢，幼儿从胖胖熊减肥的故事中了解到健康的饮食与适当的运动能使身体健康。

（2）对比法：活动中出现的两只玩偶熊，一只较瘦小、一只很肥胖，可以让幼儿直观地认识到，运动给我们的身体带来的重要影响。环节紧扣活动重点，为目标服务。在活动中，幼儿的参与性和积极性很高，在倾听故事讲述时，注意力很集中；通过师幼互动，不但让幼儿在活动中提高了认知，更让幼儿在愉快的情绪中感受到了运动带来的益处，活动效果非常好。

**建　议**

因为此活动是生活健康活动，因此教师可以设计一系列的活动，比如接下来带着孩子直接去户外活动，加深孩子的认知，让他们更加深刻地理解运动对身体健康的重要性。

# 44. 我的身体变凉爽

设计教师：王锐　评析专家：周永革
幼儿园：北京市西城区长安幼儿园

**设计意图**

炎热的夏天来到了，随着气温的逐渐上升，幼儿在参加户外活动之后都会出很多汗，为了让幼儿掌握使自己凉爽的方法，在夏天里也能参加喜欢的活动，并能在活动中调节好运动量，既满足游戏愿望又能照顾好自己，我设计了"我的身体变凉爽"健康教育活动。

**活动目标**

（1）在较热的天气运动时，学会使自己凉快起来的方法。

（2）在夏天运动时主动调节运动强度。

**活动准备**

扇子、遮阳帽；晾好的白开水、绿豆汤；儿歌《小动物找凉快》。

**活动重点**

在较热的天气运动时，学会使自己凉快起来的方法。

**活动过程**

**1. 谈体育游戏之后的感受，体会夏天的热**

提问：你们现在身体有什么感觉？为什么会热？

小结：夏季温度高，进行运动量大的活动之后就会出汗。

**2. 欣赏儿歌，了解动物变凉快的方法**

提问：小动物是用什么方法让自己更凉快的？它们为什么要用这些方法？

小结：当小动物感觉热的时候，有的是待在凉快的地方，有的是伸着舌头，还有的是到河里游泳让自己变凉快。我们小朋友也可以借助一些方法让自己变凉快。

**3. 讨论并寻找让自己变凉快的方法**

（1）提问：有什么方法可以让自己变凉快？（幼儿自由讨论）

小结：扇扇子、出门戴帽子打伞、勤洗澡、游泳、喝晾好的白开水和绿豆汤、出汗的时候擦汗、穿短衣短裤等，都能使自己变凉快。

（2）鼓励幼儿自由寻找使自己尽快凉爽的方法。

**4. 分析讨论用品使用的技巧和利弊**

幼儿自由讨论。

小结：电扇要摇摆不能直吹，空调温度要恒温不能过低，吃瓜果要洗净等。

**活动延伸**

请幼儿找一找幼儿园里面凉快的地方（户外、室内）。

**【附：儿歌】**

**小动物找凉快**

夏天到，天气热，小动物们找凉快，
小小鸡，躲树下，舒舒服服来乘凉；
小花狗，伸舌头，散发热量真凉快；
大水牛，钻河里，开开心心去洗澡；
小蜗牛，躲进壳，不怕阳光不怕晒；
小动物们真聪明，很多方法找凉快。

（改编自："泰和新城幼儿园"网站中班活动"小朋友找凉快"教案）

**专家评析**

王锐老师发现幼儿在夏天里运动游戏易出汗的问题后，为了既满足幼儿游戏的愿望，又能使幼儿在游戏中注意保护自己，巧妙设计了此活动。

在活动过程中，教师采用了与户外活动相结合的方法，让幼儿真正地体会到自己运动之后身体热的感觉，这种体验帮助幼儿尽快地进入了活动的主题。

活动中教师引导幼儿通过理解儿歌的内容，启发幼儿寻找让身体变凉爽的方法。此外，还运用了亲身体验、操作的方式，让幼儿尝试使自己变凉快的多种方法。从指导上，教师能够关注幼儿的需要，不停地用追问扩展幼儿的思路，调动幼儿原有的生活经验，并在幼儿大胆表述之后适时地帮助幼儿梳理经验。本活动的最大亮点是教师能够立足于幼儿的身体健康，引导幼儿自主探究、与同伴分享，找寻让身体更健康的方法，提升了幼儿的自我保护能力。

**建 议**

不仅在户外体育活动中教师应引导幼儿寻找使自己变凉快的方法，还应关注幼儿日常生活中的这种能力的培养。

# 45. 我是小小百灵鸟

设计教师：王雪莲　评析专家：周永革

幼儿园：北京市怀柔区杨宋镇中心幼儿园

## 设计意图

在日常生活中或者游戏时，幼儿常常因为过度兴奋而大声喊叫，这样很容易损伤声带，长此以往也不利于幼儿养成轻声说话、认真倾听的习惯。《指南》指出："幼儿应具备基本的安全知识和自我保护能力，养成轻声说话的习惯。"所以，针对幼儿的这个情况，我设计了"我是小小百灵鸟"这个活动，以帮助幼儿养成轻声说话的好习惯，帮助幼儿懂得要保护自己的嗓子，增强幼儿自我保护的意识。

## 活动目标

（1）学习保护嗓子的方法。

（2）养成轻声说话的习惯。

## 活动准备

百灵鸟图片，故事《小小百灵鸟》，儿歌《保护嗓子》，声带的图片。

## 活动重点

养成轻声说话的习惯。

## 活动过程

### 1. 听故事，引出活动主题

教师讲述故事，幼儿倾听后，教师提问：

- 百灵鸟为什么不唱歌啦？

● 百灵鸟是怎么把嗓子弄坏的?

**2. 探讨声音是从身体哪个部位发出来的**

（1）找一找：在自己身体上找一找，声音从哪里来?

（2）说一说：声音是怎么发出来的?

（3）看一看（出示图片）：声带非常薄，需要小朋友好好保护。

小结：声音是靠声带振动发出来的，声带非常薄，我们应该好好保护它。

**3. 讨论：应该怎样保护嗓子**

师：我们应该怎样保护自己的嗓子呢？（鼓励幼儿大胆说出自己的想法）

小结：不要大声喊叫，学会轻声说话；注意不吃过辣或过咸的食物，不喝太烫的水，不吃太凉的食物；主食及副食都应以软质、精细食物为宜；不要多吃炒花生仁、爆米花、锅巴、坚果类及油炸类等硬且干燥的食物，不挑食；不要迎风跑着唱歌；出很多汗时，不应该立即洗澡；应多锻炼，尽量减少感冒、咳嗽的情况。

**4. 学习儿歌**

带领幼儿念儿歌《保护嗓子》，加深幼儿对保护嗓子方法的认识。

**活动延伸**

（1）鼓励幼儿把保护嗓子的方法用绘画的方式表现出来，贴在活动室的墙面上与大家交流。

（2）开展“我会轻轻”的主题活动，引导幼儿轻声讲话，并在卧室、图书区、科学区等需要轻声讲话的地方贴上“轻声”的标志。

（3）请家长配合在家也和孩子一起轻声交流，帮助幼儿养成轻声说话的习惯。

【附：故事】

**小小百灵鸟**

百灵鸟是森林王国里公认的歌唱家，很受鸟儿们的尊重。每天，他都为森林里的居民们带来最美妙的歌声。慢慢地，他有些骄傲了，无论和什么人说话，都是用很大的声音，唱歌的声音也很大。妈妈对他说："百灵鸟，你不能用这么大的声音说话、唱歌，嗓子会坏的。"可是百灵鸟不听妈妈的话，他觉得自己的嗓子这么好，才不会坏呢。他继续大声地说话、唱歌，慢慢地他的声音沙哑了，再也唱不了歌了，他伤心极了。

【附：儿歌】

**保护嗓子**

我的嗓子用处大，说话唱歌全靠它。
过冷过热它不爱，过燥过辣伤害它。
保护嗓子很重要，从小一定要记牢。

**专家评析**

在这个活动中，教师能够运用儿歌、故事、图片等多种教育方法，让幼儿了解嗓子的重要性。在第一个环节中，教师利用幼儿喜欢听故事的特点将教育内容编到故事中，这样比直接说教更有意义。在第二个环节中，教师利用图片，让幼儿感知声音的来源，初步了解声带的结构。在第三个环节中，和幼儿一起讨论如何保护嗓子的方法，帮助幼儿提升了经验，使幼儿懂得在生活中不喊叫、要轻声说话，唱歌时不能喊叫、要用自然的声音。最后，通过儿歌巩固了幼儿的认识和理解。幼儿在活动中积极地配合老师，听到故事结尾时的伤心、看见声带很薄时的惊讶以及随后认真的讨论，都反映出幼儿对活动的浓厚兴趣。

整个活动，效果很好。幼儿在活动中积极主动地参与讨论和表达自己的理解，充分体现了这个内容引发了幼儿的兴趣和共鸣。

**建 议**

活动前，可以将幼儿游戏、唱歌的声音录下来，让幼儿听一听自己的声音，说一说有什么感受，这样能更直观地帮助幼儿理解不大声喊叫的好处。在日常生活中，教师要为幼儿做出榜样，工作中不急躁，不大声和幼儿讲话，以平和的心态与幼儿交流。

## 46. 怎样保护皮肤

设计教师：王峰　评析专家：杨爱荣

幼儿园：北京市房山区周口店镇中心幼儿园

### 设计意图

皮肤对我们的身体有很重要的作用，它就像一身衣服穿在身体外面，无时无刻地保护着我们。幼儿的皮肤非常娇嫩，受不得一点儿刺激。但是有的幼儿很调皮，经常会磕着碰着，使原本娇嫩的皮肤受到伤害，得不到呵护。《指南》中对幼儿提出了“具备基本的安全知识和自我保护能力”的教育目标，根据这一目标并结合幼儿的表现，我设计了“怎样保护皮肤”这一活动，旨在让幼儿从内心感觉到皮肤对身体的重要性，了解怎样做才能保护自己的皮肤，进而在生活中健康快乐地成长。

**活动目标**

（1）了解皮肤的作用，知道保护皮肤的方法。

（2）在相互交往中，感受皮肤接触的快乐。

**活动准备**

（1）经验准备：收集有关皮肤结构的图片内容，丰富幼儿对自己皮肤的认识；家长与教师有意识地引导幼儿观察人们在生活中保护皮肤的具体做法。

（2）材料准备：皮肤结构的图片，《玩耍不伤到别人》的动画视频，热水、冷水各4盆，海绵、小木块若干。

**活动重点**

了解皮肤的作用，知道保护皮肤的方法。

**活动过程**

**1. 观看动画片《玩耍不伤到别人》**

师：小朋友一起玩耍时应该要怎么做？（幼儿自由回答）

**2. 玩游戏：探索身体上的皮肤**

（1）出示皮肤的图片，引导幼儿认识身体上的皮肤。

（2）幼儿互相触摸皮肤、感知皮肤，交流触摸后的感受。

**3. 亲身体验，了解皮肤的主要作用**

将热水、冷水、海绵、小木块等不同材质的材料分别放在桌子上，引导幼儿去尝试、感受不同材质的物体会带来什么不一样的感觉，请幼儿谈谈自己的感受。

小结：皮肤在身体上起着保护作用，可以让人们感觉出冷暖和软硬；皮肤在我们身体上形成保护层，使身体不受外界的感染和伤害。

**4. 讨论保护皮肤的方法**

（1）师：皮肤对我们这么重要，我们怎样才能保护我们的皮肤不受伤害呢？（幼儿自由回答）

（2）教师小结并补充，帮助幼儿了解保护皮肤的方法还有哪些。

- 勤换衣服，保持皮肤干净。
- 不去接触尖利和锋利的物体，使身体不受到伤害。
- 夏天时要防止蚊虫叮咬，防止起痱子。
- 冬天时要穿厚衣服、戴手套，防止冻伤。
- 在玩耍时，如跌倒擦伤破皮，要及时进行处理以防感染。
- 平时做到爱运动、多锻炼，使身体更健康。

**活动延伸**

（1）与家长、幼儿一起收集更多保护皮肤的相关资料和图片，然后装订成册，投放在语言区。

（2）在图书区墙饰上展示如何保护皮肤的宣传图片。

（3）通过“家园宣传栏”向家长宣传如何保护孩子皮肤的知识。

**专家评析**

幼儿的皮肤很柔嫩，任何外界的变化或轻微的碰触都可能给他们稚嫩的皮肤带来伤害，而中班幼儿免疫系统还未发展成熟，身体抵抗力还很弱，虽然他们在认知水平、思维能力等方面相对小班幼儿有了一定的发展，但自我控制能力还是比较差，还不具备初步的安全意识和自我保护能力。因此，王老师结合幼儿的特点设计这个活动，内容的选择和目标的制定是符合中班幼儿的发展实际的。

中班幼儿是以具体形象思维为主的。本次活动中，幼儿通过观看动画片、图片，调动了已有的生活经验和参加活动的兴趣。同时，通过讨论，教师及时与幼儿一起进行了梳理，使幼儿掌握了保护皮肤的安全知识，知道了应该怎样做才可以避免外界变化给皮肤带来的伤害。

**建 议**

把观看动画片《玩耍不伤到别人》放在“讨论保护皮肤的方法”这一环节，即先组织幼儿观看动画片，引起幼儿讨论“怎样玩耍才能不伤到别人”，进而再与幼儿一起梳理怎样做才能保护我们的皮肤不受伤害，这样层次会更清楚，效果会更好。

## 47. 宝宝怎么了

设计教师：王迪　评析专家：杨爱荣

幼儿园：北京市房山区周口店镇中心幼儿园

**设计意图**

随着人们生活水平的提高，幼儿对空调不再感到陌生，开空调避暑已经是每个家庭常见的避暑方法之一。随着夏季的来临，天气一天比一天炎热，幼儿在活动后会流许多汗，他们贪凉，对空调降温很是喜爱，但由于他们身体抵抗能力较弱，不适应骤冷骤热的快速变化，因此空调病是夏季幼儿常患疾病之一。为了让幼儿了解长时间吹空调给自己带来的危害，懂得在炎热的夏天如何保护自己，我特地设计了本次活动。

**活动目标**

（1）了解长时间吹空调会给自己的健康带来哪些危害。

（2）了解使用空调的正确方法。

**活动准备**

教室中空调实物 1 个，小朋友错误吹空调的图片 5 张，空调病图片 3 张

（打喷嚏1张，流鼻涕1张，头疼1张）。

**活动重点**

了解长时间吹空调会给自己的健康带来哪些危害。

**活动过程**

**1.谈话导入，引起幼儿活动的兴趣**

（1）师：现在是什么季节？你怎么知道是夏天到了？

（2）师：在夏天，人们怎么防暑降温呢？

小结：夏天防暑降温的方法有很多，如避免在烈日下暴晒、多喝水、勤洗澡、吹电风扇、游泳、戴遮阳帽等。不过，很多小朋友喜欢吹空调，觉得那样能很快凉快起来。

（3）打开教室空调，让幼儿感受凉快的风，请幼儿说出自己的感受。

**2.观看图片，了解长时间吹空调带来的危害**

（1）教师依次出示错误使用空调的图片，引导幼儿讨论图片内容是否正确。

（2）出示空调病图片三张，引导幼儿知道错误使用空调的危害。

小结：不正确地吹空调会得空调病。“空调病”是因为空调温度太低和长时间吹空调引发的鼻子不通气、流鼻涕、打喷嚏、头疼，有时还会发烧。当身体不舒服的时候，小朋友要及时告诉大人。

**3.学习使用空调，了解使用空调的注意事项**

（1）学习使用空调。

师：空调遥控器的显示屏上有什么？（出示空调遥控器，请幼儿看一看遥控器上都有什么并说一说）

结合幼儿的回答小结：空调的遥控器显示屏上有温度、风量等显示，国家规定夏天的制冷温度不能低于26度（让幼儿认认数字26），因此小朋友在家要提醒爸爸妈妈不要把空调温度设置得太低。

（2）组织幼儿讨论使用空调的注意事项。

师：我们在吹空调时应该注意什么？

结合幼儿的回答小结：空调不能对着吹，不要躺在空调的出风口下睡觉，温度不能低于26度，不能长时间吹，否则会生病。

4.寻找幼儿园凉快的地方

带幼儿一起到户外寻找凉快的地方做运动结束活动。

**活动延伸**

（1）在日常生活中，当天气炎热需要使用空调时，提醒幼儿温度设置不能低于26度，不能长时间吹空调，空调不能对着吹等。

（2）在美工区鼓励幼儿将使用空调的注意事项用画画的方法表现出来，并讲给家长、小朋友或小班的弟弟妹妹听。

（3）在图书区墙饰上展示使用空调的注意事项宣传画或幼儿的绘画作品。

（4）通过“家园宣传栏”向家长进行宣传，以及请幼儿回到家后告诉爸爸妈妈使用空调的注意事项。

**专家评析**

空调几乎已经是所有家庭必备的家用电器之一了。随着夏季的到来，长时间使用空调而引起身体不适的病人逐渐增多，而幼儿身体抵抗能力较弱，不具备自我保护的能力和意识，更不宜长时间吹空调。新《纲要》“总则”中强调，幼儿教育要为幼儿一生的发展打好基础。教师选择“空调”作为幼儿的活动内容，贴近幼儿的生活，反映了教师充分领会了新《纲要》的精神。

活动中教师通过多种形式的运用，激发幼儿对活动的兴趣。教师先是让幼儿亲身感受空调给人们带来的舒适，然后又通过看图片引出“宝宝怎么了”，使幼儿了解空调也会给人们带来危害，并通过图片启发以及讨论等，使幼儿更加深刻地理解了使用空调时不能随心所欲，也要有一些正确的方法。而在延伸活动中，教师又通过家园共育为幼儿的健康成长提供了有力的保障。

王老师设计的“宝宝怎么了”这一教学活动，从幼儿健康的角度出发，符合幼儿的兴趣和需要，活动结束后能让所有幼儿都有所收获，取得了很好的教学效果。

**建 议**

在活动过程中，如果能请本班的幼儿谈谈自己、亲人或好朋友因不正确地使用空调而患病的感受，幼儿印象会更深刻，效果会更好。

## 48. 特殊的电话号码

设计教师：王雪莲　评析专家：范惠静
幼儿园：北京市怀柔区杨宋镇中心幼儿园

**设计意图**

《指南》健康领域提出："具备基本的安全知识和自我保护能力。"目标的提出，要求幼儿教师时刻要有培养幼儿自我保护能力的意识和责任。我设计"特殊的电话号码"这一教学活动，目的就是帮助幼儿了解特殊的电话号码及其用途，知道简单的求助方式，提高他们的自我保护能力。

**活动目标**

（1）知道特殊的电话号码及其用途并学习打特殊电话。

（2）知道遇到危险等紧急情况时不着急、不害怕。

**活动准备**

写有"110"、"119"、"120"电话号码的图片各1张；画有警察和警车、医生与救护车、消防队员与消防车的图片若干；电话或手机1部；连线卡片每个幼儿1份（内容：左侧是火灾、生病的人、坏人，右侧是110、119、120电话）；水彩笔人手1支。

**活动重点**

知道特殊的电话号码及其用途。

**活动过程**

**1. 情景游戏：发生了什么事情**

（1）教师手拿画有警察和警车的图片，口中学着警车的叫声走进来问：什么事情发生了？在什么情况下要打这个电话？（出示110电话号码图片）

（2）教师出示医生与救护车的图片，请幼儿模仿救护车来时的声音，询问：在什么时候要打这个电话？（出示120电话号码图片）我们应该怎么说？

（3）师：还有哪些特殊的电话，你是怎么知道的？

（4）师：知道这些电话，都能给我们带来哪些帮助？

小结：在生病的时候，要拨打120求救电话；在遇到火灾时，要拨打119报警电话；在遇到坏人或需要帮助的时候，要拨打电话110。

**2. 游戏：打电话**

（1）组织幼儿讨论：遇到事情时，我们打电话时应该怎么说？（“声音洪亮地说清我们的名字和地址以及发生了什么事情”）

（2）请几名幼儿模仿打电话的人和接线员，练习打特殊电话。（说清楚地点和发生的事情）

小结：小朋友打特殊的电话时，要说清楚事件和发生的地点。不过，小朋友一定要记住：只有真正遇到问题时，才可以拨打这些特殊的电话；如果没发生问题就拨打电话，是会干扰叔叔阿姨的工作的，是不对的行为。

**3. 游戏操作活动：该怎么办**

（1）给幼儿发连线卡片，请幼儿把发生的事情和求救电话连线，加深幼儿对特殊电话号码的理解。

（2）请幼儿相互说说自己的想法，看看是否正确。

**活动延伸**

（1）把图片和书籍投放到图书区，把电话投放到娃娃家，请幼儿经常练习。

（2）就此次活动内容与家长进行沟通，请家长在家帮助幼儿记住特殊的电话号码，丰富幼儿自我保护的经验。

（3）鼓励幼儿记住家人的电话号码。

**专家评析**

本活动中，教师能依据《指南》的目标要求设计幼儿自我保护的教学内容，是符合幼儿的发展需要的，也是在培养幼儿终身受益的一种能力。

在活动过程中，教师通过三个环节让幼儿了解到“110”、“120”、“119”这些特殊电话号码的作用，以及它们和人们的关系。比如，在第一个游戏环节，教师以玩伴的身份参与到活动中，让幼儿知道了特殊电话的意义；在第二个游戏环节，教师运用游戏“打电话”来让幼儿练习打特殊电话，此环节是重点，教师充分给予幼儿练习的机会，让幼儿掌握打电话时说话的内容，知道说话时声音要洪亮、要有礼貌，要把发生的事情说清楚，尤其是地点要交代清楚，不能说错；在第三个游戏环节，教师运用连线的方式，帮助幼儿进行巩固，让幼儿在同伴间的相互交流和学习中强化认识。在整个活动中，幼儿的兴趣和参与性都很高，教学效果较好。

**建 议**

（1）自我保护教育不是通过一节活动就能实现的，教师要注意利用生活中的真实场景对幼儿进行教育和引导。

（2）此次活动还可以利用家长资源，请从事警察、消防员、医生或者护士的家长穿着工作制服来园进行讲解，更能增加真实感和专业性，增加活动的趣味性。有条件的幼儿园还可以带领幼儿参观消防队，或者在幼儿园内开展安全演习活动，增强幼儿自我保护的意识。

# 49. 忘乎所以的沸羊羊

设计教师：武超越 评析专家：郭静

幼儿园：北京航天华盛幼儿园

## 设计意图

中班幼儿行动较灵活，对社会、生活等产生浓厚的兴趣，有探索欲望，但规则意识和自我保护意识较差。就拿我班幼儿来说，他们在户外活动时不能听指令收放玩具、常常在教师的视线范围之外活动，有的幼儿不能清楚地记住自己父母的联系电话及家庭住址。为了提高幼儿的自我保护意识和能力，我特地设计了此活动，帮助幼儿懂得在人多的地方不能贪玩、不能离开家人的视线范围，知道在公共场所离开亲人时怎样保护自己以及简单的求助方式。

## 活动目标

（1）知道在公共场所不离开亲人及简单的求助方式。

（2）建立自我保护意识。

## 活动准备

（1）经验准备：幼儿有识记父母姓名、电话及家庭住址的经验；认识数字0—9。

（2）材料准备：图片3张，自制小手机（在长方形海绵上贴上数字0—9）或手机模型，游戏电话卡（上有幼儿照片、父母的电话号码）每个幼儿1张。

## 活动重点

知道在公共场所不离开亲人及简单的求助方式。

## 活动过程

**1.看图片引入活动**

（1）欣赏图16，幼儿自由观察并讲述。

师：请小朋友看一看图片上有谁？在干什么？（“沸羊羊在前面跑，喜羊羊在玩滑板车，美羊羊去追喜羊羊了”）

（2）幼儿观察图17并讲述。

师：请小朋友们看一看发生什么事情了？他们的心情是怎样的？（“喜羊羊有点害怕，美羊羊很生气，因为沸羊羊不见了”）

（3）幼儿看一看图18并讲述。

师：请小朋友们看一看沸羊羊在干什么？（“沸羊羊哭了，他去看小丑表演了，找不到喜羊羊了”）

师：看来沸羊羊玩得有点忘乎所以了。你觉得忘乎所以是什么意思？（“玩得太高兴了”）

师：忘乎所以的意思是因为玩得太高兴而忘记和爸爸妈妈、小朋友在一起，自己走丢了。他这样做对吗？为什么？（“不对，喜羊羊找不到他了”）

师：那喜羊羊和美羊羊找不到他了，他们的心情是怎样的？（“着急”）

小结：沸羊羊玩得忘乎所以，自己去看小丑表演节目了，他的朋友们找不到他，都很着急。

**2.小朋友分组讨论，帮助沸羊羊想个好办法**

师：请小朋友们想一想沸羊羊怎样才能和家人相聚？（“找警察叔叔帮忙；给妈妈打电话……”）

小结：当小朋友和爸爸妈妈外出游玩时，不能玩得忘乎所以，要拉着爸爸妈妈的手。当找不到家人时，小朋友要站在原地不要动，等待家人到来；也可以跟其他叔叔阿姨借手机，给爸爸妈妈打电话；还可以找警察叔叔帮忙。小朋友一定要记得不能跟不认识的人走。

**3. 说一说父母的电话和家庭地址**

请幼儿说一说自己父母的电话、家庭住址，重点引导幼儿理解并说出楼层和楼号。

**4. 游戏：打电话**

发给每个幼儿一个自制小手机或手机模型，请幼儿参照自己游戏卡上面的号码将电话打给父母，教师巡回指导，引导幼儿正确识记 1~2 个电话号码，在应急时使用。

**活动延伸**

（1）当教师需要给幼儿的家长打电话时，请幼儿帮忙拨打电话号码。

（2）在角色区或娃娃家，为幼儿提供公用电话或手机，方便幼儿练习。

（3）在益智区为幼儿提供 0—9 的数字卡片若干，让幼儿玩“爸爸妈妈电话我知道”的游戏。

（4）家园共育：把本次活动内容张贴在“家园宣传栏”中向家长进行宣传，请爸爸妈妈在与幼儿逛街或者接幼儿放学回家的路上，请幼儿辨认和记清自己家庭的地址和明显的标志性建筑物。

**【附：图片内容】**

图 16

图 17

图 18

（图片内容来自网络）

**专家评析**

在家庭和幼儿园，孩子的安全永远是放在第一位的！但是，家长们往往只是让孩子知道交通安全、防火安全等，忽略了对幼儿进行在公共场所走丢时的教育，因此设计专门的教学活动是非常必要的，也是非常有意义的。

本活动通过幼儿喜欢的卡通形象，以图片观察法鼓励幼儿进行自主想象和讲述，并引导幼儿总结经验、动脑筋想办法，让幼儿知道更多走失时的自我保护方法。教师尊重幼儿的个体差异，鼓励幼儿大胆表述自己的想法；进行分组讨论，让幼儿在与同伴交流的同时主动动脑思考，调动了幼儿的原有经验，增强了幼儿的自我安全保护意识。

幼儿安全意识的形成，需要在特定的情景中加以运用，才能真正达到自我保护的目标要求。

**建 议**

（1）除了图片外，教师还可以利用情景表演、手偶等多种形式引入活动；卡通人物也可以随机更换为幼儿喜欢的任意人物形象。

（2）关注日常生活中危险情况的发生，并抓住时机对幼儿进行安全保护的教育，丰富幼儿的经验，提高幼儿自我保护的意识和能力。

（3）开展家园共育活动，让家长了解幼儿园的教育方法和教育内容，在家时配合做到要求一致。

## 50. 动物可爱也要防

设计教师：陈海燕　评析专家：杨爱荣

幼儿园：北京市房山区周口店镇中心幼儿园

**设计意图**

随着人们生活水平的不断提高，饲养宠物的家庭也越来越多，幼儿几乎每天都能在自己居住的小区看见遛狗的现象。而幼儿天生就很喜欢小动物，愿意和它们接触，同时又因为幼儿缺少自我保护能力，导致狗咬伤孩子的事件时有发生。为了提高幼儿对宠物动物的防范意识，让幼儿在安全的前提下和宠物小动物亲密接触，使他们免于受到宠物动物不必要的伤害，设计了本次活动。

**活动目标**

（1）知道跟宠物小动物如何相处，不随意招惹它们。

（2）体会和宠物小动物安全相处的快乐。

**活动准备**

（1）经验准备：幼儿在家里或生活中有接触宠物小动物的经历。

（2）材料准备：乌龟、小兔子、小狗图片，谜语；教师在网上收集的宠物小动物伤害人的视频。

**活动重点**

知道跟小动物如何相处，不随意招惹它们。

**活动过程**

**1. 猜谜语，引起活动兴趣**

（1）师：坐着反比站着高，春夏秋冬穿皮袄。朋友来了蹦蹦跳，生人来了汪汪叫。孩子们，你们猜猜老师出的谜语的谜底是什么？（“小狗”）

（2）教师继续出示乌龟和小兔子的谜语。

**2. 描述自己见到过的宠物小动物**

师：你们在哪里见到过宠物小动物？你喜欢它们吗？你觉得它们哪里最可爱？你知道它们可以帮我们做什么吗？

小结：动物是我们人类的好朋友，它们都非常可爱，为我们的生活带来了乐趣，让我们的生活多姿多彩。有些小动物还能给我们带来帮助，比如导盲犬可以给盲人引路，避免他们发生危险；信鸽可以为我们传递重要的信息；

小猫可以帮我们捉老鼠。所以我们要和小动物和平相处，和它们成为好朋友。

**3.观看视频，讨论：怎样和宠物小动物相处才安全**

（1）师：虽然宠物小动物们平时都很温顺可爱，又是我们的朋友，但有时它们也会生气、发脾气，甚至还会伤害我们。

（2）组织幼儿观看宠物小动物伤人的视频。

师：宠物小动物在什么情况下会伤害我们呢？我们应该怎样做才不会被它们伤害呢？

小结：在宠物小动物吃东西的时候，我们不能去触碰它们；不要带它们去公共场所；遛狗时，用链子拴着；定期给宠物打疫苗；被宠物抓伤后，要及时注射疫苗；经常给宠物洗澡。这样我们和它们相处就比较安全了。

**活动延伸**

（1）与家长、幼儿一起收集宠物小动物的图片以及如何与宠物小动物安全相处的相关资料。

（2）在美工区，鼓励幼儿将怎样和宠物小动物相处才安全的内容用画画的方法表现出来，并讲给家长、小朋友或小班的弟弟妹妹听。

（3）在图书区的墙面上展示如何与宠物小动物安全相处的宣传画或幼儿的绘画作品。

（4）通过“家园宣传栏”向家长宣传如何与宠物小动物安全相处的知识。

**专家评析**

幼儿园健康教育的目的就是要保护幼儿的生命，促进幼儿的健康，这其中就包括安全教育。随着人们物质生活水平的不断提高，精神生活内容也不断丰富，饲养宠物的家庭也越来越多。而中班的小朋友活泼好动，对任何事物都充满好奇，喜欢探索、尝试，不计后果，这也是小朋友们在生活中对待小动物的态度。于是，生活中宠物伤害孩子的事件频频发生，这给幼儿教育工作者敲响了警钟。陈老师设计的“动物可爱也要防”活动，正是解决了这一难题。

活动首先通过猜谜的形式，引起幼儿对小动物的兴趣，调动幼儿已有的生活经验，让幼儿充分认识到小动物的可爱。其次，通过让幼儿观看小动物伤人的视频，提醒幼儿小动物也不是永远都那么可爱，它们也是会伤害人类的，继而通过讨论，引导幼儿说出与小动物相处的一些注意事项。幼儿在整个活动中积极参与，大胆发表自己的看法和观点，教师及时对幼儿的观点进行了梳理，使幼儿在表达中思路更加清晰、流畅。

此外，活动注重家园共育，加强家长对幼儿进行安全教育的意识，为幼儿的健康成长一起努力。

**建 议**

在开展此活动时，如果收集的视频太血腥，建议替换成照片或图片，这样可以充分地选择适宜的照片或图片内容，避免对幼儿带来负面影响。

## 51. 运动时我会保护自己

设计教师：侯萌　评析专家：周永革

幼儿园：北京市第六幼儿园

### 设计意图

户外运动是孩子们最喜欢的活动内容，因为在活动中，孩子们可以自由结伴、自主选择玩具材料和内容。但户外运动本身存在着一定的危险，也是最容易出现安全问题的环节。有的孩子在活动时不管不顾，有的孩子会发明出危险的游戏玩法……这样不仅会给自己造成危险，也会影响别人的安全。

所以，让幼儿懂得在运动时保护自己是非常必要的。因此，我设计了此节教育活动。

**活动目标**

（1）了解运动中的危险。

（2）能主动地躲避危险，保护自己不受伤害。

**活动准备**

（1）经验准备：幼儿在户外活动中具有一定的自我保护意识。

（2）材料准备：用摄像机拍摄本班幼儿运动时的样子，本班幼儿运动时做法正确和不正确的图片若干，教师制作的PPT。

**活动重点**

了解运动中的危害。

**活动过程**

**1. 观看《小朋友在运动》的视频**

（1）师：在《小朋友在运动》这个片子里，你们看到都有哪些事情发生了？（“两个小朋友在猛跑，差点撞在玩具上”、“有一个小朋友被飞来的沙包打到脸了，哇哇大哭”、“有的小朋友在影响别人玩游戏”……）

（2）师：他们这样做危险吗？应该怎样避免受伤呢？

小结：小朋友在户外活动时不能做危险的动作。

**2. 识图游戏：安全游戏大搜索**

教师播放PPT，引导幼儿找出安全活动的图片，并说出原因。

小结：

- 外出活动前，要整理自己的衣服和鞋。（系好鞋带，不穿帽子上带绳子的衣服）
- 听清老师的要求和每个玩具玩的地点。
- 玩跑的游戏时要做准备活动，同时不能妨碍别人。

- 不推、不打闹。
- 累了就要休息。

**3. 小小宣传员活动：我是安全小卫士**

请幼儿把准备好的相关图片张贴在班级和户外需要提示安全的地方。

**4. 我们的安全约定**

（1）把幼儿分成若干小组，每组幼儿用绘画的方式表现运动时应该怎样做。

（2）每个小组派一名代表发言，教师进行记录，最后形成安全约定。

**活动延伸**

（1）整理幼儿在活动中学习到的内容，放在“家园宣传栏”告诉家长在家也要提醒幼儿遵守安全约定。

（2）每次户外活动时都推选一名“小小安全巡视员”，监督、提示小朋友注意安全。

（3）鼓励幼儿分小组制作安全提示卡，放在需要提示安全的地方。

**专家评析**

安全活动是各幼儿园重中之重的工作。

活动过程中，教师录制了本班幼儿的运动视频，直观、形象地再现了本班幼儿户外活动的过程，既能引发幼儿的兴趣、好奇与关注，又容易引发幼儿的共鸣，使幼儿印象深刻。

在教学活动中，教师首先采取正面教育的方法，通过让幼儿对不正确做法的辨别认识，帮助他们感受和理解危险游戏带来的伤害。其次，教师帮助幼儿梳理对安全游戏的理解，形成班级的安全约定，而中班阶段恰恰是幼儿初步形成规则意识的关键期，所以教师的做法是符合中班幼儿的发展需要的。

最可贵的是，教师在活动延伸中，向家长介绍幼儿的活动内容，通过家园共育的方式，强化幼儿正确的做法。

# 52. 安全标志作用大

设计教师：王雪莲　评析专家：周永革

幼儿园：北京市怀柔区杨宋镇中心幼儿园

**设计意图**

在日常生活和游戏中，我们经常会看到很多的标志，其中安全标志非常多。这些标志在生活中起到提示、警示和禁止的作用。《指南》指出："幼儿应具备基本的安全知识和自我保护能力，认识常见的安全标志，能遵守安全规则。"结合目标要求和本班幼儿的学习特点，我选择了幼儿日常生活中经常会遇到的几个场景，设计了此次活动，以提高幼儿自我保护的意识和能力。

**活动目标**

（1）认识常见的安全标志。

（2）能遵守安全规则，保护自己不受伤害。

**活动准备**

安全标志图片（如小心有毒、禁止下河游泳、紧急出口、小心有电等）每桌1套；情景图片3张；自制标志所需要的各种材料，如卡纸、铅笔、彩笔等。

**活动重点**

认识常见的安全标志。

## 活动过程

**1. 出示安全标志图**

（1）认一认。师：你在哪里见过这些标志？

（2）讨论：说一说这些标志的作用。

小结：有了这些标志我们会更安全。我们一看到这些标志就知道什么是安全的，什么是危险的。

**2. 请幼儿谈谈自己还知道哪些标志**

（1）师：说一说你还看见过哪些标志？

（2）讨论：我们应该怎样遵守这些规则？

小结：我们的生活中还有很多的标志，如交通标志等。我们应该遵守这些标志的要求，这样我们才能更安全。

**3. 出示情景图片，请幼儿选择相应的标志**

（1）情景图片 1 内容：孩子坐在栏杆上，旁边是池塘。

问题：我们应该告诉小孩什么？用个什么标志呢？

（2）情景图片 2 内容：一个人横穿马路，有车辆正在路上行驶。

问题：我们该对过路人说什么呢？用个什么标志？

（3）情景图片 3 内容：一位妈妈领着孩子往前走，前方出现了一个大坑。

问题：我们应该告诉他们什么？如果没有相应的标志，我们怎么办？

小结：安全标志很重要，如果没有标志我们可以自己设计。

**4. 开展“我是小小设计师”活动**

（1）说一说。师：你们觉得再增加哪些标志，人们就更安全了？

（2）画一画。师：把你们觉得应该增加的安全标志大胆地画出来。

（3）贴一贴。请幼儿将画好的画贴到教室中相应的位置。

小结：小朋友们一定要做到危险的地方不去，危险的事情不做，一定要遵守各种规则，这样才能更安全，才能不让自己受伤害。

**活动延伸**

（1）在美工区投放材料，请幼儿设计安全标志，并把它们贴在适当的位置（比如在滑梯上贴上不推不挤的提示图）。

（2）带领幼儿观看从网上收集的一些安全图片，布置成小专栏，帮助幼儿进行识别和记忆。

（3）请家长带着幼儿在身边寻找各种安全标志，同时，家长要为幼儿做个好榜样，自觉遵守相关的标志要求。

**专家评析**

活动的目标和内容符合中班幼儿的年龄特点和发展需求。活动中，教师巡回倾听，引导幼儿观察标志、讨论标志的作用；提供了操作材料，为幼儿创造了自由探索的空间，让幼儿在观察、交流、讨论、操作中初步理解、认识标志。

尤其是在“看情景图片选择标志”这个环节中，教师运用了游戏的方法来加深幼儿的记忆，巩固幼儿所学的知识。而且在这个环节，教师还留下了伏笔——“没有相应的标志怎么办”，自然而然地引出了第四个环节——“小小设计师”，鼓励幼儿自己设计标志，发散了幼儿的思维。

在设计标志的时候，幼儿都有自己的想法，设计出了各式各样的标志，设计完后幼儿都不约而同地在室内张贴、悬挂自己设计的标志，别提多高兴了。可以看出，幼儿的自主性、创造性发挥得很好，幼儿和教师之间的关系融洽、和谐。

相信通过这个活动，幼儿不仅能够认识很多的安全标志，知道安全标志的重要性，也会在生活中遵守这些规则。

**建 议**

（1）在班级生活环境中找出需要注意的地方，和幼儿共同设计安全标志，帮助幼儿进一步理解标志在生活中的作用。

（2）开展“标记大搜集”活动，丰富幼儿的生活经验，并邀请家长参加“小小讲解员”的活动，帮助幼儿理解和记住常用安全标志的作用。

## 53. 安全乘坐公交车

设计教师：刘晓蕾　评析专家：范惠静

幼儿园：北京市门头沟区东辛房幼儿园

**设计意图**

乘坐公交车出行，是孩子们上幼儿园、外出游玩经常采取的代步方式。因此，对幼儿进行安全乘车的教育是十分必要的。再有，《纲要》中健康领域第三条目标也明确指出：“引导幼儿知道必要的安全保健常识，学习保护自己。”因此，为了确保幼儿的安全，萌发幼儿的安全意识，引导幼儿遵守规则、文明乘车，我设计了本活动“安全乘坐公交车”。

**活动目标**

（1）知道乘坐公交车应注意的安全事项。

（2）体验文明乘车、礼貌让座是良好的行为习惯。

**活动准备**

（1）经验准备：幼儿有乘坐公交车的经历。

（2）材料准备：视频《幼儿启蒙十万个为什么之安全乘车》，儿歌《文明乘车歌》。

**活动重点**

知道乘坐公交车应注意的安全事项。

**活动过程**

**1.开展谈话活动，了解幼儿的乘车经验**

（1）师：小朋友，你们乘坐过公交车吗？乘公交车去哪了？

（2）针对幼儿表达的情况进行小结。

**2.播放视频，引导幼儿了解乘车的注意事项**

播放视频《幼儿启蒙十万个为什么之安全乘车》，请幼儿观看并针对视频进行提问：

- 小朋友是怎么等车、上车的？（“排队、不拥挤”）
- 车子开动的时候应该怎么做？（“不将手、头伸到车外，扶好、坐好”）
- 要下车的时候怎么做？（“别着急，等车停稳后再下”）
- 遇到需要帮助的人怎么做？（“让座”）
- 你们还小，如果别人给你让座，你要怎么做？（“有礼貌，说‘谢谢’”）

小结：我们坐车的时候，上下车要排好队；在车上扶好、坐好，不把头和手伸到车外；如果有人给自己让座了要谢谢别人；看到需要帮助的人也可以给他让座。

**3.带领幼儿朗读儿歌，帮助幼儿进一步理解乘车的安全事项**

（1）介绍儿歌名《文明乘车歌》，并带领幼儿朗诵儿歌

（2）提出希望：小朋友能够安全乘车，做个文明宝宝。

**活动延伸**

在一日生活过渡环节，带领幼儿朗诵《文明乘车歌》。

【附：儿歌】

**文明乘车歌**

小朋友，要记牢，文明乘车很重要。
等车上车要排队，别在站台跳又跑。
在车上，手扶好，头别伸到窗外瞧。
要有座位不去抢，让给老人和小孩。
下车时，有秩序，车子停稳别着急。
坐汽车，讲文明，人人夸我好儿童。

**专家评析**

刘老师通过自己对幼儿的观察、对社会的认识，组织了这节活动，满足了幼儿的实际需要。整个活动中，教师利用谈话、动画视频、儿歌的形式引导幼儿实现了目标要求。纵观活动过程，教师运用了以下教育策略：

（1）以谈话的形式导入活动，了解幼儿的已有经验。倾听幼儿的表达是最能了解幼儿的途径之一。教师自然地运用提问揭开谈话的主题。由于很多幼儿都有乘坐公交车的经验，问题一抛出，幼儿就开始议论纷纷了："老师，我坐公共汽车到幼儿园。""老师，我和妈妈乘坐公交车去动物园玩"……在轻松的谈话中，教师了解了幼儿的已有经验，为下一环节的进行做好了铺垫。

（2）以动画视频引导幼儿，实现活动的目标。看动画是幼儿最喜欢的娱乐方式之一。在教学活动中，要想将一些枯燥的知识内容传授给幼儿，使用动画视频是再好不过的方式了，幼儿既感兴趣，又能很好地达成目标。在这节活动中，教师就使用了此方法，播放了相关的视频，幼儿看得很专注、投入，而观看后教师的提问，也很好地检验了幼儿看动画的效果。

（3）以儿歌小结活动知识点，使目标得到进一步深化。最后环节的小儿歌对本次活动的重点内容做了很好的归纳、整理。教师自编的儿歌朗朗上口、内容全面，使幼儿轻松地进一步完成了目标。

总之，在本次活动中，教师通过幼儿感兴趣的三大环节对他们进行引导，使活动目标得以很好地实现与突破。

**建 议**

把教学活动的内容及目标向家长进行宣传和讲解，让家长在带孩子外出乘车时，与孩子进行交流，帮助孩子学会在现实生活中遵守交通规则，提高孩子的安全意识和能力。

# 大班

# 54. 细嚼慢咽好处多

设计教师：邢岩、左振红　评析专家：张平

幼儿园：北京市石景山区实验幼儿园

**设计意图**

在日常生活中，我们经常发现有的幼儿饿急了或者着急去玩，吃起饭来狼吞虎咽、囫囵吞枣，把未经充分咀嚼磨碎的食物吞入胃内，这样长期下来会给肠胃带来一定的负担，导致肠胃疾病，因此良好进餐习惯的养成对幼儿身体的健康成长是十分重要的。结合以上幼儿的表现以及《纲要》中提出的“要从小培养幼儿良好的健康饮食习惯”的要求，同时根据《指南》目标一中提到的“吃东西时要细嚼慢咽”的目标，我们设计了“细嚼慢咽好处多”这一教育活动，帮助幼儿了解细嚼慢咽的好处，逐步养成良好的进餐习惯。

**活动目标**

（1）能保持班级安静轻松的进餐环境。

（2）进餐时做到细嚼慢咽。

**活动准备**

（1）经验准备：班级中幼儿出现过吃鱼被刺扎到的现象；幼儿能够熟练地使用餐具进餐。

（2）材料准备：细嚼慢咽与狼吞虎咽对比图（见图19），狼吞虎咽对牙齿和肠胃的影响图（见图20）；卡纸、彩笔、剪刀、胶棒，手动搅拌机，塑料袋，苹果、饼干。

图 19

图 20

（3）人员准备：提前邀请配班教师和一名大班幼儿排练好情景剧《壮壮口中的刺》。

**活动重点**

进餐时做到细嚼慢咽。

**活动过程**

**1. 观看情景表演，发现狼吞虎咽的危害**

（1）组织幼儿观看情景剧《壮壮口中的刺》，帮助幼儿了解细嚼慢咽的危害。

情景 1：午饭后，壮壮张着嘴巴哭着走到老师面前说："老师，鱼刺扎到我的嗓子里了……"

情景 2：教师带壮壮去医院，医生将壮壮口中的刺取出，壮壮开心地谢过医生和教师返回幼儿园。

（2）组织幼儿讨论：进餐中狼吞虎咽会带来哪些危害？

师：鱼刺为什么会扎到壮壮的口中？吃东西的时候，怎样才不会被扎到或者卡住？狼吞虎咽的吃饭方法，对我们的肠胃会有什么不好的地方吗？

小结：进餐中狼吞虎咽很容易烫伤口腔、将食物卡到喉咙，还有可能会胃疼。此外，进餐时，我们不要说话，要安静进餐。

**2. 动手做实验，了解细嚼慢咽的好处**

（1）教师和幼儿一起做小实验：将切成小块状的苹果平均分成两份，一份放入搅拌机中慢慢搅拌，请幼儿观察并发现其变化，然后将搅拌后的苹果泥放入塑料袋（胃）中；另一份苹果块则直接放入另一个塑料袋（胃）中。挤出两个袋子中的空气后，分别在底部剪一个小孔。

师：这两袋苹果现在的样子分别代表我们细嚼慢咽后的食物状态和狼吞虎咽后的食物状态。

（2）请两名幼儿分别尝试将两个塑料袋中的苹果挤压出来，观察哪份苹果更容易被挤出来。

师：现在请小朋友把苹果从袋子里挤出来，这个袋子代表我们的胃，大家看看哪个好挤呢？挤出来表示它们的营养将要被身体吸收。大家说一说哪一种苹果利于我们的身体吸收呢？

小结：搅拌机就像我们的牙齿，细细咀嚼就能将食物磨碎，营养更容易让胃吸收；整块的没有经过搅拌机搅拌的苹果就像是狼吞虎咽下去的食物，会给胃带来很大的危害，同时不利于营养的吸收。

**3. 感知细嚼慢咽**

（1）请幼儿每人品尝半个苹果和一块饼干。

（2）讨论：吃苹果需要嚼多少下才能将它磨碎？吃饼干嚼多少下可以磨碎？

小结：吃硬的食物时需要长时间咀嚼，直到将食物磨碎再吞咽；吃软一些的食物咀嚼的时间就相对短一些，同样将食物磨碎后再吞咽。

**4. 制作“细嚼慢咽好处多”提示牌**

（1）请幼儿用不同的形式和方法分组制作创意提示牌或者标志（图文并茂的方式），提醒小朋友们吃饭时要细嚼慢咽。

（2）鼓励幼儿将提示牌或者标志送给小班或者中班的弟弟妹妹，提醒大家养成良好的进餐习惯。

**专家评析**

细嚼慢咽对促进幼儿牙齿的发育以及预防肠胃疾病有着重要的意义。在活动中，教师根据本班幼儿的年龄特点，选择了情景表演、讨论活动、动手做实验等方式，使得幼儿对吃饭要细嚼慢咽有了较好的认知。此次活动的亮点是小实验环节和试吃计数环节。在“小实验”环节，通过“搅拌机”的形式，形象地帮助幼儿感受到细嚼慢咽的好处，在对比挤压的过程中让幼儿深刻地感知了细嚼慢咽对营养吸收起到的作用。在“试吃计数”环节，幼儿通过亲身体验，掌握了细嚼慢咽的方法，感知到了不同的食物需要有不同的咀嚼时间和牙齿磨合次数。

此次活动充分调动了幼儿参与活动的积极性、主动性，让幼儿能够直观地感知到细嚼慢咽给我们的身体带来的好处，同时也让幼儿充分地感知到了狼吞虎咽给我们身体带来的危害。细嚼慢咽不仅是进餐时文明行为的表现，而且对于消化吸收也有重要的作用。所以，我们从小要培养幼儿吃饭要细嚼慢咽的好习惯。

**建 议**

（1）在幼儿园一日生活的过渡环节，提供有关肠胃消化吸收方面的视频供幼儿欣赏。

（2）请幼儿园保健医生进班开展知识讲座——如何保护我们肠胃，重点从咀嚼食物方面阐述。

（3）当幼儿在家中进餐时，建议家长起到榜样作用，不催促幼儿进餐，保证幼儿吃饭要定时定量、少食多餐，注意营养搭配，帮助幼儿养成细嚼慢咽的好习惯。

# 55. 食物金字塔

设计教师：邢岩、左振红　评析专家：范惠静

幼儿园：北京市石景山区实验幼儿园

**设计意图**

近期，我们发现班中的幼儿在进餐环节中有偏食、挑食的现象，我们多次提醒也无济于事。通过与家长沟通，我们发现幼儿在家中挑食的现象更加严重。面对幼儿的这种不良饮食习惯，我们结合《纲要》中提出的“要培养幼儿健康的饮食习惯，引导幼儿了解基本的营养知识”要求，设计了“食物金字塔”这一教学活动，试图通过此次活动，加强幼儿对营养膳食搭配的认知与了解，更好地认识到各种食物都有不同的营养价值，只有合理膳食才能确保身体健康，使幼儿逐步建立健康的饮食观念，有良好的饮食习惯。

**活动目标**

（1）了解食物金字塔的营养结构。

（2）尝试自主搭配自助餐的餐点。

**活动准备**

（1）经验准备：幼儿已有食物类别概念；有统计的经验。

（2）材料准备：各类食物的图片（如巧克力、奶油蛋糕等高脂肪、高糖类食物；乳、肉、豆及蛋类；蔬菜水果类；五谷类），每人1份金字塔空白图，双面胶，1张《一周食物分类统计表》，水彩笔，每人1个“美味一餐”纸盘，健康食物金字塔图片，幼儿园一周食谱（图片版、文字版）等。

**活动重点**

了解食物金字塔的营养结构。

**活动过程**

**1. 看食谱，统计食物**

引导幼儿观察幼儿园一周的食谱，按照类别进行统计，了解食物的多样性。

（1）看一看，说一说。

师：请大家看一看并与同伴说一说，咱们一周内都吃了哪些食物？

（2）分一分、数一数，请幼儿用绘画的方式完成《一周食物分类统计表》。

师：请小朋友把这些食物按照五谷类、果蔬类、肉蛋奶类、糖类分一分，并数一数每种类别的食物有多少。看看每天吃的食物种类中，哪种类别量最大，哪种最少？

一周食物分类统计表

| 食物种类 | 五谷类 | 果蔬类 | 肉蛋奶类 | 糖类 |
|---|---|---|---|---|
| 统 计 | | | | |

**2. 认识食物金字塔**

（1）引导幼儿尝试自主搭建食物金字塔。

教师简单介绍食物金字塔的结构图：金字塔是一个三角形结构，最下面一层食物摄取量最多，依次向上食物摄取量逐渐减少，直至塔尖食物摄取量最少。

师：请小朋友做个搭建游戏，请你们用这些食物图片搭建一个三角形的食物金字塔，共四层。大家要动脑筋想一想金字塔要想建构得坚固，最底层和最顶层的食物量应该是哪个多、哪个少，中间层可以是什么？

（2）提供各类食物图片，请幼儿将图片按自己的想法贴在空白金字塔处。

（3）组织幼儿小组交流自己设计的金字塔内容。

（4）请每组代表上前介绍自己的金字塔，并请大家讨论谁的金字塔安排得最为合理，并说出理由。

（5）引导幼儿对比观察。

教师出示“健康食物金字塔”的图片（见图21），请幼儿对比观察，认识食物金字塔的营养结构。

师：现在我们来看一看食物金字塔的图片，小朋友比较一下，相互说一说有什么不一样？为什么这样排列？

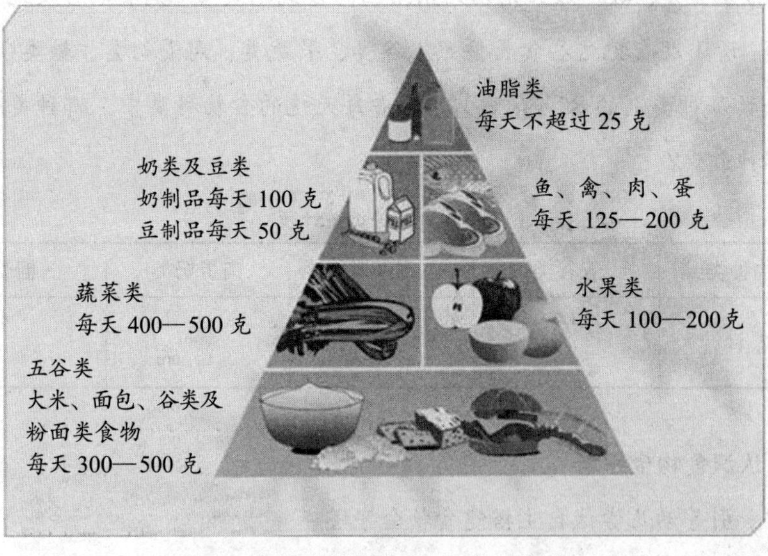


图21

小结：请大家要记牢高脂肪及高糖类的食物可以提供热量，但要少吃，我们把它们放在顶层；乳、肉、豆及蛋类食物可以让身体很强壮，但要适量，所以可以放在第二层；蔬菜水果类食物可以让我们不生病，排便时很舒服，可以多吃，因此可以放在第三层；谷类也就是主食，主要提供热量，让我们的身体不怕冷，要多吃点，所以放在最底层。每餐我们都这样吃多种食物，并且适量食用，会使我们的身体更健壮。

**3. 设计“美味一餐”**

（1）发给幼儿已设计好的纸盘，请幼儿按食物摄取量用绘画的形式，合理搭配自己的一餐。

师：请将你的“美味一餐”按照纸盘中标示出的食物摄取量大小区域，画出你想吃的美食。

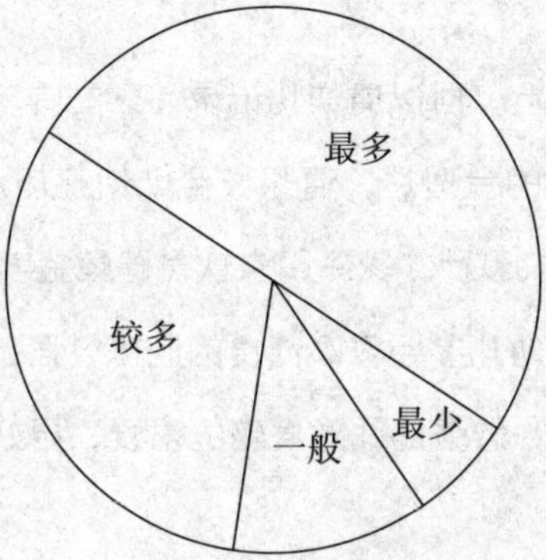


**“美味一餐”纸盘**

（2）鼓励幼儿合理搭配，进行设计。

（3）集体交流“美味一餐”设计。

**活动延伸**

将幼儿设计的“美味一餐”纸盘展示在班级角色区“小餐厅”中，鼓励幼儿在游戏中按照图示尝试制作“营养快餐”。

**专家评析**

本次活动的目标及内容符合大班幼儿的年龄特点和发展要求。本次活动的突出优点是：第一，活动内容贴近幼儿的生活，巧妙地利用幼儿园食谱帮助幼儿了解食物的多样性以及对食物进行分类，初步统计各种食物在食谱中的数量。第二，以自主搭建金字塔游戏为切入点，引导幼儿按照三角形结构从底层开始自我建构食物金字塔；第三，教师讲解食物金字塔与幼儿拼搭图对比相结合，加深幼儿对食物金字塔结构的认识；第四，“美味一餐”纸盘的摄取量划分上有明显的分割线，让幼儿在自主选择食物的同时注意到选择不同类别的食物时应注意量的区分；第五，创造各种机会让幼儿在交流中共同学习。

此外，在回忆食谱的环节中，教师根据幼儿不同的能力水平分别提供了文字食谱和图片食谱，使不同能力水平的幼儿在活动中都能积极参与。

**建 议**

（1）应注重家园配合，可以请幼儿记录《家庭周末饮食统计表》，然后与家长共同分析周末饮食的合理性，请家长帮助幼儿加深对营养膳食合理搭配的理解，然后与幼儿再次设计“家庭周末饮食健康金字塔”。

（2）提醒家长，请幼儿参与家庭饮食的制作过程，让幼儿通过亲手操作，了解食物的营养与搭配，增强幼儿对食物的喜爱，更好地帮助幼儿减少挑食、偏食的现象。

（3）活动中使用的图片可以替换为仿真食品或者果实模型等。

## 56. 快乐自助餐

设计教师：邢岩、王晓頔　评析专家：张平

幼儿园：北京市石景山区实验幼儿园

**设计意图**

自助餐这种食物多样、各取所需的新颖进餐方式，越来越被幼儿和家长所认可。但是在进行自助餐时幼儿往往抱着好玩、有趣的态度，比较随意地选取喜欢的食物大块朵颐，结果导致暴饮暴食、取食单一、不讲究进餐礼仪的现象出现。如何利用自助餐食物丰富、进餐形式灵活的特点，潜移默化地向幼儿介绍食物的营养知识，同时帮助幼儿建立良好的进餐习惯与礼仪呢？我们根据《〈纲要〉实施细则》中提出的“培养幼儿健康的饮食习惯，引导幼儿进餐时举止文明”的教学内容与要求，开展了健康教学活动“快乐自助餐”，通过创设情景、营造与模拟自助餐的方式，帮助幼儿建立自助餐的礼仪认知，了解合理的进食顺序与各种食物进食量的常识，为幼儿今后的健康成长奠定坚实的基础。

**活动目标**

（1）学习吃自助餐的方法。

（2）了解吃自助餐的基本进餐礼仪，做到进餐时举止文明，有序谦让地进餐。

**活动准备**

（1）经验准备：幼儿有自取食物的经验；能够熟练地使用各种餐具。

（2）材料准备：碗、勺、筷子等餐具，轻音乐磁带，彩色笔、绘画纸人手1份。

（3）环境准备：创设“自助餐厅”环境（两组玩具柜，分别摆放主食类、水果蔬菜类、豆制品、鱼肉蛋类、汤类食物图片和仿真食物或是自制玩具；一张小桌子摆放可乐、橙汁等饮料），同时在餐厅里划分出取餐区域、进餐区域、准备区域。

**活动重点**

学习吃自助餐的方法。

**活动过程**

**1. 参观自助餐厅，激发参与兴趣**

教师带领幼儿参观“自助餐厅”的游戏场地，引导幼儿观看餐厅的新环境。

师：欢迎大家来到“自助餐厅”，看看这里的摆设和环境和你去过的餐厅有什么不一样？今天老师要请你们免费品尝一次美味佳肴。

**2.观察食物图片并分类**

师：请你认一认我们的餐厅里都有哪些食物？请给它们分分类。（幼儿辨认食物图片，并分小组进行操作将食物分类）

小结：

- 主食：面包、米饭、大饼、包子、饺子等。
- 饮料：可乐、雪碧、橙汁、白开水、豆浆。
- 水果、蔬菜：苹果、梨、蘑菇、西红柿、油菜、土豆、芹菜。
- 豆制品：豆腐干、豆腐乳、腐竹。
- 鱼肉蛋类：鸡腿、羊肉串、排骨、鱼、鸡蛋。
- 汤类：黄瓜汤、西红柿汤、冬瓜汤。

**3.玩模拟游戏，了解自助餐进餐方式**

（1）教师提出问题，引发幼儿讨论，初步了解自助餐。

①师：什么是自助餐？

小结：从名字上来看，就是自己为自己服务，想吃什么就可以自己拿什么。

②师：有谁吃过自助餐，知道吃自助餐要注意些什么呢？

小结：吃自助餐时，我们要做到有序取餐、相互谦让；餐具有序摆放不乱扔；按量取餐，不浪费饭菜；进餐时，保持桌面整洁；不用餐具玩食物，不打闹，不大声说笑。

（2）引导幼儿使用正确的进餐礼仪模仿“吃自助餐”。

师：大家是不是都想亲自去取一些自己喜欢的食物呢？现在就请你们按照刚才说的礼仪，自己取餐吧！

**4. 玩“晒食物”游戏，理解合理膳食的重要性**

（1）说一说，填一填。

师：小朋友都取了一些自己喜欢的食物，谁来告诉大家你都取了哪些食物？（教师分别请幼儿把食物图片放到对应的食物类别表中）

食物类别表

| 主食 | 蔬菜 | 水果 | 鱼、肉、蛋 | 豆制品 | 汤 | 饮料 |
|---|---|---|---|---|---|---|
| | | | | | | |

（2）分析讨论，帮助幼儿掌握合理的营养搭配方法。

①师：我们一起看一看、数一数，每个小朋友每类食物都取了多少？什么取得多，什么取得少？（教师和幼儿一起对每个幼儿的食物搭配情况进行分析）

②总结幼儿搭配食物的类型：主食多的；油炸类食物多的；肉类多的；果蔬类少的；饮料多的。请幼儿针对不同的搭配用图片进行调整、添加或者减少。

小结：吃自助餐给了大家更多选择食物的机会，但是小朋友一定要注意吃得有营养，主食、蔬菜水果、肉类都可以吃一些，这样营养才能做到均衡。

**5. 了解自助进餐的顺序**

师：大家知道怎样吃才能使我们的身体更好地吸收营养吗？正确吃东西的顺序是怎样的？（组织幼儿分组讨论：吃自助餐时应该先吃什么，后吃什么？）

小结：先吃容易消化的汤、菜、饭；然后是高蛋白的鱼虾禽肉，最好选择白灼、清蒸的做法；最后可选些味酸的水果，既可帮助消化，还可清除口腔异味。

**6. 美味自助餐开始啦**

播放轻松的音乐，幼儿随机取餐，教师关注幼儿的行为和食物搭配情况，活动自然结束。

**专家评析**

本次活动的设计紧密地结合社会热点问题和幼儿的生活现状展开，目标制定及内容选择适宜，符合大班幼儿的年龄特点，能够使幼儿在已有的经验上通过活动有所提升，从而达到预设的教学效果。

活动过程有以下几个特点：第一，创设游戏情景，使幼儿能够直接进入活动的主题；第二，以吃自助餐为线索，使幼儿在观看食物、自取食物、进餐的自然流程中自然习得自助餐的相关礼仪、取餐技巧，掌握科学合理的进食顺序和各种食物的进食量。活动各环节衔接流畅、巧妙；第三，活动充分体现了“以幼儿为本”的教育理念，让幼儿通过操作游戏、话题讨论等方式，体验共同学习的快乐。

在教师精心的设计与组织下，幼儿饶有兴趣地参与各个环节的活动。无论是讨论还是操作活动，我们都能看到幼儿个性的张扬，感受到幼儿对新知的渴望与专注。幼儿的这些表现充分说明他们对整个活动的喜爱与认可，教学效果较好。

**建 议**

（1）在班中制定“文明进餐小公约”，随时提醒幼儿进餐时能够举止文明。

（2）建议家长配合自助餐的教学活动，带领幼儿在家中或者去自助餐厅吃饭实际体验，使幼儿能够把在教学活动中了解到的相关知识与常识灵活地运用到实践中。家长同时可以在旁提醒与现场指导。

（3）在了解自助餐的环节，教师可利用自助餐的录像宣传，让幼儿观看以便获得最直接的感性认识，分辨文明与不文明的进餐行为，分辨科学合理的进餐顺序和食物搭配。

# 57. 胃的小闹钟

设计教师：邢岩、王晓頔　评析专家：张平

幼儿园：北京市石景山区实验幼儿园

**设计意图**

班中经常会出现幼儿由于赖床不起，错过早餐时间，不在幼儿园进早餐的现象，导致午餐时间未到幼儿就出现胃疼、饥饿等身体反应。结合本班幼儿的现状，我们设计了这次健康教育活动“胃的小闹钟”，从肠胃的角度，用拟人化的教学方式帮助幼儿理解科学准时进餐的好处，同时让幼儿了解科学的一日进餐方式是怎样的，帮助他们逐渐养成按时起居、按时进餐的良好生活习惯。

**活动目标**

（1）了解科学进餐的方式与自身健康的关系。

（2）能够按照科学合理的进餐方式摄取食物。

**活动准备**

（1）经验准备：幼儿已了解“健康食物金字塔”的含义。

（2）材料准备：3 幅胃加小闹钟的图片（见图 22、图 23、图 24），“我的一日配餐”空白表，食物图片（馒头、豆包、燕麦、牛奶、豆浆、香肠、米饭、排骨、西兰花、鱼、小米粥等），水彩笔。

图22

图23

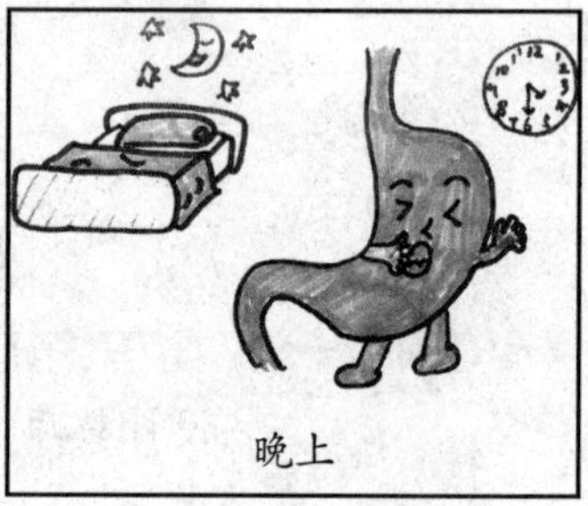


图24

**活动重点**

了解科学进餐的方式与自身健康的关系。

**活动过程**

**1.“胃有话说”**

教师出示拟人化的胃图片，请幼儿观看，激发幼儿探秘的兴趣。

画外音：小朋友好，你知道我是谁吗？我是你们的胃，今天我有一些话要和小朋友说一说。

师：小朋友仔细观察画面，你能猜出胃在和我们大家说些什么吗？

**2.看图片，思考问题**

教师依次出示胃的小闹钟图片，让幼儿理解为什么要早吃好、午吃饱、晚吃少。

（1）出示早晨7:40的胃的小闹钟图片。

①师：现在是什么时间？你是怎么知道的？胃是什么样的表情？我们应该给它吃点什么呢？

②组织幼儿讨论：为什么早餐要吃得好一些？

小结：在早餐过后，我们会参与很多活动，这些活动会消耗我们的体力，所以早晨应该多吃一些富含淀粉的食物，如馒头、豆包、燕麦等；还应该吃一些含有蛋白质的食物，如牛奶、豆浆、香肠等。早餐吃得好，吃得多样化，才可以让我们每天都保持充沛的体力去学习和游戏。

（2）出示中午11:40的胃的小闹钟图片。

①师：现在是几点钟了？胃是什么表情？为什么胃会抖动？中午我们需要给它吃点什么呢？

②组织幼儿讨论：为什么午餐要吃得饱一些？

小结：午餐既要补充早餐消耗掉的营养，还要保证下午活动的需要。所以，午餐要吃饱一些，应该多吃谷物、蔬菜、鱼肉类和豆制品等，确保各种营养的平衡。

（3）出示下午4:30的胃的小闹钟图片。

①师：现在是什么时间？胃又出现了什么表情？晚上我们需要给它吃点什么呢？

②组织幼儿讨论：为什么晚餐要吃得少一些？

小结：晚餐过后我们就要休息了，所以要吃一些容易消化的清淡食物，如蔬菜瓜果和少量鱼肉类等食物。

**3. 操作游戏，巩固认知**

通过游戏“指针转转转”，帮助幼儿加深理解一日三餐对身体的好处，尝试科学合理搭配饮食。

（1）组织幼儿玩游戏“指针转转转”，完成“我的一日配餐”空白表。

玩法：幼儿两人一组，一名幼儿转动时间指针，确定吃饭时间，另一名幼儿根据时间（早、中、晚）粘贴相应的食物图片。

**我的一日配餐表**

日期：__________　　　　姓名：__________

| 时间 | 食物 |
| --- | --- |
| 早餐  | |
| 午餐 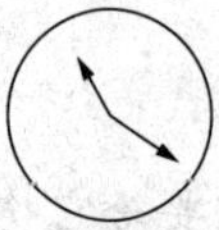 | |
| 晚餐  | |

（2）幼儿相互交流一日三餐的饮食搭配想法。

小结：上午运动量会很大，所以早餐要定时吃，营养要丰富；午餐要补充体力，所以要吃饱，营养要均衡；晚餐后运动量小，所以我们要少吃一些，减少胃的负担。

## 活动延伸

请幼儿和家长自制“我的一日配餐表”，帮助幼儿做到在家中也要科学合理地搭配一日三餐。

## 专家评析

结合《纲要》中“培养幼儿健康的饮食习惯，引导幼儿了解基本的营养知识”这一目标，以及幼儿已有的“健康食物金字塔”的经验，教师开展了这次配餐活动。

本次活动的目标设定得十分明确，即简单了解科学进餐的方式，尝试做到科学合理进餐。活动通过以下几个方面完成了预设的教育目标：首先，活动通过拟人化的方式，从胃的感受出发，通过听“胃有话说”的方式，帮助幼儿从情感上、行动上了解按时科学进餐与胃的关系；其次，操作游戏“填写表格”的环节更是注重开放式、互动式的教学，充分调动幼儿的主动性，让幼儿了解科学搭配饮食的方法，丰富幼儿的营养知识经验，帮助幼儿理解早上吃好、中午吃饱、晚上吃少的具体含义。在此过程中，通过观察图片、交流讨论、自我设计等环节，运用听、看、说、做的方法，从浅入深地帮助幼儿加深了对一日三餐及科学合理进餐方式的理解，逐步帮助幼儿认识到定时进餐、合理饮食是身体健康的最佳方法。

在设计活动时，教师还考虑到家长资源的充分利用，做到家园同步，增强教学效果。所以在延伸部分，教师引导幼儿将自己在本次活动中掌握的健康生活方式、营养知识与家人分享，将家园之间有效地连接起来，实现家园共育。

## 建议

（1）结合幼儿已掌握的健康饮食理念，教师可在班级表演区中创编情景故事，请幼儿续编故事进行表演，帮助幼儿进一步了解一日三餐的重要性。情景故事内容如下：

一名幼儿扮演乐乐小朋友捂着肚子坐在小椅子上，另一名幼儿扮演医生给乐乐看病。乐乐说：“医生，最近我的肚子总是疼，请你帮帮我吧。”医生问：“你最近吃饭好吗？”乐乐回答：“我每天起床会很晚，经常不吃早餐，有时候在家玩高兴了不吃中午饭，晚上我会大吃一顿。”医生笑着回答说：“肯定是你的胃生气了，你回去后一定要按时吃饭，不如你做个胃的小闹钟吧，好好地照顾它，它就不会疼了……”

（2）请幼儿园保健医生进班进行肠胃健康知识讲座，帮助幼儿养成按时合理进餐的好习惯。

（3）利用电化教育手段制作 PPT 辅助教学，激发幼儿更大的兴趣。

## 58. 这样喝水最健康

设计教师：孙涛　评析专家：邢岩

幼儿园：北京市石景山区实验幼儿园

**设计意图**

培养幼儿形成良好的饮水习惯是非常重要的，它直接关系到幼儿的身体健康。尤其对于大班幼儿来说，他们的活动能力强，身体的机能发展较快，需要充足的水分来满足身体对水的需求。大班幼儿对于饮水的重要性有一定的了解，但是关于一些饮水常识只有一些初步的认识和了解。《指南》指出："要培养幼儿主动饮用白开水。"因此，为了能够帮助幼儿根据自身的生理需要主动做到随渴随喝，自己能控制饮水量，同时掌握一日生活中的各个环节必要饮水量，知道一些饮水的科学方法，我特地设计了本次活动"这样喝水最健康"。

**活动目标**

（1）知道一天饮水量的多少与自身健康有密不可分的关系。

（2）能够按照科学的饮水方式喝水。

**活动准备**

（1）经验准备：如厕后，幼儿观察过小便的颜色。

（2）材料准备：《喝水调查表》，饮水小标兵记录卡，《喝水统计表》，《健康饮水小儿歌》，水杯，没有浇过水的花。

**活动重点**

知道一天中基本的饮水量与自身健康的关系。

**活动过程**

**1. 喝水小调查**

（1）出示一个喝水调查表，并给每个幼儿提供8个可粘贴的小水杯，请幼儿在认为需要喝水的时间下面贴上一个或几个水杯。

（2）给每组幼儿提供一张统计表，分组统计调查表结果。

（3）公布调查结果：早上起床喝水的小朋友有 ×× 位，运动后喝水的小朋友有 ×× 位，晚上睡觉前喝水的小朋友有 ×× 位。

师：通过统计我们发现小朋友会在不同的时段喝水，大家想一想起床后和睡觉前半小时要喝水吗？

**2. 师生共同讨论喝水对身体有什么好处**

（1）组织幼儿讨论：大家都知道喝水很重要，你知道喝水对身体的好处吗？

小结：喝水有许多好处，比如，可以使皮肤漂亮；可以通便，帮助消化食物；可以防眼干，避免视力快速下降等。特别是清早起床后喝一杯水，天天坚持对身体好，所以小朋友要多喝水！

（2）请幼儿倾听《健康饮水小儿歌》，通过儿歌告知幼儿一些科学饮水的方法。

**3. 小实验：给小花喝饱水**

（1）出示一盆没有浇过水的花，请个别幼儿用自己的水杯给花浇水。请幼儿一起来数数，浇多少杯水，花盆中的泥土会变得湿润；浇多少杯水以后，水会从花盆底部渗出。

（2）提问：你觉得给花喝多少水合适？水从花盆底部渗出来是为什么？我们一天需要喝多少水呢？

（3）提供一个有刻度并且能装1000毫升的大水杯，请个别幼儿用自己的水杯往大水杯中倒水，请幼儿一起来数数，多少杯会到达1000毫升的刻度线。

小结：我们每天最少要喝与大水杯里一样多的水，大概是1000毫升，在不同的时段喝水都会给身体带来好处。从早晨起床开始，我们一天一共需要喝8杯水。小朋友不能像小花一样，等到泥土干了再喝水，那样的话对身体不好。

**4. 我们的身体警报器**

（1）组织幼儿讨论身体缺水的警报器是什么。

师：你们发现了吗？小花的泥土就是它的警报器，泥土干了就证明它缺水了，我们的身体也有警报器，你知道它在哪里吗？

（2）组织幼儿讨论身体缺水的警报器是怎样报警的。

师：喝水少和喝水多时，小便都是什么颜色的？小便颜色的变化说明了什么问题？

小结：小便颜色的深浅变化是身体缺水的警报器，如果小便的颜色是棕色的，就证明喝水太少了；如果是橘黄色的，就还需要再喝些水；如果颜色是浅黄色或者白色的，就表示饮水量充足。此外，如果嘴唇发干或者运动后大量出汗，也是在提醒你要补水。

（3）提出建议：请小朋友每天小便后看看颜色，判断自己的健康指数。

**活动延伸**

（1）开展“饮水小标兵”评选活动，出示饮水记录卡，鼓励幼儿自己记录。

（2）鼓励幼儿用自己喜欢的图示统计自己每天的饮水量，尝试自己检查饮水情况。

## 【附：调查表】

**喝水调查表**

|  早上起床后 |  吃饭后 |  运动后 |  区域游戏 |  放学后 |  晚上睡觉前 |
|---|---|---|---|---|---|
| | | | | | |

以儿童水杯计量，让幼儿自己填写。　　　　幼儿姓名：________

## 【附：统计表】

**喝水统计表**

| 喝水时间 |  早上起床后 |  吃饭后 |  运动后 |  区域游戏 |  放学后 |  晚上睡觉前 |
|---|---|---|---|---|---|---|
| 喝水人数 | | | | | | |

## 【附：儿歌】

**健康饮水小儿歌**

小朋友，要记住，每天要喝 8 杯水，

早上起床喝温水，中午喝杯淡茶水，

运动过后喝白水，晚上睡前少喝水，

| |
|---|
| 嘴巴口渴随时喝，科学饮水身体棒。 |

**专家评析**

“这样喝水最健康”教学活动抓住幼儿一日生活中最为普通的饮水内容，也是最重要的一个内容来进行。活动目标制定及内容选择都是十分符合大班幼儿的年龄特点的。活动各个环节设计十分巧妙，既有幼儿个性化的自我表现，也有小实验后的集体认知。活动从幼儿一天饮几杯水，到每次喝多少水适宜，帮助幼儿逐步认识到怎样科学饮水，同时通过自我检测和饮水记录等方式，帮助幼儿养成科学饮水的良好习惯，为其终身健康发展做好铺垫。

**建 议**

（1）与幼儿一起制作“怎样喝水最健康”的功能墙，提示幼儿养成良好的饮水习惯。

（2）在“身体警报器”环节中，教师可以出示小便的三种颜色图，请幼儿对比，分别用1、2、3级表示，引导幼儿每天记录，统计每天的小便情况，来判断自身的健康。同时，可以引导幼儿掌握口干、嘴唇干裂等身体警报现象。

# 59. 便便的秘密

设计教师：冯怡、王素艳　评析专家：范惠静

幼儿园：北京市密云县第四幼儿园

## 设计意图

我们每天都要大小便，在小便时孩子会观察到自己所排出的尿液不一样，有时是黄色的，有时是透明的，并且会根据颜色的不同主动饮水。但是，孩子对于“大便”的观察仅限于当天有没有大便，对于大便的形态与人身体健康的关系知道的不多。为了培养幼儿具备每天定时排便的良好生活卫生习惯以及初步了解大便与身体健康的关系，根据大班幼儿的年龄特点，我设计了本次活动，以“便便超人”的形象为切入点，通过层层递进的方式，引导幼儿了解便便的不同形态特点，借此帮助幼儿进一步认识人体的奥秘，养成每日定时排便的好习惯。

## 活动目标

（1）初步了解大便与身体健康的关系。

（2）养成每日定时排便的好习惯。

## 活动准备

（1）知识准备：请家长和幼儿一起找一找排出各种便便的原因。

（2）材料准备：“便便超人”的图片1张，各种便便的图片（糊状、球状、长条状）。

## 活动重点

养成每日定时排便的好习惯。

## 活动过程

**1. 图片导入，认识不同的便便**

（1）出示便便超人图片，提问：便便是怎么来的？我们为什么会排出大便？你排出的便便都是什么样子的？

（2）教师进行总结并出示图片（糊状、球状、长条状大便）。

**2. 说说各种形态便便的成因，了解便便与身体健康的关系**

（1）请幼儿谈一谈每天什么时间排出大便，一天排几次。（时间主要分为早上、上午、下午、晚上）

（2）关于大便，提问：在什么时候我们会排出糊糊、球状和长条状的便便？为什么会有不同形态的便便？

小结：在身体舒服的时候，我们会排出像香蕉一样的大便；如果吃了冰凉的食物或不干净的食物，肚子会疼，在身体不舒服的时候，会排出球状或者糊状的大便且味道非常臭。

**3. 讨论怎样养成良好的排便习惯**

（1）讨论：怎样做到每天都排便，每天定时排便呢？（请幼儿把自己每天排出大便的时间粘贴在表格中。）

小结：我们一起观察这个表格，会发现每天的各个时间都会有人排便。请小朋友关注自己每天排便的时间，并有意识地在这段时间如厕，每天坚持，慢慢地就会养成定时排出大便的习惯。

| 早上 | 上午 | 中午 | 下午 | 晚上 |
|---|---|---|---|---|
| | | | | |

（2）讨论：怎样才能做到每天排出像香蕉一样的便便？

小结：要注意饮食健康，不吃冰凉的食物或不干净的食物，这样肚子就不会疼，身体就会排出像香蕉一样的便便。少吃肉类食物，否则易造成大便干燥，甚至便秘。

（3）讨论：有没有想去大便却又忍住的时候呢？如果你忍住大便，大便不排出来会发生什么事？

小结：憋便时间长了，对身体健康影响很大，容易使肠道出血，形成结石。

（4）讨论：排完大便要记得做什么事情呢？

小结：擦干净屁股、冲水、洗手，整理好衣裤，保持衣着整洁。

**活动延伸**

（1）在图书区为幼儿投放《便便超人》的书籍请幼儿阅览。

（2）建立“排便记录表”，帮助幼儿逐步地养成每天定时排便和观察大便的习惯，了解身体的健康状况。

**专家评析**

冯老师和王老师以我们在日常生活中很少提及与讨论，但又与我们身体息息相关的便便为主题开展了这样一节健康活动。本活动的设计意图是让幼儿知道大便是我们身体健康状况的“晴雨表”，从内心接受“大便”，并养成良好的排便习惯。

整个活动流程清晰，以层层递进的方式展开，更运用“便便超人”的形象加深幼儿对大便形态的认识。教师的提问很有针对性，比如提问幼儿：“为什么我们有时候会排出这样的大便？”幼儿在回答问题的时候，教师的指导语很细致；活动当中，教师的语言严谨，师幼互动非常好，使整个活动氛围都很活跃。

**建 议**

注重家园共育，就活动的内容与家长进行沟通，让家长在家或带幼儿外出时也关注幼儿每天定时排便，帮助幼儿养成良好的生活卫生习惯。同时注意不给幼儿吃过凉、过量的食物，保持幼儿身体健康成长。

## 60. 早睡早起身体好

设计教师：黄原　评析专家：张平

幼儿园：北京市嘉园第一幼儿园

**设计意图**

5—6岁的幼儿正处于身体发育阶段，而良好的睡眠习惯有助于幼儿身体的生长。但是，由于这个年龄阶段的幼儿时间观念差、自制力差，再加上爱玩、贪玩的个性，所以自己很难把握好睡觉和起床的时间。进入大班后，我发现班上部分孩子有迟到现象，有的甚至伏在桌上睡觉。经过了解得知，这些孩子迟到是因为晚上睡得太晚，导致第二天早上起不来。《〈纲要〉实施细则》中指出："注重健康行为的形成，幼儿健康行为的养成才是健康教育的核心。"为了进一步提高幼儿按时睡觉的意识，懂得早睡早起对身体健康成长的重要，为顺利适应小学生活打下良好的基础，我设计了此次活动。

**活动目标**

（1）通过人体生物钟了解按时起居、尊重规律对身体健康的重要作用。

（2）了解影响自己按时起居的因素以及让自己做到按时起居的几种方法，并乐于在生活中尝试。

**活动准备**

（1）经验准备：幼儿认识时钟的整点、半点，并会在空白钟面上画指针记录整点；对班级作息时间有所了解。

（2）材料准备：

①人体生物钟图示，班级作息时间表，空白作息时间表、铅笔幼儿人手1份。

②课件《小宝的烦恼》。大致内容：第一部分：小宝不肯睡觉，妈妈催促小宝，小宝一会儿玩玩具，一会儿上厕所；第二部分：妈妈叫小宝起床，小宝不肯起床，又哭又闹；第三部分：小宝来园迟到，保安叔叔对小宝说："你迟到了，小朋友都在做游戏了。"

**活动重点**

了解影响自己按时起居的因素，找到几种能让自己做到按时起居的方法，并乐于在生活中尝试。

**活动过程**

**1. 观看课件《小宝的烦恼》，初步了解晚睡晚起的不良后果**

（1）提问，帮助幼儿了解短片内容。

师：故事里都有谁？小宝有什么烦恼的事情呢？

（2）引导幼儿说说自己对不按时起居的想法。

**2. 了解人体生物钟，知道尊重人体规律有益于身体健康**

（1）通过讨论了解人体的生理反应。

小结：每个人的身体对自己什么时间应该做什么事情都会有安排，这些安排每天都是有规律的，好像身体内部有一个固定的时钟在控制，科学家把这种现象叫"生物钟"。通常人的生物钟是这样的：12点午睡，睡足2个小时；21点晚睡，晚上睡足8小时，第二天才能保持饱满的精神学习和游戏。

（2）引导幼儿在认识钟表的基础上绘画自己的人体生物钟示意图。

（3）引导幼儿介绍自己绘画的图及掌握的身体生物规律知识，帮助幼儿了解只有尊重人体规律才有益身体健康。

师：你知道按时起床、按时睡觉对身体有哪些好处吗？（“精神饱满、有力气、想问题快等”）

**3. 讨论按时起居的方法，学习约束自己的行为**

引导幼儿说一说让自己按时睡觉、按时起床的好方法，并帮助幼儿记录、小结。

**4.“我和时间有个约定”**

（1）组织幼儿看“班级作息时间表”，进一步了解班中活动安排。

（2）请幼儿对照生物钟，知道“班级作息时间表”安排的合理性。

（3）引导幼儿填写“我的作息时间表”，合理安排自己的作息时间。

**我的作息时间表**

日期：________ 姓名：________

| 时间 | 要做的事 |
| --- | --- |
| | |
| | |
| | |

## 活动延伸

（1）请幼儿通过在挂历或台历日期上画笑脸和哭脸的形式，记录自己遵守作息时间的情况，定期将挂历带来班级交流。

（2）将“班级作息时间表”张贴在班级环境中，在日常活动中鼓励幼儿依据“班级作息时间表”做事。

（3）请幼儿把制定的作息时间表张贴在家里，请家长督促执行并及时与教师交流幼儿的执行情况。

**专家评析**

3—6 岁是对幼儿进行养成教育的关键时期，而良好的生活习惯可使幼儿终身受益。养成按时起居的生活习惯对于即将入小学的大班幼儿来说特别有意义，因此本活动的关注点是有价值的。黄老师设计的这节活动不是单纯地讲按时起居，而是让幼儿知道作息有规律的意义以及如何才能做到。

养成教育与生活密不可分，本活动将孩子生活中的早上来园迟到现象做成课件，借助课件帮助幼儿发现问题，引起幼儿对不按时起居的反感，为进一步开展教育活动做铺垫。之后，又向幼儿介绍了人体生物钟，用图示的方式帮助幼儿理解作息时间与人体生物钟吻合后人才会感到舒适，身体才能健康成长的道理。最后，请幼儿在了解班中作息活动安排的基础上，自己制定合理的作息时间表并加以执行，从而引导幼儿学习管理自己的行为。

**建　议**

（1）可将《小宝的烦恼》课件换成录像短片，请其他班级的幼儿和老师帮忙录制，效果会更好。

（2）可在第一环节后增加“讨论自己的作息情况”这一环节，活动前请家长配合教师在家中记录孩子的作息情况。

（3）可开展“守时月”活动，让幼儿通过亲身体验知道早睡早起的好处。

# 61. 我爱洗香香

设计教师：王艳、杨丽　评析专家：张平

幼儿园：北京市密云县高岭镇放马峪幼儿园

北京市密云县冯家峪幼儿园

**设计意图**

幼儿园大班的孩子已经初步具备了独立洗澡的能力，但是很多家长不愿意让孩子自己洗澡。究其原因，一是怕孩子自己洗不干净；二是怕孩子独自洗澡时存在安全隐患。结果，导致幼儿过于依赖家长，不愿意自己动手洗澡。此外，也有一些幼儿不知道洗澡的方法和应注意的问题。因此，我们设计了“我爱洗香香”这一活动，以培养幼儿独立洗澡的能力，帮助幼儿掌握浴室安全常识。

**活动目标**

（1）学会独立洗澡，养成讲卫生的习惯。

（2）掌握浴室内的安全常识，提高自我保护能力。

**活动准备**

玩具熊1个，洗浴用品图片，《我爱洗澡》的乐曲，洗澡时表现出不适宜行为的PPT。

**活动重点**

学会独立洗澡，掌握浴室内的安全常识。

## 活动过程

**1. 情景导入，激起兴趣**

（1）教师出示玩具熊，说：今天妈妈不在家，乖乖熊和小伙伴玩的时候弄了一身泥，他该怎么办呢？不洗行不行？为什么？（鼓励幼儿思考后回答）

（2）提问：你在家经常洗澡吗？洗澡的时候是爸爸妈妈帮助你洗还是你自己洗呢？

小结：小朋友要做讲卫生的好孩子，自己的事情自己做。

**2. 回忆叙述，梳理洗澡过程**

教师：请小朋友们回忆一下，我们在洗澡之前都要准备什么？（“毛巾、洗发液、香皂、浴液、换洗衣物”）洗澡时都洗了哪里？（“面部、头发、耳后、颈部、上肢、腋下、躯干、腰部、屁股、下肢等”）是怎样洗的？（随着幼儿的叙述，教师展示图片）

小结：洗澡之前要准备充分，洗澡时要先把身体淋湿，抹上洗发液和香皂揉搓，再用清水冲干净。

**3. 动脑筋想办法，安全洗澡**

（1）师：洗澡的东西都准备好啦！可是，乖乖熊还是不敢去洗澡，你知道为什么吗？（幼儿自由回答）

（2）播放 PPT，提问：洗澡时是先放冷水还是先放热水？洗发液进了眼睛里怎么办？能一边洗澡一边跳舞吗？小朋友可以用爸爸的剃须刀和妈妈的洗发香波吗？洗完澡用电吹风吹干头发时，要注意什么呢？（幼儿讨论回答，教师予以补充）

小结：洗澡前，浴室中要铺好防滑地垫；洗澡时，先放冷水，再放热水，水温不冷不热时再洗；洗发液进眼睛后要及时用流水冲洗；小朋友不可以用爸爸妈妈的洗浴用品，等等。

4.跳《我爱洗澡》舞

放音乐，请幼儿和乖乖熊一起跳《我爱洗澡》舞。

**活动延伸**

在角色区有意识地引导幼儿给娃娃洗澡，鼓励幼儿回家后尝试自己洗澡。

**专家评析**

我国著名教育家陈鹤琴先生说过：“凡是幼儿能自己做的，应该让他们独立去做！幼儿习惯养得不好，终身受其累。”可见，从小培养幼儿的生活自理能力及卫生习惯对幼儿的发展具有重要意义。为了培养幼儿的自理能力，成人要让幼儿自己动手去做自己的事情。

本次活动以乖乖熊的故事为线索，从洗澡的顺序到洗澡需要注意的安全问题，逐一梳理幼儿已有的经验，鼓励幼儿自己洗澡。活动内容符合大班幼儿的实际情况、年龄特点和认知水平，有助于幼儿生活自理能力的培养和提升。

**建　议**

为了取得更好的教学效果，此课程宜在大班下学期开展，而且在幼儿第一次独立洗澡时提醒家长在一旁陪护；在幼儿园的游戏中投放一些玩具让幼儿熟悉日常生活用具的使用方法。

# 62. 我会系鞋带

设计教师：齐燕　评析专家：张平

幼儿园：北京市密云县教研中心

**设计意图**

由于当前多数家长在育儿方面存在重知识技能、轻生活自理能力培养的现状，导致在生活中对幼儿包办代替多，幼儿自理生活的能力欠缺。甚至一些家长为了省事，特意不给孩子买需要系鞋带的鞋子穿，而是用粘扣或粘链的鞋子代替，致使多数大班孩子不会自己系鞋带。《纲要》中明确指出："尊重和满足幼儿不断增长的独立要求，避免过度保护和包办代替，鼓励并指导幼儿自理、自立的尝试。"为了提高大班幼儿的生活自理能力，使其能够自己系鞋带，我特地设计了此次教育活动。

**活动目标**

（1）初步掌握系鞋带和系蝴蝶结的正确方法。

（2）提高动手能力和生活自理能力。

**活动准备**

（1）与家长取得联系，提前为幼儿准备 1 双系鞋带的鞋子和 1 双同样长度但颜色不同的 2 根鞋带，并为幼儿穿在鞋孔里。

（2）幼儿和教师每人穿 1 双系不同颜色鞋带的鞋子。

（3）大鞋样 1 个。

（4）发带蝴蝶结和裙带蝴蝶结照片各 1 张。

（5）"Superstar" 明星榜 1 个，上面有全班每一个小朋友的名字。

**活动重点**

初步掌握系鞋带和系蝴蝶结的正确方法。

**活动过程**

**1. 猜谜语导入活动**

（1）师：咱们班的小朋友有“谜语大王”的美称，今天老师给你们带来一条谜语，看看能不能难倒你们，你们敢挑战吗？（“敢”）

（2）教师出谜语：身穿同样衣，出门两兄弟，后背缚带子，带人闯天地。你们猜是什么？谜底打一服装哦。（“鞋子”）

（3）师：是什么样的鞋子呢？你们穿过这种鞋子吗？穿的时候，遇到过什么样的问题？你们有好的解决办法吗？（鼓励幼儿正确地认识系带的鞋子，激发幼儿独立系鞋带的自信）

**2. 尝试系鞋带**

（1）引导幼儿观察系好的鞋带，发现系鞋带的方法。

师：小朋友仔细观察自己脚上的鞋带，系好的时候是什么样子的？想一想，怎样能系得这样既好看又不容易松开呢？

（2）幼儿尝试系鞋带，教师巡回观察、了解幼儿系鞋带的原有经验，并进行个别指导。

（3）幼儿交流讨论鞋带系法，相互学习好的方法。

小结：小朋友发现的好方法都是系鞋带蝴蝶结的方法，首先左右两手各拎一种颜色的鞋带交叉打结，然后分别将两种颜色的带子折叠后再交叉打结，就系成漂亮的鞋带蝴蝶结了。

**3. 操作大鞋样，巩固系鞋带的方法**

师：小朋友们都努力地把自己的鞋带系好了，也看了其他小朋友的鞋带是怎样系的。你们可不可以推荐一个你们认为系得好的小朋友到前面来，帮助老师把这个大鞋的鞋带系好？（用同伴的示范作用，巩固幼儿鞋带蝴蝶结

的系法）

**4.观察发带蝴蝶结和裙带蝴蝶结的照片，发现这两种蝴蝶结的系法**

（1）引导幼儿发现生活中系带子的物品。

师：在小朋友们的生活中，还有哪些东西需要用蝴蝶结这种系法？

小结：女孩子穿的裙子上有裙带蝴蝶结，头发上有扎头发用的发带蝴蝶结。

（2）出示发带蝴蝶结和裙带蝴蝶结的照片，引导幼儿发现这两种蝴蝶结的系法。

师：你们猜一猜，这两种蝴蝶结是怎样系的呢？

小结：裙带蝴蝶结、发带蝴蝶结与鞋带蝴蝶结的系法是相同的，只是裙带蝴蝶结和发带蝴蝶结系好后，需要用手将蝴蝶结的带子展开，这样会更好看。

（3）师：老师在角色区为小朋友们准备了一些漂亮的发带和几条带裙带的裙子，有兴趣的小朋友可以在角色区活动的时候尝试系一系。可以将自己发现的好办法告诉其他的小朋友，也可以将你发现的好办法画下来，贴在角色区的墙面上。

**5.观察“Superstar”明星榜，学会记录方法**

师：这是老师为小朋友们制作的“Superstar”明星榜，老师把它贴在生活区中。如果哪位小朋友将蝴蝶结系好了，就在自己的名字后面贴上一颗星星，让我们班的其他小朋友都知道你是会系蝴蝶结的“小明星”。

**活动延伸**

（1）在生活区投放穿好鞋带的鞋样，鼓励幼儿尝试鞋带蝴蝶结的系法。

（2）在角色区投放彩色的发带和带有裙带的连衣裙，鼓励幼儿在音乐和戏剧表演中尝试发带蝴蝶结和裙带蝴蝶结的系法。

**专家评析**

随着年龄的增长和心理各方面的发展，大班幼儿已经不再满足于老师传授知识和经验的过程，他们有了自己的想法和主见，无论是在学习中还是在生活中，都希望通过自己的努力去发现问题，尝试自己想办法解决遇到的困难，并愿意将自己的发现和同伴分享。

此次活动目标制定得具体、具有可操作性，符合大班幼儿的年龄特点。活动过程主要分为四个层次：第一层采用谜语导入的方式，唤起幼儿原有的生活经验，鼓励幼儿正确地认识系带鞋子，激发幼儿独立系鞋带的自信并自己思考解决这个问题的好方法；第二层抓住大班幼儿自主活动、共同学习的特点，采用鼓励幼儿观察鞋带蝴蝶结的系法、尝试自己探索鞋带蝴蝶结系的好方法和同伴互助学习等策略，帮助幼儿掌握鞋带蝴蝶结的系法；第三层引导幼儿认识更多的蝴蝶结的系法，拓展幼儿的认识；第四层是利用区域活动的延伸和“Superstar”明星榜的创设鼓励幼儿做事情要善于坚持，要做自理自立的好孩子。整个活动设计改变了“教师教、幼儿学”的传统教学模式，凸显了《纲要》和《指南》中整合的教育理念。

**建 议**

为了取得更好的教学效果，建议教师密切联系幼儿的一日生活进行巩固练习，比如，利用起床环节或者是幼儿一日生活中出现的鞋带、裙带、发带松落的情况，进行个别化的、有针对性的指导和帮助。

# 63. 我会整理书包

设计教师：张欣 评析专家：张平

幼儿园：北京市密云县第八幼儿园

## 设计意图

幼儿在进入大班以来，对上小学充满了期待，每天都要背着装有学习用品的书包来幼儿园，但书包里往往是杂乱无序的，放在书包里的用品，幼儿要翻上很长时间才能找到，要不就是他人的东西被误装到自己的书包里……为此，幼儿着急，家长无奈。针对这种情况，我特地设计了“我会整理书包”的健康教育活动，旨在提高幼儿有序整理书包的自理能力，为幼儿入小学做好准备。

## 活动目标

（1）学习整理书包的方法，初步养成做事有序的习惯。

（2）通过动手整理书包，提高自理能力。

## 活动准备

（1）经验准备：幼儿能够对物品进行简单的分类。

（2）材料准备：书包，幼儿人手1个（请家长配合入学准备为幼儿准备一些学习用品，如大小不同的书、本、文具盒、彩笔等，与书包一起带到幼儿园）；教师用的装有各种学习用品的书包1个。

## 活动重点

学习整理书包的方法，提高自理能力。

## 活动过程

**1. 情景导入**

师：小朋友们，再过几个月你们就上小学了，你们知道做小学生必备的物品是什么吗？（“书包”）

师：对，是书包。老师今天也带来了自己的书包，你们猜里面装了一些什么东西呢？（“书、本、笔、橡皮等”）

当幼儿说到笔、橡皮一类小物品的时候，教师可以故作找不到的样子，说：“咦？到哪里去了？我明明记得放到书包里了。”（教师边说边将书包内的物品倒在桌子上）

小结：书包内的物品乱放，想要的东西找不到。

**2. 玩游戏“比比谁最快”，体验整理书包的重要性**

（1）幼儿听教师口令，快速取出自己书包内的相应物品。游戏连玩两次。

（2）讨论：为什么有的小朋友速度快，有的小朋友速度慢，还有的小朋友和老师一样找不到自己的东西呢？

小结：将书包内的物品整理有序可以让我们更快地找到想要的东西。

**3. 动手整理书包，学习整理书包的方法**

（1）请幼儿将书包内的物品拿出。

（2）请幼儿将自己的学习用品用自己喜欢的方式放入书包中，探索整理书包的方法。（幼儿在整理书包的同时，教师也将自己的书包整理好）

小结：整理后的书包看上去很整齐、有序。

**4. 交流与分享整理书包的方法，提高自理能力**

（1）师：说一说你是用什么方法整理书包的？

幼儿分享经验，教师用绘画的方式帮助幼儿记录下来，小结整理书包的方法。

（2）讨论：整理前的书包与整理后的书包相比，你觉得有什么不同？重点引导幼儿感知“有序”。

小结：整理书包的方法有很多种，小朋友可以找到适合自己的方法，将自己的书包整理得整齐、有序。比如，将书和作业本分开，按照从小到大的顺序分类摆放（条件允许的话，可以将书和本放在书包不同的夹层内）；还可以将纸巾、水杯等小物品放到书包外面的侧兜内等。

**活动延伸**

（1）创设“整理书包大 PK”墙饰。第一阶段：每天利用离园前的时间鼓励幼儿自由结组进行 PK，每组一名幼儿胜出并做好记录，胜出 5 次者可以领一份礼物；第二阶段：每两名幼儿进行 PK，一名幼儿胜出后做好记录，每周有 3 次胜出者，可以领一份礼物。

（2）请家长配合让幼儿在家中整理自己的物品。

**专家评析**

张老师设计的“我会整理书包”活动以情景导入，将活动内容融入到游戏之中，让幼儿在操作过程中获得经验的提升和自理能力的发展，活动的设计符合大班幼儿的年龄特点和发展规律，使活动趣味盎然。

第一，注重幼儿的自主学习，让幼儿自主探寻整理书包的方法，充分尊重和满足了幼儿的独立需求。第二，环节设计上层层递进，从感知整理书包的重要性到整理书包再到经验分享，有效地实现了活动目标。整理书包不是一次活动就能学会的，幼儿只有在反复的操作中，才能找到合理摆放书包内物品的方法。对于个别习惯不太好的幼儿，教师则需要在日常活动中个别指导和不断巩固。特别是关于书包物品的分类，对于大班幼儿来说是有一定难度的，需要教师在日后的活动中加强。因此，在延伸活动中设计“整理书包大 PK”的活动和家园共育来提高幼儿的自理能力，是很有必要的，尤其是在家园共育方面，幼儿的不断发展离不开幼儿园与家庭一致的教育。

**建 议**

（1）此活动在引导幼儿体验整理书包的重要性方面不够深入，幼儿只体会到整理书包会更快地找到自己想要的东西，还应该帮助他们感觉到“合理”、“整洁”、“美观”等。

（2）在整理书包方面，还应该让幼儿了解书包内的各种夹层有什么用以及哪些物品放在哪个夹层更合理等。

## 64. 我能让你变快乐

设计教师：孔欣、赵燕燕　评析专家：张平

幼儿园：北京市西城区中办警卫局幼儿园

**设计意图**

现在的孩子大多是独生子女，个性强，以“自我为中心”的性格特点非常突出，动辄为一点小事发脾气、生气，而不理睬身边人的感受。为此，我特地设计了“我能让你变快乐”的活动内容，一方面引导幼儿了解不良情绪对身体的危害，学会一些应对不良情绪的方法；另一方面引导幼儿通过观察表情了解他人的情绪变化，并尝试用自己的方法帮助身边的人。

**活动目标**

（1）保持乐观向上的生活态度，体验理解、原谅、帮助等积极的行为给自己和他人带来的愉快感受。

（2）能够通过观察表情了解他人的情绪变化，并尝试用自己的方法使身边的人快乐。

**活动准备**

表情娃娃3个（高兴、悲伤、愤怒），花瓶3个，塑料花若干朵，背景音乐《找朋友》。

**活动重点**

积极寻找各种调节情绪的好方法。

**活动过程**

**1.出示表情娃娃，鼓励幼儿猜想**

（1）出示表情娃娃，引导幼儿观察娃娃的表情并尝试用一个词语（高兴/悲伤/愤怒）进行描述，激发幼儿参与活动的兴趣。

（2）请幼儿猜测这些表情娃娃为什么会有这样的情绪以及他们遇到了什么事情，鼓励幼儿大胆表达自己的想法，并说明自己的理由。

**2.出示小花瓶，请幼儿为自己喜欢的表情娃娃献花**

师：小朋友，你们喜欢哪个表情娃娃，就给他送上一朵花吧！（幼儿献花）

师：哪个表情娃娃收到的花最多呢？（引导幼儿直观地感受高兴的娃娃是最受大家欢迎的）

师：为什么大家都把花送给了这个高兴的表情娃娃呢？你有过让你快乐的事情吗？（幼儿自由回答）

师：大家为什么都不愿意把花送给悲伤娃娃和愤怒娃娃呢？你们有过这样的情绪吗？发生了什么事情？（鼓励幼儿积极表达自己对情绪的认知和感受）

小结：悲伤和愤怒都是不良的情绪，这些情绪对身体有很大的危害。

**3.师幼总结各种帮助他人调节不良情绪的好办法**

师：当小伙伴情绪不好时，我们可以用哪些办法帮助他们？

小结：与他们交谈，让他们倾诉；让他们用小棍敲打铁皮罐头；帮助他们转移注意力做一些别的事情（如观看金鱼、浇花等）；给他们读漫画书、笑话书，等等。

**4.播放音乐，活动结束**

播放《找朋友》的背景音乐，帮助幼儿体验快乐情绪带给人们的愉悦感受。

**活动延伸**

（1）引导幼儿在日常生活中认知和辨别不良的情绪，积极找出调节不良情绪的应对办法。

（2）鼓励幼儿制作一本《我能让你变快乐》的画册。

**专家评析**

本节教学活动充分坚持“幼儿在前，教师在后”的教学原则，把每一个教学目标自然地渗透到每一个环节当中，形成了一个循序渐进的教学过程，使得教学活动的重点突出，目标落实得比较到位。

活动中教师运用谈话、讨论、互动等方式，引导幼儿关注表情的变化，同时，充分调动幼儿的原有经验，鼓励幼儿大胆表达对不良情绪的体验和感受。教师还运用“献花”的方式，直观地让幼儿感受到大家对快乐情绪的喜欢，进而鼓励幼儿寻找调节情绪的方法。活动中，教师不断地创设讨论的环节，引导幼儿积极找到应对不良情绪的好方法，逐步培养幼儿形成乐观向上的生活态度。讨论的形式也大大提升了幼儿的语言表达能力和逻辑思维能力。

整节活动思路清晰，在引导幼儿了解不良情绪对身体健康产生影响的基础上，不断引导幼儿关心身边人的情绪变化，并帮助他们调节不良的情绪体验。

这个活动对于幼儿的长远意义在于，培养幼儿积极乐观的行为品质。对于教师来说，就是要在日常工作和生活中，多关注一下幼儿的心理健康，适宜地鼓励幼儿形成积极乐观的态度。

# 65. 环境卫生好处多

设计教师: 赵秋红　评析专家: 张平

幼儿园: 北京市密云县第四幼儿园

## 设计意图

在开展“安全过夏天”的主题活动中，孩子们知道了简单的安全过夏天的方法，如防火、防电、防溺水、消灭蚊蝇、防暴晒等。在消灭蚊蝇的活动中，孩子们知道了环境的好坏与人们的生活息息相关，环境卫生，蚊蝇就少，也避免了传染病的发生。在开展防溺水的活动中，我出示了北京奥林匹克公园的引水渠，没想到孩子们在讨论的过程中，说道:“河里有许多垃圾，下去游泳不卫生。”根据幼儿的这些发现，结合《指南》中“初步了解人们的生活与自然环境的密切关系，知道尊重和珍惜生命，保护环境”的目标，我们开展了“环境卫生好处多”的活动，引导幼儿维护公共卫生，养成良好的习惯。

## 活动目标

(1) 知道维护公共卫生与健康的关系。

(2) 逐步养成不随地吐痰、不乱扔废弃物的习惯。

## 活动准备

(1) 经验准备: 幼儿具有简单的环保知识。

(2) 材料准备: 脏、乱、差、乱吐痰、乱丢垃圾的环境图片和优美环境的图片; 生活在脏乱差环境中的人和生活在优美环境中的人的图片; 判断对错的图片 1 份 (包括: 不乱丢垃圾、变废为宝、不乱吐痰、乱扔垃圾、随地吐痰、河水污染、爱护花草树木等); 1 套大图片; 儿歌《保护环境拍手歌》。

**活动重点**

逐步养成不随地吐痰、不乱扔废弃物的习惯。

**活动过程**

**1. 通过外星人贝贝，引出活动内容**

师：贝贝是一个外星人小朋友，听妈妈说地球很漂亮，他就偷偷地来到了地球，他走啊走啊，来到这个地方。

**2. 对比不同的环境对人们健康的影响，让幼儿感知环境与人们健康的关系**

（1）出示优美环境的图片，请幼儿看图回答问题。

提问：贝贝看到了什么？猜猜生活在这里的人们是什么样子的？身体怎么样？（伴随幼儿的回答，出示生活在优美环境中的人的图片）

（2）出示脏、乱、差的环境图片，请幼儿看图回答问题

提问：贝贝特别高兴，地球真的很美，他继续向前走，来到了这里，贝贝看到了什么？猜猜这里的人们生活是什么样的？对人的身体有什么影响？（伴随幼儿回答，出示脏、乱、差环境中的人的图片）

小结：环境优美，人们身体健康；环境脏、乱、差，人们身体不健康，容易生病。

**3. 引导幼儿想出改变环境的方法，教育幼儿维护公共卫生**

师：贝贝看到脏、乱、差的环境后，特别想帮助地球把环境改善好。小朋友们帮他想一想办法好吗？

小结：不随地吐痰；不乱扔废弃物；不污染河水，等等。

**4. 判断对错，巩固幼儿对维护公共卫生的认识**

（1）出示图片，鼓励幼儿根据自己的理解进行判断，看看哪个应该、哪个不应该，鼓励幼儿交流判断的理由。

（2）利用大图片，请幼儿将自己的判断结果展示在黑板上，并说出这样判断的理由。（幼儿可以有不同的判断结果）

5. 带领幼儿学习儿歌《保护环境拍手歌》

（1）教师用拍手歌形式朗诵，引起幼儿的兴趣。

（2）教幼儿学儿歌，加深幼儿环境保护的意识，帮助幼儿了解环境保护的方法。

**活动延伸**

（1）在幼儿园的一日生活中，教育幼儿保护幼儿园环境卫生。

（2）请幼儿回家后帮爸爸妈妈打扫垃圾，到幼儿园讲给其他小朋友听。

【附：儿歌】

**保护环境拍手歌**

你拍一，我拍一，美化家园不迟疑；
你拍二，我拍二，捡纸和捡塑料袋；
你拍三，我拍三，避免垃圾堆成山；
你拍四，我拍四，消灭臭虫和蚊子；
你拍五，我拍五，有痰不要随地吐；
你拍六，我拍六，瓜皮果壳不乱丢；
你拍七，我拍七，节约用水要珍惜；
你拍八，我拍八，爱护小草和小花；
你拍九，我拍九，造福社会要持久；
你拍十，我拍十，环境保护要坚持。

**专家评析**

乱丢垃圾和随地吐痰，是我们生活中常见的问题。平时，我们只是简单地用说教来告诉幼儿，要爱护我们的环境，却没有认识到方法过于武断，也没有考虑到幼儿们的兴趣和理解能力。本次活动，教师从幼儿感兴趣的外星人出发，以外星人贝贝来地球参观，充分调动起幼儿的兴趣，与贝贝一起关注地球环境，分辨生活环境的优劣与人的行为之间的关系。

活动过程中，教师首先通过对比图片，引导幼儿发现环境好和环境不好对人的影响是不同的，符合大班幼儿的认知特点，激发了幼儿改变环境的愿望，并请幼儿结合自己的经验和知识想办法改变环境，给了幼儿充分发展的空间。其次，在判断对错环节，通过直观、形象的图片，让幼儿结合自己的经验去判断对错，调动了幼儿参与活动的主动性、积极性。再次，教师将维护环境卫生的知识融入到朗朗上口的儿歌中。幼儿非常喜欢这种拍手游戏的形式，使保护环境的知识得以巩固。最后，教师鼓励幼儿从身边做起，从维护幼儿园卫生做起，对幼儿来说，这更具体、更真实。

**建　议**

（1）关于维护环境卫生的图片，教师应准备多一些，要能反映幼儿的多种答案。

（2）为幼儿准备的判断图片的内容要有代表性，反映幼儿经常见到的问题，以便幼儿理解。

## 66. 健康小卫士

设计教师：孙涛　评析专家：邢岩

幼儿园：北京市石景山区实验幼儿园

**设计意图**

吃安全的食物，是幼儿身体健康的基础，而食品保质期与食物安全密切相关。大班幼儿对于数字很敏感，每次吃带包装的食物时，都会发现包装上有一串数字。《纲要》中也指出："幼儿应知道必要的安全保健常识，学习保护自己。"所以，让幼儿明白保质期的作用，以及辨别食物的食用安全非常重要。因此，我设计了"健康小卫士"活动，通过这个活动，引导幼儿去关注食物的保质期，了解吃过期食品对身体造成的危害，增强幼儿的自我保护意识。

**活动目标**

（1）了解常用的食品安全知识，掌握简单的辨别方法。

（2）知道不吃变质的食品与自身健康的关系。

**活动准备**

（1）经验准备：幼儿认识年、月、日、数字，会看日历；事先让幼儿寻找一些有保质期的食物。

（2）材料准备：标有保质日期的字卡 1 张；各种食品（正常的食物和变质的食物）的图片 9 张；提前一周在自然角放置一个馒头、一杯牛奶，请幼儿观察食物的变化。

（3）环境准备：布置"健康超市"，里面有 4 个货柜、各种标有保质期的食品、各种物品，其中包括过期产品及无标示保质期的物品。

**活动重点**

了解常用的食品安全知识，掌握简单的辨别方法。

**活动过程**

**1. 情景讨论：肚子疼是谁惹的祸**

（1）情景表演：配班教师手里拿着牛奶，喝完后痛苦地说肚子疼。

师：你们猜一猜他为什么会肚子疼？

（2）幼儿分组讨论猜测后，分别派一名代表说一说原因。

（3）教师结合幼儿的猜测渗透卫生小常识并公布答案。

师：原来都是牛奶惹的祸，这个牛奶过期了，所以吃了才会肚子疼。吃了超过保质期的食物就会出现肚子疼、头晕、呕吐的症状，严重了还要去医院。所以，会看保质期买食物以及能够辨别食物是否变质是十分重要的，因为它关系到我们的身体健康。

**2. 认认、找找保质期**

（1）师：你们平时和爸爸妈妈购物时，有注意查看食品的保质期吗？你们知道什么是食品的保质期吗？怎样看保质期呢？（幼儿自由回答）

（2）通过“找一找”的活动，引导幼儿寻找保质期的位置。

①请幼儿来到“健康超市”，选择一种食品，寻找上面的保质期。

②请个别幼儿尝试介绍自己选择的食品。

师：你买的食品过期了吗？你是怎么知道的？保质期印在什么地方？

③鼓励幼儿当“健康小卫士”一起推算保质期，验证之前小朋友购买的食品是否过期。

④请幼儿相互之间交流自己拿到的食品的保质期在哪里，是否过期。

小结：食品有效保质期的表示方法有很多种，有的食品包装袋上会直接告诉你保质期的最后一天是什么时间；有的食品包装袋上会写上生产日期，没有标出保质的截止日期，但标明了保质期的期限是多长，这就要求我们去推算有效的保质期截止在哪一天了。所以在购买食品时，我们只要仔细识别保质期的期限，就能买到放心的食品。

**3. 观察、发现、准确辨别变质食物**

（1）出示已在自然角放置一周的馒头和牛奶，与正常的馒头、牛奶做对比，请幼儿分组观察，尝试分辨新鲜的食物和变质的食物。

（2）请幼儿分别交流自己判断新鲜食物和变质食物的方法，如气味、颜色、质地的变化等。

小结：刚才小朋友也看到了，除了观看食品的保质期，我们还可以通过食品的气味、颜色、质地的变化等来看看它是否有异常。比如，当食物长了黑斑、绿毛或者有不正常味道后，就可以判断出它变质了，小朋友记住这样的食物一定不能吃。

（3）头脑风暴：逐一出示判断图，请幼儿辨别健康的食物和变质的食物。如果是健康的食物，请幼儿拍手表示；如果是变质的食物，幼儿则不拍手，从而巩固幼儿对变质食物的认识。

（4）鼓励幼儿在日常生活中养成买东西时看保质期的好习惯。

师：通过今天的活动，小朋友们已经变成“健康小卫士”了。今后，你们在跟随爸爸妈妈去超市购物时可一定要看清楚食品的保质期，在吃食物时一定要仔细看看它是否有异常，记住变质、过保质期的食物不能吃也不能买哦！

【附：图片】

图 25

图 26

图 27

图 28

图 29

正常的食物

图 30

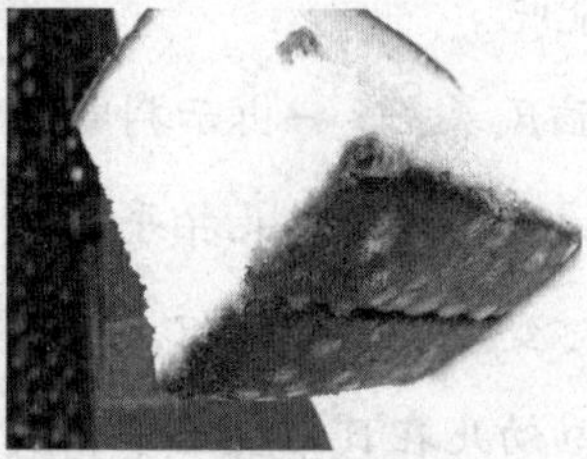

图 31

图 32

图 33

变质的食物

**专家评析**

此次活动内容新颖，符合《〈纲要〉实施细则》中提出的“既适合幼儿的现有水平，又有一定的挑战性”、“既符合幼儿的现实需要，又有利于其长远发展”、“既贴近幼儿的生活来选择感兴趣的事物，又有助于拓展幼儿的经验和视野”原则。

活动以“到超市买东西”情景贯穿其中，让幼儿在轻松愉悦的环境中进行探索学习。为了引发幼儿关注食品保质期的兴趣，教师联系幼儿的生活经验，引发他们思考：“什么是食品保质期？为什么要有保质期？吃了过期变质的食物我们会怎样？”从而自然地过渡到寻找食品保质期的位置、了解保质期的年限以及学习识别保质期的截止期限等相关问题，并且提供实物请幼儿操作，帮助幼儿获得直接经验，巩固幼儿对于保质期的认识。此外，还通过实物与照片直观地让幼儿看到变质的食物有什么特征，从而增强幼儿的自我保护意识。

**建 议**

（1）在班级创设一个角色区域“小超市”，在超市中投放各种标示保质期的食品袋、盒、瓶、罐及用品等。在区域活动中，幼儿可以当顾客挑选食品，尝试辨别保质期。

（2）活动中，教师可以把一些过期和没有过期的食品混放在一起，请幼儿分一分类，把过期和没过期的食品分出来，巩固幼儿识别保质期的能力；同时，引导幼儿学会用感官发现食品是否变质，闻一闻是否有酸味，看一看是否有霉点等。

（3）以食品保质期为引子，引出在生活中除了食品有保质期外，其他的东西也有保质期，如药品、化妆品、电池等。教师可以将这些物品一一展示，引发幼儿讨论——“为什么它们也要有保质期呢”，进一步培养幼儿健康的生活意识。

## 67. 保护牙齿

设计教师：裴立苹、王素艳　评析专家：张平

幼儿园：北京市密云县第四幼儿园

**设计意图**

开学初，牙防所给孩子们体检，结果发现我班的很多幼儿都有四五颗坏牙，需要上医院修补。幼儿期是儿童学习语言的关键期，乳前牙的大面积龋坏，不仅会影响语言的正常发展，还会影响美观，对儿童心理造成不良影响。牙齿坏了，对幼儿的进食也会造成影响，导致幼儿进食量减少，食物嚼不烂

还会对胃造成过重负担，影响消化和吸收。保护牙齿是大班健康领域的重要内容，因此我决定从幼儿熟悉的事例入手，利用科学小实验，让幼儿亲身体验龋齿形成的原因，了解预防龋齿的有关知识，从而达到教育幼儿坚持早晚刷牙、学习保护牙齿的目的。

**活动目标**

（1）了解龋齿形成的原因及预防龋齿的有关知识。

（2）学习保护牙齿的方法。

**活动准备**

（1）经验准备：幼儿做过牙齿检查，并了解一些保护牙齿的方法。

（2）材料准备：活动前两天把洗净的鸡蛋壳浸在醋里；龋齿形成过程图解，刷牙方法图解，浅龋、中龋、深龋的图片；《小红脸和小蓝脸》课件；牙刷、饼干、小镜子每人1个。

**活动重点**

学习保护牙齿的方法。

**活动过程**

**1. 欣赏课件，引出课题**

播放《小红脸和小蓝脸》课件，组织幼儿观看后，提问：动画片中的小明怎么了？他为什么会牙疼？

**2. 实验对比做铺垫**

（出示在醋里浸过的蛋壳和没有浸过的蛋壳，引导幼儿观察、讨论：

- 这两种蛋壳有何不同？（孩子们可能发表多种意见，对恰当的回答加以肯定，对不恰当的回答加以引导）
- 在醋里浸过的蛋壳为什么会变黑、变软？

**3. 找龋齿**

师：蛋壳在醋里会变黑、变软，用小镜子找一找牙齿有没有变黑或坏掉？

小结：变黑坏掉的牙齿叫“龋齿”。

**4.讨论龋齿形成的原因**

（1）发给幼儿每人一块饼干，吃完饼干后，请幼儿用小镜子观察牙齿上有什么。

（2）提问：牙缝里多了什么？饼干是什么味道的？饼干为什么会甜？

（3）出示龋齿形成的图片，讲解食物残渣中的糖在细菌作用下会分解成酸，酸会腐蚀牙齿变黑，形成龋齿。

师：小朋友们，你们知道吗？我们的口腔中有许多像小红脸、小蓝脸一样的细菌，它们很喜欢甜东西。每当我们吃了含糖的东西，这些口腔中的细菌就会吃食物中的糖类，让它们发酵、产酸。当牙齿受到口腔内酸的侵袭后，牙齿表面的牙釉质会变软、变色，在牙齿表面会形成浅洞。这时一般不会让人感到疼痛，但如果不及时进行治疗的话，洞会越变越深、越变越大，最后损伤到牙本质，造成剧烈的疼痛。这种牙体组织被腐蚀、逐渐毁坏崩解形成龋洞的过程是口腔的常见病和多发病，俗称“蛀牙”或“虫牙”。

**5.讨论如何保护牙齿，预防龋齿**

（1）引导幼儿讨论在饮食上应如何注意。

（2）出示刷牙方法的图解与牙刷，讲解正确的刷牙方法，教育幼儿养成早晚刷牙的习惯。

小结：牙齿对我们很重要，我们要保护牙齿。每天早上起床后和晚上睡觉前要刷牙，刷牙方法要正确，吃完饭后要漱口，保持牙齿的清洁，还要少吃甜食，这样才能赶走小红脸、小蓝脸这些小细菌。如果牙齿有了小洞，要及时补起来，不要让小细菌再来。

**活动延伸**

（1）在午饭后的刷牙环节，引导幼儿掌握正确的刷牙方法。

（2）与家长沟通，帮助幼儿养成早晚刷牙的好习惯。

**专家评析**

为了培养幼儿良好的卫生习惯，在幼儿园开展“保护牙齿”的健康教育活动是非常有必要的。整节活动以讲述、讨论为主，并以幼儿喜欢的动画《小红脸和小蓝脸》导入，充分调动幼儿参与活动的兴趣。活动中通过实验让幼儿观察到蛋壳在经过酸泡以后的变化；通过亲身体验的方法让幼儿更直观地了解龋齿形成的过程及原因，懂得预防龋齿的方法，并引导幼儿掌握正确的刷牙方法。

**建　议**

（1）活动形式可以更加丰富，避免“教师做、幼儿看，教师讲、幼儿听，教师问、幼儿答”的传统教学模式，尽可能创造条件让每个幼儿都有机会参与操作和体验。

（2）活动中注意抓住幼儿掉牙的契机，把牙齿浸泡到碳酸饮料中引导幼儿进一步主动探索，发现牙齿会在一段时间后消失，关注保护牙齿的重要性。

## 68. 贝贝换牙

设计教师：王素艳　评析专家：范惠静

幼儿园：北京市密云县第四幼儿园

**设计意图**

孩子们对于自己的身体中藏着的秘密有着浓厚的兴趣，他们逐步了解了自己身体的特征以及在成长过程中的变化，体验着成长的快乐。然而，关于牙齿的变化是大部分孩子又好奇又害怕的问题。对于大班幼儿来说，有一个重要的长大的标志就是换牙了，而幼儿在面对自己从来没经历的事情时，都有一种不安甚至恐惧心理，因此这个时期正是我们对幼儿开展健康教育的最佳时机。所以，针对幼儿现一阶段关注的热点，我设计了这个活动，让幼儿了解自己的牙齿，知道换牙是儿童期成长的一个重要标志，调整好心态，掌握换牙的基本常识，正确对待换牙的成长经历。

**活动目标**

（1）知道换牙常识和应注意的问题。

（2）掌握换牙期保护牙齿的方法。

**活动准备**

（1）经验准备：教师在活动前了解本班幼儿换牙的情况。

（2）材料准备：纸，彩笔，乳牙和恒牙图片，恒牙模型。

（3）人员准备：提前邀请园里的保健医生到班里。

**活动重点**

学习、掌握换牙期保护牙齿的方法。

**活动过程**

**1. 律动导入活动**

幼儿伴随音乐上台开始活动。

师：大家刚才在歌曲里都做了些什么？（“刷牙”）你们的牙齿干净了吗？请张开嘴巴让大家看一看，你们也相互欣赏一下。（幼儿互相欣赏）

师：小朋友，你们的牙齿都很漂亮，看起来也很健康。但是，有一个小朋友就没那么幸运了。究竟是怎么回事呢？咱们一起来看看这个叫贝贝的小朋友发生了什么事情。

**2. 讨论故事内容，初步了解换牙的基本常识**

（1）讲述故事，提问。

师：贝贝的牙齿怎么了？好好的牙齿怎么会掉下来呢？（引导幼儿发现是

换牙）你们知道换牙是怎么回事吗？（引导幼儿讲述有关换牙的知识）

（2）出示乳牙及恒牙图片，看图讲解。

小结：我们每个人在吃妈妈奶的时候长出来的牙叫作“乳牙”，乳牙长得比较小，也不硬。当我们慢慢长大后，到了五六岁的时候，也就是你们这个年纪，乳牙就会脱落，换上新的牙齿叫作“恒牙”。恒牙比较大而且坚硬，对人的身体发育很重要。

**3.结合自身实际，学习、掌握换牙的卫生知识**

（1）组织幼儿互相观察换牙情况，消除换牙带来的恐惧心理。

师：我们班里哪些小朋友开始换牙了？让大家看看好吗？（教师引导幼儿互相观察换牙的情况，请幼儿说一说换牙时的感受）

（2）帮助幼儿了解换牙时的卫生知识。

①不能用手晃动乳牙。

师：当你发现自己的牙齿活动了，怎么办？

②不能用舌头舔换牙部位。

师：有的小朋友会用舌头去舔刚刚长出来的牙齿，这样做对吗？为什么？（引导幼儿明白这样做会使新牙长得不整齐，不仅难看，而且会使上下牙齿不能咬合，吃东西的时候不能将食物嚼碎，影响消化）

教师利用恒牙模型给幼儿示范，帮助幼儿了解“咬合”的意思。

③克服恐惧心理，勇敢对待。

师：发现牙齿活动了，不要害怕，这是正常的现象，是长大了的表现。不过，要及时告知爸爸妈妈，加以观察。

④特殊情况下，让爸爸妈妈带领去看牙医。

师：有些小朋友的乳牙还没有掉，新牙就在旁边长出来了，这时该怎么办呢？（让有这种情况的幼儿说一说自己的感受，使幼儿知道应该让爸爸妈妈带着到医院请医生帮助拔掉乳牙，让恒牙正常地生长；此外，还可以到医院

检查新牙没有长出来的原因）

4. 了解保护牙齿的方法

（1）组织幼儿交流保护牙齿的方法。

师：当我们换牙齿的时候，应该怎样保护新牙齿呢？

（2）请保健医生小结。

师：除了你们说的这些方法，还有其他保护牙齿的方法吗？我们请保健医生给大家讲一讲。

**活动延伸**

鼓励幼儿在美工区绘制保护牙齿的宣传画。

**专家评析**

“生活即教育”是陶行知先生“生活教育”理论的核心，也是幼儿园健康教育的基本理念，“贝贝换牙”这一活动就充分地体现了这一点。

首先，注重从生活中寻找教学资源。本活动是教师根据本班幼儿的年龄和心理特点，捕捉幼儿生活中有教育意义的内容，及时地把幼儿生活中的新问题、社会中的新信息吸收到教学内容之中。学习是为生活服务的，通过教学活动使目标得到了真正的落实。其次，教学过程呈开放性。活动中，通过让幼儿观察、集体谈话、日常生活中的练习，再加上创设的一些生动形象的问题情景，使幼儿无论是换牙还是每天刷牙都处于动态的交互过程中。在这个过程中，教师既是观察者，又是引领者和教育者。所以，生活活动不是单一空洞的说教，而应是多途径、多形式的教育活动。只有这样，才能真正地从知、情、意等方面让幼儿掌握良好的生活及卫生习惯。最后，使幼儿了解了换牙期的主要常识和多种保护牙齿的方法，为幼儿今后的牙齿健康奠定了基础。

# 69. 我的骨骼

设计教师：王云飞　评析专家：陆晓燕

幼儿园：北京市房山区房山幼儿园

**设计意图**

幼儿升入大班后，幼小衔接工作就成了家长们关注的重点，但家长们更关注知识的准备，却忽略了心理准备、行为准备等重要方面。良好的行为习惯对于幼儿是很重要的，幼儿正处在身体生长发育较快的时期，书写、坐、站等姿势对于幼儿的骨骼发育有很大的影响；不良的姿势会使骨骼变形，形成脊椎侧弯、驼背、肩膀不一样高等。为此，我班开展了主题活动“我的骨骼”，引导幼儿认识自己骨骼的功能，了解保护骨骼的方法，并和同伴、老师一起小结正确的坐、站、行、书写等姿势，使幼儿知道身体脊椎正直的重要性，从而养成健康的生活习惯。

**活动目标**

（1）了解骨骼的功能以及保护骨骼的正确方法。

（2）逐步养成正确的坐、站、行、书写姿势，保持身体脊椎正直。

（3）培养健康的生活习惯，为今后的学习生活打好坚实的基础。

**活动准备**

（1）经验准备：幼儿观看人体骨骼模型，知道人体部分骨骼名称（如锁骨、颈椎等）。

（2）材料准备：人体骨骼图，正确和不正确的坐、站、行、书写姿势图。

**活动重点**

了解保护骨骼的正确方法。

**活动过程**

**1. 骨骼的名字**

师：摸一摸自己身上哪里有骨骼？看看人体骨骼图中的骨骼是什么样子的？（出示人体骨骼图）

提问：小朋友看看这是什么图？你能说出那些骨骼的名字吗？摸一摸自己的骨骼并告诉小朋友你知道的骨骼的名字。

**2. 骨骼本领大**

（1）提问：骨骼对我们有什么用呢？（引导幼儿讨论并发言）

小结：骨骼是人体的支架，有了它才能运动，五脏六腑才有活动的空间并且不被挤压。

（2）讨论：骨骼对我们很重要，要怎样保护它？（幼儿发言，教师在黑板上记录，记录后师幼一起小结保护骨骼的方法。）

（3）教师引导幼儿观察并介绍脊椎，引导幼儿说一说脊椎对我们有什么用。

①出示第一张图片——一个脊椎正直的小朋友，引导幼儿说一说这个小朋友的脊椎是什么样的。

②出示第二张图片——一个脊椎不正直的小朋友，引导幼儿说一说这个小朋友的脊椎是什么样的。

师：两幅图比较，那个小朋友的脊椎更健康？为什么？

③讨论：怎样才能拥有健康的脊椎？

（4）幼儿自由分成四组，讨论正确的坐、站、行、书写等姿势。

（5）收集各组记录表。

请四组发言代表发言，教师将正确的姿势总结在大表格中。

（6）出示正确的坐、站、行、书写姿势的照片，对幼儿讨论出来的正确姿势进行验证，并引导幼儿模仿。

（7）幼儿围坐成一个圆圈，请四组演示的小朋友带领全班幼儿练习正确的坐、站、行、书写姿势。

**3. 走秀**

引导幼儿模仿时装模特，用正确的姿势走出教室。

**活动延伸**

家园共育：请家长在家引导和监督孩子走路、站、坐、书写的正确姿势。

**专家评析**

本次活动目标明确，结构合理，活动前幼儿有了大量的认识骨骼的前期经验做铺垫，如观察骨骼图片、认识骨骼名称等，激发了幼儿的兴趣，使幼儿对骨骼知识并不陌生。在讨论的过程中教师继续以人体骨骼图片为引导，激发了幼儿对已有经验的回忆和表达的愿望，使幼儿在讨论中能够积极发言。在活动过程中，教师围绕目标展开提问，出示的图片清晰、明了，使幼儿能够积极观察、思考并投入到讨论中，通过同伴间的讨论和教师的小结，得到正确的知识。

活动过程中，幼儿讨论多、发言多，教师说教少，有助于幼儿自主性的发挥。最后教师及时与幼儿小结，找出最合理、最科学的自我保护的方法，引导幼儿自觉地养成正确的生活习惯。

使用分组讨论的方式引导幼儿开展同伴间的学习，并在小组中自主地推选发言人、记录人、演示人，在总结后请每一组的演示人演示正确的坐、站、走、书写四个姿势，更加深了幼儿对正确姿势的认识。同时通过集中、分散再集中的教育手段，使幼儿在活动中的有意注意能够一直占主导地位，突出了本次教育活动的实效性。

**建 议**

将本次活动讨论得出的正确姿势，运用于一日生活的其他活动中，让幼儿时刻注意自己的姿势，逐步养成良好的行为习惯。

## 70. 保护眼睛

设计教师：孙建霞、王素艳　评析专家：范惠静

幼儿园：北京市密云县第四幼儿园

**设计意图**

眼睛是我们身体的重要器官。随着孩子们年龄的增加，看书、画画的机会日益增多，保护眼睛就显得日益重要。此活动旨在让幼儿多方面收集资料，在充分的讨论和体验下，知道保护眼睛的重要性，掌握保护眼睛的基本知识，并在日常生活中了解正确用眼、安全用眼、卫生用眼等方法，注意保护自己的眼睛。

**活动目标**

（1）知道保护眼睛的简单常识和方法。

（2）懂得爱护自己眼睛的重要性。

**活动准备**

（1）经验准备：事先对班级幼儿的视力进行了解。

（2）材料准备：收集有关眼睛方面的资料；幼儿太阳镜人手1副，并在镜片上涂上油脂，使眼睛看东西模糊；挂图《眼睛生病了》。

## 活动重点

了解保护眼睛的正确方法。

## 活动过程

### 1. 猜谜语导入活动

教师出示谜语：有趣有趣真有趣，小小两颗黑葡萄；白天躲在草丛里，晚上急忙盖被子。这个谜语的谜底是人的一个器官，小朋友能猜出是什么吗？（“眼睛”）

### 2. 观察眼睛图片

教师出示眼睛的大图，引导幼儿观察眼睛。

### 3. 了解眼睛生病的原因

（1）教师提问：我们的眼睛重要吗？为什么重要？（幼儿自由讨论）

（2）出示挂图《眼睛生病了》，提问：这个小朋友为什么要揉眼睛？他的眼睛怎么了？眼睛会生什么病呢？（“近视眼、红眼病、沙眼、结膜炎、麦粒肿等”）

（3）讨论：眼睛为什么会生病？（“用脏手帕擦眼睛；用脏手揉眼睛；眼睛看书或看电视太疲劳；坐姿不端正等”）

### 4. 体验失去眼睛后的不便

（1）请幼儿分别在睁开眼睛时与闭上眼睛时写出自己的名字进行比较，让幼儿来交流一下当眼睛看不见时写字的感受，从而感受眼睛的重要性。

（2）请幼儿分别观看清晰的、模糊的、黑色的图片，体会正常视力、近视及失明人的感受。

（3）请幼儿戴上涂了油脂的太阳镜，感受看不清东西的感觉。

### 5. 讨论：怎样保护视力

（1）出示图片，组织幼儿讨论这些小朋友的做法对不对并说明原因。

（2）师幼共同总结保护视力的方法，如下：

● 看电视时，距离电视 2 米以上，看电视时间不能过长；

● 看书时身体要坐正，不能趴着或仰着看书；

● 看书时间长了，要休息或向远处看或看绿颜色的植物；

● 不能在太强或太弱的光线下看书；

● 写字时，眼睛距离桌面要有 30 厘米远；

● 多吃胡萝卜对保护视力有很大的好处；

● 平时毛巾、脸盆等要专人专用，并定期消毒或清洗，防止相互传染；

● 眼睛生病了要及时去医院就医。

6. 做“眼保健操”

教师和幼儿一起听着音乐来做“眼保健操”，一起来学习保护眼睛的方法。

小结：眼睛是心灵的窗户，让我们从现在起就养成爱护眼睛的好习惯，让每一个人都有一双明亮的眼睛。

**活动延伸**

（1）在日常生活和学习中，随时提醒幼儿注意保护自己的视力。

（2）把有关保护眼睛的资料和图片装订成册，投放在阅读区。同时，在阅读区的墙面上粘贴保护眼睛的方法图片，比如，看书时间不能太长、不在强光和弱光下看书、眼睛离书本应该有 30 厘米远等。

**专家评析**

眼睛是我们心灵的窗户，没有眼睛我们的生活将没有阳光。近年来，有报告指出，我国青少年近视、散光、斜视等眼病发生率逐年增加，并且呈低龄化趋势；近视发生率上升为世界第二位。近视眼也正向低龄化发展，中小学生视力下降已成为影响青少年健康成长的严重问题。现在很多小朋友都不怎么爱护眼睛，不是打架时打伤眼睛，就是写字、玩玩具时碰伤、戳伤眼睛；用眼时间长，不注意休息；而成人后的各种视力问题也多是由小时候的不良用眼习惯造成的。因此，“保护眼睛”这一内容具有一定的教育价值，既符合幼儿的现实需要，又有利于其长远发展；既贴近幼儿的生活，又有助于拓展幼儿的知识经验。尤其是大班幼儿即将进入小学阶段，学会保护眼睛更是必要的。

活动中，教师采取了多种教育方式，引导幼儿主动学习。活动开始，教师用一则生动的谜语引入活动主题，然后出示眼睛的大图引导幼儿观察眼睛的结构，张贴挂图引导幼儿了解眼睛生病的原因，接着引导幼儿认识眼睛的重要性。在这个环节，教师利用睁开眼睛时与闭上眼睛时分别写出自己的名字进行比较，让幼儿深刻体会眼睛的重要作用，最后很自然地过渡到如何保护好自己的眼睛，整个活动过程流畅，重难点突出。

整个活动，教师运用了动静交替的原则，教学形式不断变化，环环相扣；教学内容由浅入深、循序渐进，使幼儿始终保持积极的学习态度，真正成为了学习的主人。

### 建　议

（1）引导幼儿小结保护眼睛常用的一些方法，并编成儿歌，让幼儿记住并应用到生活中。

（2）教师的教具准备要充分，要能反映出幼儿的多种答案；学具准备数量要充足，要能满足每个幼儿自主选择、自主探索的需要。

# 71. 保护自己办法多

设计教师：张雪梅、陆晓燕　评析专家：张平
幼儿园：北京市房山区房山幼儿园

**设计意图**

大班幼儿的身体器官仍处于不断发育的过程中，机体易受损伤。而且，大班幼儿只具有简单的日常自我保护意识，如人多不乱跑、车多不自己走、玩玩具注意安全等，而对身体内部器官的保护没有意识。他们不了解身体内脏器官的主要功能，不知道身体器官的保护对身体健康的作用，所以，培养大班幼儿对身体内部器官的保护意识就显得尤为重要。《〈纲要〉实施细则》中也指出："要引导幼儿初步了解自己身体主要部位的功能及保护方法。"因此，我设计此活动让幼儿了解自己身体的重要器官以及保护方法，促进幼儿的身体健康。

**活动目标**

（1）初步了解身体主要内脏的部位、功能及对人体健康的影响。

（2）知道心脏、肺、胃、肠道的主要作用和保护方法。

**活动准备**

（1）经验准备：请幼儿和家长收集有关于人体心脏、肺、胃、肠道的知识。

（2）材料准备：人体挂图、心脏图片、肺的图片；食物的消化吸收 PPT、心脏工作的 PPT；饼干。

**活动重点**

知道人体内脏的主要作用和保护方法。

## 活动过程

**1.张贴挂图，引出主题**

（1）张贴挂图，引导幼儿观察，帮助幼儿了解人体主要器官的位置及名称。

（2）鼓励幼儿在自己的身体上相应地找到心脏、肺、胃、肠道的位置。

**2.出示图片，帮助幼儿逐一了解身体的内脏器官**

（1）出示图片——心脏。

①提问：关于心脏，你都知道什么？它是什么形状的？像什么？它在我们身体的什么位置？（请幼儿讲述自己了解的有关心脏的知识）

②请幼儿快速跳跃20下后，把手放在心脏的位置，提问：你发现了什么变化？

③提问：请小朋友互相听一听，能听到什么声音？你知道的心脏有什么作用？

④在幼儿讲述自己的看法后，教师进行小结：心脏像人体的发动机，日夜不停地跳动，将血液送到全身的各个地方，使身体得到营养物质和氧气，让我们的身体保持健康。

（2）出示图片——肺。

①提问：跟我们小朋友呼吸有关系的器官，你们知道是什么吗？

②师：小朋友你们看，这个就是人体的肺，你们知道肺有什么作用吗？请你将嘴巴、鼻子都捂上，试一试有什么感觉。

小结：肺是人们气体的交换站，它在人体胸腔左右各一片。没有它，人就无法呼吸了。

（3）出示图片——胃、肠道。

①提问：你们知道我们每天吃进去的东西都跑哪里去了吗？

②播放PPT演示食物经过口腔、通过食道、到达胃、再经过肠道的过程。

提问：食物都经过了哪些器官？你们知道胃有什么功能吗？肠道有什么

功能吗？

③体验游戏：给每个幼儿1/4块饼干，先请幼儿大口快速地咀嚼后咽下。再给幼儿1/4块饼干，请幼儿慢慢地咀嚼然后吃下，请幼儿讲述两种方法的区别。

提问：两次吃饼干，你有什么不一样的感觉？我们怎样做才能够保护我们的肠胃？

小结：我们吃的食物经过牙齿咬成小块，然后进入胃里被再次磨碎，成为细小的颗粒。因为磨碎的食物容易被小肠吸收。大肠不能吸收营养，人体的大便是在大肠内形成的。

3.组织幼儿谈论怎样保护自己的内脏

师：人体的内脏器官这么重要，我们要怎样来保护呢？（让幼儿自由表达）

小结：人身上的器官就像玩具的零件，当有零件出现问题的时候，玩具就不能很好地使用了（出示玩具，演示出现问题后，玩具不能正常地使用）。当我们身体的器官出现了问题，身体就会感觉不舒服。所以我们只有爱护我们的内脏，它们才能正常地工作。所以平时我们要注意多锻炼，多呼吸新鲜空气，少吃或不吃生的、凉的食物，多喝水，这样我们身体内的器官才不容易生病。

**活动延伸**

（1）在日常生活中，请幼儿在剧烈运动后观察自己身体的变化，并说出适宜的保护方法。

（2）在班级内张贴人体挂图，帮助幼儿了解有关人体的知识。

（3）在图书区投放人体重要器官的挂图，鼓励幼儿在区域游戏时互相交流，增加有关人体的知识。

（4）建议家长，当幼儿在生活中因为吃冷饮、剧烈奔跑等而感到身体不适时，随机对幼儿进行教育。

**专家评析**

身体器官是幼儿所不熟悉的领域，因此帮助幼儿获得有关身体内脏器官的知识，学习自我保护的方法就显得尤为重要。此活动具有以下优点：

（1）目标来源于《纲要》，对幼儿的生活有重要的意义。此次活动内容贴近幼儿的生活，从幼儿生活中来，在生活中展开。大班幼儿正处于好奇心旺盛的阶段，他们关注身体的变化，所以此次活动中关于人体器官的详细观察内容，符合幼儿的年龄特点，也符合《纲要》的要求。同时，自我保护意识缺乏是幼儿普遍存在的问题，通过这次活动，能够让幼儿获得安全的意识，学会保护自己。

（2）引导幼儿通过亲身体验、亲自感知获取知识。直接经验感知、操作和游戏是幼儿学习的主要方式。此次活动中，教师利用人体挂图、各种 PPT，帮助幼儿了解器官名称；通过同伴间的听一听、找一找等活动提升幼儿的兴趣，增强幼儿对器官位置、功能的认识；通过蹦跳、憋气、大口吃食物等活动，让幼儿亲身感受身体的变化，从而得到相关的知识，这对幼儿来说是至关重要的。因为幼儿是积极的活动者和主动的学习者。

（3）能够使幼儿在幼儿园的一日生活中主动运用所学的知识，自觉地保护内脏器官。户外活动时，看到好动的男孩子奔跑时，会有人主动告知他这样对心脏不好；户外回来喝水时，幼儿间也能够互相提醒一次不能喝太多；进餐时，他们能够慢慢地咀嚼，再也不用老师提醒吃慢一点；回家后，看到家人吃冷饮时，他们也会主动告知这样对肠胃不好。通过此次活动，幼儿有了保护身体的意识。

**建 议**

在经验准备阶段，教师可以在班级环境中提前布置出人体的结构图，激发幼儿了解身体秘密的好奇心，然后主动地去收集相关材料，而不是在家长和老师的提示下完成，这样幼儿的主动学习意识会更强。

# 72. 我和笔朋友做游戏

设计教师：张秋媛、陆晓燕　评析专家：张平

幼儿园：北京市房山区房山幼儿园

## 设计意图

大班幼儿有一定的握笔经验，也在美工区使用各种笔进行过绘画活动，在阅读区运用铅笔进行过描红练习、书写姓名。为了尽快让大班幼儿适应小学的生活，理解笔在学习中的作用，知道用笔书写是学校学习的主要途径，只有掌握正确的书写和握笔姿势，才能进行有效的学习，同时依据《指南》中本学期大班幼儿"要会正确书写自己的名字"的要求，我设计了此次活动。通过活动，鼓励幼儿在区域活动中进行书写练习，尝试使用多种笔进行书写、绘画，如用铅笔书写数字、姓名；在户外活动中，用油画棒、粉笔来绘画等。

## 活动目标

（1）掌握正确的书写握笔姿势。

（2）尝试学习使用各种书写工具，促进小肌肉的发展。

## 活动准备

（1）经验准备：幼儿在生活中使用过笔，并学习了握笔方法小儿歌；会书写简单的数字。

（2）材料准备：铅笔、荧光笔、水彩笔等各种笔；橡皮、垫板等学具。

## 活动重点

掌握正确的书写握笔姿势。

**活动过程**

**1. 观察操作纸，和粉笔做游戏**

师：今天，老师给你们每个人带来了游戏操作纸，我们一起来看一下，你们在操作纸中发现了哪些秘密？（教师出示操作纸，见图34）

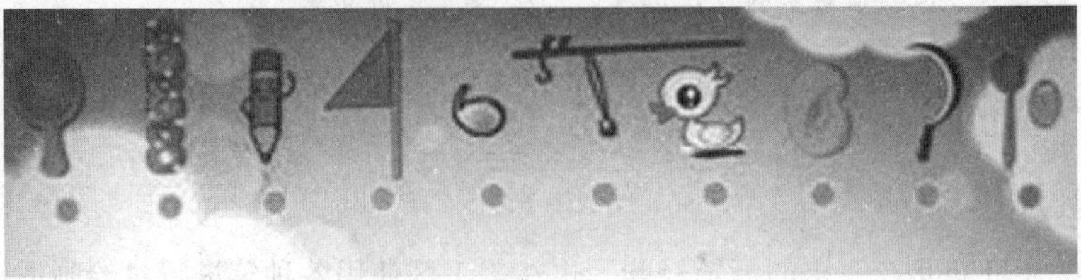

图34

幼儿猜测图片上的图案分别表示哪些数字，并勇敢地到前面来，用粉笔写在相对应的图案下面。

**2. 写数字，与铅笔做游戏**

（1）师：你们都和铅笔朋友做过什么游戏吗？（“玩过走迷宫的游戏”、“玩过找规律的游戏”、“玩过连线的游戏”）

师：你们还记得是怎样握笔和笔朋友做游戏的吗？

（2）教师演示数字0—9的书写顺序，并配有书写数字儿歌。幼儿可以跟着教师一起边说儿歌边用铅笔写数字。同时，引导幼儿观察身边同伴的握笔姿势并进行讨论，了解正确握笔姿势的要点。

**数 字 歌**

1像铅笔细又长，2像小鸭水上漂，

3像耳朵听声音，4像红旗迎风飘，

5像秤钩来买菜，6像哨子嘟嘟响，

7像镰刀割青草，8像麻花拧一圈，

9像勺子来盛饭，10像棍子打棒球。

**3. 不同的场合和不同的笔做游戏**

（1）带领幼儿复习握笔儿歌。

师：我们一起来复习一下握笔儿歌——小小笔，手中拿，老大老二紧握笔，老三笔下稳稳垫，无名指头藏中间，小拇指头坐桌上，笔儿紧靠老虎口，写起字来稳又好。

（2）提出任务和注意事项。

师：今天老师给你们带来了各种笔，希望你们用自己手中的笔完成下面的任务。在小朋友书写的时候，一定要注意身体和桌子的距离要一拳，眼睛离书本的距离要一尺，笔离纸的距离要一寸，保持好“三个一”。（在教师的提醒下，幼儿坐好，开始准备分组活动）

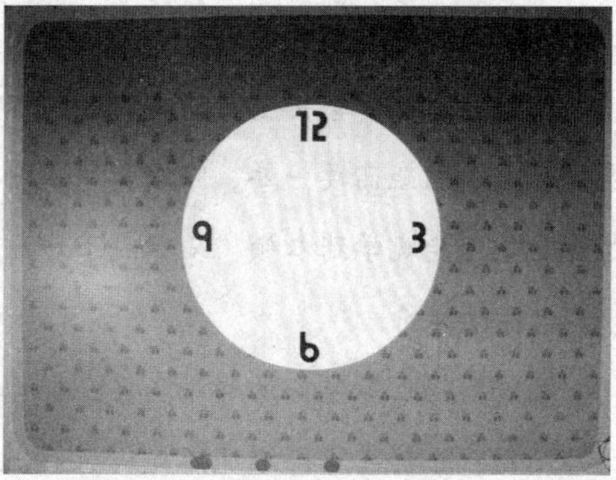


图 35

（3）幼儿自由选择内容，分组操作。

爱心组：用水彩笔填写未完成的表盘（见图 35），制作钟表。

图 36

聪明组：使用荧光笔把从图片上（见图 36）找到的数字都记录在对应的图片旁。

友爱组：使用铅笔把自己的生日或好朋友的生日记录在表格里，想想怎样让大家看得更清晰。可以参考日历墙，或者询问自己的好朋友（见图 37、图 38）。

图 37

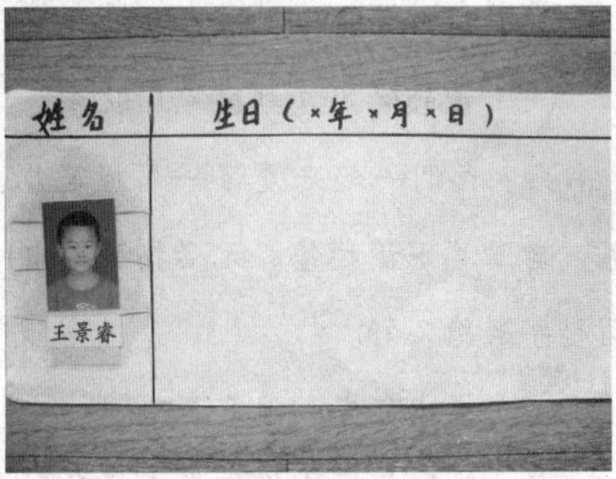


图 38

（4）每组派一名代表来讲解自己组的成果。

小结：我们和笔朋友做游戏的时候不能打闹，要注意保持“三个一”，即身体和桌子的距离要一拳，眼睛离书本的距离要一尺，笔离纸的距离要一寸。这样我们才能既学到本领，又养成了好习惯。

**4. 活动评价**

表扬写得干净整齐的幼儿。

小结：把数字写得漂亮不是一天两天就能做到的，需要每天练习。所以小朋友要从小把字写得一笔一划、方方正正，不要着急。

### 活动延伸

（1）在班级图书区中，开设“我要做个小学生”区角，摆放幼儿书写用的课桌以及书本、各种学具、台灯等，让幼儿练习书写握笔的正确姿势。

（2）请幼儿回家把自己学到的新本领展示给爸爸妈妈看。

### 专家评析

本活动为幼儿入小学做了很好的幼小衔接准备工作。

活动中，教师尊重幼儿的选择，让幼儿把学习当成一种分享。通过游戏、儿歌和体验活动，幼儿感受到了书写数字的快乐，学习了数字的笔顺，运用儿歌的形式牢记了握笔和书写坐姿的正确方法，了解了数字在生活中的运用，并且逐渐喜欢书写数字，喜欢尝试使用各种书写工具。

**建 议**

在益智区投放有书写笔顺箭头提示的数字操作板，让幼儿在区域游戏时用笔来练习正确的书写方法。

## 73. 我的发现

设计教师：张雪梅、陆晓燕 评析专家：张平

幼儿园：北京市房山区房山幼儿园

**设计意图**

大班幼儿活泼好动，喜欢尝试一些有难度、冒险的动作，但他们缺乏自我保护意识。同时，他们又不太关注自己身体的变化，因此我们常常看到膝盖流血的幼儿还在奔跑。而随着环境的变化，一些常见的传染病渐渐活跃，但由于幼儿、家长缺乏一些必要的医疗知识，常常耽误对疾病的诊治。《〈纲要〉实施细则》中指出："要让幼儿掌握简单的自护方法。"因此，我设计了此次活动，旨在让幼儿能够发现身体的变化，了解一些常见流行疾病的外在表现，学习保护自己，同时了解传染病的症状及预防方法。

**活动目标**

（1）主动关注身体的诸多变化，初步知道生病、外伤等显著的现象。

（2）了解有关传染病的预防方法。

**活动准备**

磕碰伤、发烧、出水痘图片，幼儿去医院看病的图片，介绍传染病知识的视频，PPT（内容包括健康饮食、勤洗手、勤换衣洗澡、不去人多的

场所等）。

**活动重点**

了解有关传染病的预防方法。

**活动过程**

**1. 出示图片，导入活动**

出示幼儿看病的图片，提问：这是哪里？你从哪里看出来的？小朋友在干什么？

**2. 了解外伤、传染病的症状**

（1）出示磕碰伤图片。

师：图片中的小朋友怎么了？什么时候会出现这种情况？你还见过什么伤口？有了外伤怎么办？怎样才能不出现这种情况？（请幼儿讲述有关外伤的基本症状以及预防方法）

小结：其实许多外伤都是可以避免的，小朋友在日常生活中多注意就能够不出现这些伤口。一旦身体有了小的伤口，小朋友也不要紧张，要及时请大人帮忙消毒、清洗、上药。如果是特别严重的伤口，小朋友就要及时到医院去。最重要的是，小朋友在生活中要多注意，避免出现伤口，保护好自己。

（2）出示发烧图。

师：这个小朋友怎么了？猜猜他得了什么病？当你感冒发烧时，身体有什么感觉？感冒发烧后，我们应该怎么样做？（鼓励幼儿大胆地讲述自己发烧时家人的做法，学习简单的自我保护知识）

小结：发烧并不可怕，也不要马上就吃药。当体温在38.5度以下时，小朋友可以请爸爸妈妈为自己物理降温，用毛巾擦拭身体的脖子、腋窝、大腿根等部位。如果一直高烧就一定要去医院。小朋友要多吃清淡的食物，多喝水，注意休息，就能够很快恢复健康。

（3）出示传染病——水痘图。

①出示局部放大的水痘图。

师：请你猜一猜这是什么？（幼儿猜测后，出示小朋友身体有水痘的图片）

师：长在身体上的小水泡叫什么名字？谁得过水痘？得了水痘身体有什么变化？（请幼儿相互介绍自己了解到的有关水痘的知识）

②请幼儿介绍自己了解的传染病名称。

师：你还知道哪些传染病？得了传染病身体会有什么变化？有什么感觉？（鼓励幼儿讲述自己了解的传染病特征、患病后身体的感觉以及对身体的危害）

③播放传染病知识的相关视频介绍，拓展幼儿的知识面，让幼儿了解传染病的症状。

小结：水痘等都是传染病，得了传染病，要在家隔离21天。饮食上，要吃流质及半流质食物，如绿豆汤、粥、小麦汤粥面片、龙须鸡蛋面等，要多饮开水。要多开窗，保持室内空气流通、清新。尽量保持室内适宜的温度和湿度，避免受寒，避免并发症的发生。此外，还要保持清洁卫生，勤洗手、勤换衣裤、勤晒被褥，衣着宽大透气。

**3. 预防传染病**

（1）提问：传染病这么厉害，那我们怎样才能不得传染病？（引导幼儿从卫生、食物、环境等方面进行讲述）

（2）播放PPT，小结预防知识：传染病很可怕，预防很重要。我们一定要注意生活卫生，勤洗手、勤换衣服，不去人多的场所，多吃健康的食物，多参加体育锻炼，提高身体抵抗力。

**活动延伸**

（1）区角活动：请幼儿在美工区通过绘画方式，制作预防外伤、传染病的相关知识的宣传海报；在图书区投放有关传染病的书籍。

（2）生活方面：提示幼儿夏季每天洗澡换衣，冬季每周洗1～2次澡，每天洗脚换袜子；在日常生活中提示幼儿注意勤洗手，尤其是饭前、便后、外出回来后。

（3）家园共育：建议家长和幼儿共同制订“我是健康好宝宝”的计划表，将幼儿每天讲卫生的事情进行记录，以便幼儿形成良好的卫生习惯。

（4）环境方面：在幼儿园的水房、厕所等地方，张贴宣传画以及正确洗手、刷牙、便后冲厕的海报，提示幼儿掌握正确的方法。

**专家评析**

此次活动目标定位非常准确，符合大班幼儿目前的年龄特点与现状，能够丰富幼儿的传染病预防知识以及自我保护知识。通过这样的活动能够让幼儿在日常活动中多关注自己身体的变化，保证幼儿身体的健康。

活动过程层层递进。第一，教师选取幼儿生活中的情况如感冒发烧、小外伤等，这样的内容贴近幼儿的生活，幼儿经常接触到，同时自身也有较多的经验，所以幼儿在看图片讲述的过程中，能够将生活经验进行迁移。第二，通过对普通疾病的讲解过渡到传染病，活动内容递进了一步，因为水痘的发生一般都伴随着发热症状，所以从发热到水痘，让幼儿的思想进一步递进。活动从引导幼儿观察入手，鼓励幼儿进行大胆表达，然后讲述预防方法，锻炼了幼儿的观察能力、语言表达能力及自我保护能力。第三，活动内容从具体的症状到抽象的保护方法，层层递进，便于幼儿掌握。

通过活动，幼儿获得了更加系统的自我保护知识，并且能够在日常生活中灵活地运用。比如，在户外活动中发生磕碰现象后，懂得观察身体的变化，看到流血、红肿等症状时知道告诉教师及时处理；在饭前、便后、活动后懂得勤洗手，知道了预防疾病的基本方法，懂得把好入口关。

**建 议**

如果在教学过程中，班级中正好有某个小朋友生病，教师可以直接电话联系他，让他讲述自己现在的感受，相信其他幼儿更会感同身受，也能够激发幼儿的讲述欲望与活动积极性。

## 74. 交通安全伴我行

设计教师：王昭　评析专家：陈颖

幼儿园：北京市丰台区第五幼儿园

### 设计意图

幼儿好奇心强、爱探索，在乘车时，经常会出现在车内溜达、跪在椅子上、将脖子伸到车窗外看等一些不正确的行为。这种不正确的乘车方式会带来很大的安全隐患。《指南》明确指出："5—6 岁幼儿能自觉遵守基本的安全规则和交通规则。"因此，引导幼儿学会安全乘车，是非常重要的教育活动。针对幼儿乘车出现的上述问题，我设计了一节"交通安全伴我行"的活动，帮助幼儿充分了解乘坐交通工具时的安全常识。

### 活动目标

（1）了解乘坐汽车、火车、飞机等交通工具出行的安全常识。

（2）学习乘坐几种常见交通工具的方法和要求，确保安全出行。

### 活动准备

（1）经验准备：幼儿都有乘坐公共汽车的经历，部分幼儿有乘坐火车、飞机的经历；以家园互动的方式，使幼儿了解乘坐交通工具的安全常识。

（2）材料准备：风景名胜图片、交通工具图片、人们乘坐交通工具时不正确的做法图片，黑板。

**活动重点**

学习乘坐几种常见交通工具的方法和要求，确保安全出行。

**活动过程**

**1.创设去旅行的情景，激发幼儿的兴趣**

（1）出示3张风景名胜的图片（天安门广场、西藏布达拉宫、法国埃菲尔铁塔，见图39、图40、图41），创设去旅行的情景。

图39

图40

图41

师：这3个地方分别是哪里呢？

（2）出示3种交通工具图片（汽车、火车、飞机，见图42、图43、图44）。

图42

图43

图44

（3）引导幼儿结合已有的经验，将交通工具与要去的景点进行配对连线。

小结：人们可以乘坐汽车去天安门广场；乘坐火车去国内的西藏布达拉宫；乘坐飞机去国外的一个地方，如法国埃菲尔铁塔。人们要去的目的地远近不同，选择的交通工具也是不同的。

**2.图片纠错，帮助幼儿了解错误行为的危险性**

出示几张乘客乘坐汽车、火车、飞机时出现的不正确行为的图片（见图45、图46、图47）。

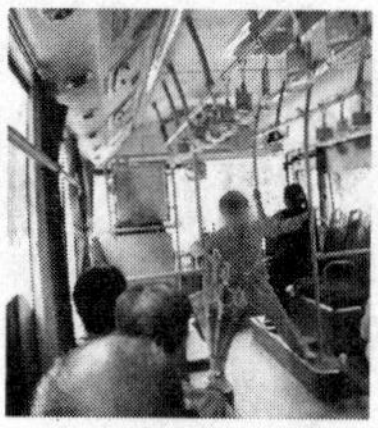
图 45

图 46

图 47

师：图片中的乘客在做什么？这样做对吗？为什么？

小结：把头探出疾驰的火车窗外、在飞行中的飞机上打电话、在行驶的公交汽车上嬉闹都是非常危险的行为，人们很容易受伤。尤其是在飞机上打电话，还会干扰飞机的飞行，严重的甚至导致飞机出事。因此，小朋友在乘坐这些交通工具时，一定要引以为戒。

**3.组织幼儿分组讨论乘坐各种交通工具时应注意的问题**

（1）引导幼儿结合已有经验回忆自己平时乘坐交通工具的安全方法。

（2）请幼儿自主选择愿意搭乘的交通工具，分成三组，分别是汽车组、火车组、飞机组。

（3）组织幼儿分组讨论：在乘坐汽车、火车、飞机时，身边的家人或者工作人员会提示乘客些什么？

在幼儿回答时，教师进行梳理小结，并在黑板上记录乘坐不同交通工具的安全方法。

**4.引导幼儿找出乘坐这三种交通工具的相同处及不同处**

相同处：不能随处走动，要扶好坐好，排队上下汽车、飞机、火车等。

不同处：乘坐汽车、火车时，不要将身体某一部分伸出窗外；乘坐飞机时，要系好安全带，不要接打电话，等等。

教师要引导幼儿了解不同种的交通工具的安全隐患也各不相同，并使幼儿了解其危险原因及严重后果。

**5.角色扮演，巩固幼儿的安全常识**

以乘坐汽车、飞机、火车时错误的照片为背景，请幼儿扮演乘务员对乘客进行服务并对图片中出现的安全问题进行正确的提示。

（1）在幼儿表述的过程中，要鼓励幼儿使用礼貌用语，完整、大胆、流畅地进行表述。

（2）鼓励幼儿投票选出每个客运小组中的“优质乘务员”。

**活动延伸**

（1）当幼儿在户外玩滑梯及器械时，引导他们做到先下后上，不推挤打闹。

（2）在表演区创设乘车时的场景，鼓励幼儿进行角色扮演游戏，引导幼儿用礼貌用语服务于乘客；在益智区投放自制的交通安全棋，让幼儿在游戏中巩固对乘坐交通工具时正确与错误行为的认识。

（3）家园共育：请家长在带领孩子出行的过程中，提示并监督幼儿做到安全文明乘车，并对幼儿好的表现及时进行表扬；家园配合开展“文明安全小标兵”的班级评选活动，鼓励幼儿自觉做到安全文明乘车。

**专家评析**

生活中孩子每天都会遇到有关出行的实际问题，如何做到安全出行是很多家长在教育上容易忽视的问题，王老师设计的这节“交通安全伴我行”活动恰好弥补了家庭教育中的不足，可以更好地让幼儿掌握安全出行的意义和方法。从目标上看，教师将重点定位在汽车、火车、飞机这三个幼儿经常接触到的交通工具上，是非常贴近幼儿生活的。

教师首先采取分组讨论与教师总结相结合的方式帮助幼儿建立出行安全的意识，确保幼儿掌握乘坐各种交通工具时应具备的安全知识，避免出现各种危险动作及不适宜行为。其次，利用乘坐三种交通工具时相同的要求和不同之处，巩固幼儿对于安全要求的理解。最后，通过角色扮演的形式丰富课堂内容，调节课堂气氛，让幼儿在表演和欣赏的同时再次感受安全出行的方式方法。

幼儿在学习过程中充满了激情，因为活动来源于他们的生活，能够有效地激发他们对已有经验的回顾与表述；同时，讨论活动又给他们提供了一个传递经验的平台，而教师的小结又能恰到好处地帮助幼儿建立正确的常识。

**建 议**

由于很多幼儿具有两面性，即在幼儿园表现得非常乖巧，回到家则可能出现明知道这样做不对却要尝试的问题。针对这一特点，教师一定要有计划、有目的地进行家园沟通，请家长帮助幼儿建立安全出行的良好行为意识和掌握安全出行的行为要求。

## 75. 走失以后办法多

设计教师：王梦瑶　评析专家：陈颖

幼儿园：北京市丰台区第五幼儿园

### 设计意图

近年来，有关孩子走失的现象屡有发生。据统计，我国每年光幼儿走失人数就多达20万人。这不仅给孩子的身心造成了巨大的伤害，也给他们的家庭和亲人造成了无法弥补的伤痛。《纲要》指出：“幼儿园必须把保护幼儿的生命和促进幼儿的健康放在工作的首位。5—6岁的幼儿，应在遇到危险或发生意外时，掌握简单的自护和求救方法，有基本的自我保护能力。”因此，让幼儿学习遇到突发事件或走失时自救的常识和方法，提高幼儿自我保护的能力和意识是非常必要的，也是刻不容缓的。这也是我设计这节活动的初衷。

**活动目标**

（1）了解易走失的原因和地点，掌握走失后及时自救的方法。

（2）初步形成遇到突发事件不慌张、及时进行自救的自我保护意识。

**活动准备**

（1）经验准备：幼儿在日常生活中已了解一些简单的关于走失后的自救方法。

（2）材料准备：幼儿走失的视频，儿歌《走失以后办法多》。

**活动重点**

了解易走失的原因和地点，掌握走失后及时自救的方法。

**活动过程**

**1. 播放视频，引发幼儿对走失现象的认识**

组织幼儿观看视频，视频内容是：幼儿在商场找不到家人正在哭。

师：你在视频中看到了什么？（请幼儿按照时间、地点、人物、发生的事情大胆进行讲述）

**2. 引导幼儿根据已有经验交流走失后的自救方法**

师：有什么好办法帮助他找到自己的家人吗？如果是你，你会怎么做呢？（鼓励幼儿根据已有经验大胆、自由地进行表述，帮助幼儿对走失后的自救方法有初步的认识）

小结：小朋友一旦和家长走失，有很多自救的方法。比如，不哭闹，不跟陌生人走，找售货员帮忙，去广播室广播，请售货员帮忙拨打家人的电话或者拨打110报警电话等。

**3.师幼共同梳理总结预防走失及自救的方法**

（1）预防走失的方法。

①师：都有哪些地方人多，容易发生走失呢？（“公园、大街上、游乐园、庙会”）

②师：人多时，我们应该怎么做才能避免走失？（“与家长拉好手，不到处乱跑”）

（2）走失后的自救方法。

①师：如果和家人走失，应该怎么做？（“不哭闹，站在原地等待家人”）

②师：走失了以后，可以找哪些人求助？（“应找当地的工作人员或者警察”、“不要跟陌生人走”）

③师：怎样与家人进行联络？（“请工作人员进行广播或帮忙拨打家人的电话”、“拨打110报警电话找警察求助”）

④师：拨打电话时应该说些什么？（“自己的姓名、位置、家长的姓名、电话及家庭住址”）

**4.带领幼儿学习儿歌，加深幼儿对自护方法的理解和记忆**

**走失以后办法多**

大街上，真热闹，商场公园人不少，
外出游玩应做到，要和家长来领好。
万一走失不哭闹，原地等候别乱跑。
工作人员可求助，警察叔叔来帮忙。
讲明电话和住址，安全回家真正好。

**活动延伸**

（1）在幼儿园一日生活的过渡环节，组织谈话活动“我爱我家”，让幼儿相互介绍自己的家庭成员及基本信息等（包括幼儿姓名、家长姓名、电话、家庭住址、家庭电话等）。

（2）饭前，组织幼儿开展“小小快递员”活动。请幼儿扮演发件人通过快递员给自己的父母送礼物，但是前提是必须要说清自己的姓名以及收件人（父母）的姓名、电话、住址，这样快递员接过礼物，就代表快递已送出，然后快递员扮演下一个发件人继续游戏。

（3）制作“班级通讯录”。在活动区与幼儿一起将每个幼儿的“家庭通讯录”装订成册，制成“班级通讯录”并放在班级环境中，方便幼儿随时观看，为幼儿之间的沟通与交流提供便利。

**大班幼儿家庭通讯录**

| | | | |
|---|---|---|---|
| 幼儿姓名 | | 家庭电话 | |
| 父亲姓名 | | 父亲电话 | |
| 母亲姓名 | | 母亲电话 | |
| 家庭住址 | | | |

（4）家园共育：请家长在家和幼儿一起诵读预防走失的儿歌，并请家长在日常生活中提醒幼儿外出时不要轻易离开成人，教幼儿熟练掌握父母的电话及家庭住址。

**专家评析**

王老师设计的这节活动对于幼儿来说非常实用、有效。在日常生活中，孩子们很有可能遭遇各种各样的突发事件，那么在这样的突发事件中，孩子处理和对待的方式直接决定了事件的结果。本活动目标制定得具体、明确，帮助幼儿了解了什么地方容易走失并掌握走失后及时自救的方法，很好地体现了《纲要》中提出的大班幼儿需要掌握的知识点和社会性常识。

本次活动的开始环节，教师以视频情景再现了走失这一主题，引发幼儿对这一事件的关注。重点环节以幼儿表达知识经验在先、教师梳理总结经验在后的方式展开，既给幼儿提供了表达的机会，又有效地传递了走失自救的方式方法，教师“以幼儿为主体”的教育意识体现得非常明确到位。最后，教师用朗朗上口的儿歌，将不同地点走失后的自救方式加以阐述，以生动、明确的方式将知识点传递给幼儿。

在这节教育活动中，幼儿了解到走失的危害，掌握了走失自救的不同方式。

**建 议**

为了让幼儿更好地掌握走失后自救的技能，教师可以尝试在班中编排《走失了我该怎么办》的小小童话剧，让幼儿在角色扮演中、在台词演绎中更好地掌握自救的方式，更深层面地理解自救的意义。

## 76. 乘梯安全我知道

设计教师：杜鹏媛 评析专家：张平

幼儿园：中国石油集团幼儿园

**设计意图**

随着社会的发展，电梯已经成为一种现代化的高楼交通车。孩子们在跟随家长去商场购物、去医院看病，甚至回到自己居住的楼层都可能乘坐电梯。但在大人的保护伞下，幼儿乘电梯时自我保护意识不强，而且绝大多数幼儿根本不知道不正确的操作和做法可能导致自己受到伤害，因此有必要加强幼儿这方面能力的培养，更有必要让幼儿掌握电梯“死机”等突发情况时的应急处理办法。因此，我设计了这一活动。

**活动目标**

（1）了解在公共场所出行应具备的一些安全常识。

（2）知道乘坐电梯的安全常识。

**活动准备**

电梯的图片，安全乘梯的图片，视频故事。

**活动重点**

知道乘电梯的安全常识。

**活动过程**

**1. 创设情景，导入话题**

出示商场、楼层等公共场所的电梯图片，提问：

- 这是什么？
- 你在哪些场所乘过电梯？
- 你都乘坐过什么样的电梯？
- 乘坐电梯有什么感受？

**2. 师幼共同表演，巧认“小钟”按钮**

教师扮演成乡下的老奶奶，与幼儿共同表演坐电梯的情景：幼儿教老奶奶如何乘坐电梯，教老奶奶认识“小钟”形紧急按钮和求救按钮的作用。

**3. 讨论问题，了解乘梯安全的重要及遇到突发情况的处理方法**

（1）提问：乘坐电梯是一件很简单的事情吗？为什么？

（2）结合图片，帮助幼儿了解乘电梯时应注意的一般事项。

（3）提问：除了从图片上了解到的，在生活中你还了解到哪些乘电梯需要注意的事项。

（4）为幼儿读一组资料——关于人们操作不当引发的电梯安全事故的数据。

（5）提问：遇到紧急情况该怎么处理？

（6）组织幼儿观看视频——关于处理电梯死机的视频。

**4.鼓励幼儿创编儿歌，牢记乘电梯须知**

引导幼儿以小组为单位进行讨论，然后将乘坐电梯的方法创编成儿歌，与大家分享。

**活动延伸**

（1）鼓励幼儿将在活动中了解到的安全乘坐电梯的方法用画笔记录下来，向周围的人进行宣传。

（2）鼓励幼儿在美工区与同伴合作设计安全乘梯的标志。

**专家评析**

培养幼儿的安全意识，增强幼儿的自我保护意识，是幼儿园的任务之一。

随着社会的发展，电梯与人们生活的关系越来越密切。大多数孩子对电梯很熟悉，在商场、医院、住宅区里都乘坐过轿厢式电梯或电动扶梯，也乐于表达自己的认识。通过课前的调查，教师发现孩子对于如何安全地乘坐电梯这个话题，虽在生活中有一些了解，也观察到过一些危险的现象，但并没有引起高度重视，面对电梯“死机”时更是“心中无底”。本次活动与幼儿的生活实际相联系，容易引起幼儿的共鸣，让幼儿畅所欲言，激发幼儿的活动兴趣和求知欲。

活动中，教师调动幼儿已有的生活知识，通过师生共演的形式展示幼儿掌握的乘电梯的基本方法。其中，“小钟”形紧急按钮和求救按钮是最容易被忽视的，教师的参演不露痕迹地灵活处理了两个按钮的作用。而“让小朋友帮助老奶奶坐电梯”的情景设计不仅让幼儿主动学习安全正确乘坐电梯的方法，也培养了幼儿帮助他人、尊老爱幼的美德。最后，幼儿自主创编儿歌，将学到知识以儿歌的形式进行记录，体现了幼儿的自主性。

**建 议**

（1）当然，此类活动也有不好表现的地方，比如让幼儿真实再现乘坐电梯的情景，尤其是关于电梯突然死机的内容。因此，教师可以考虑在活动前期引导家长将幼儿乘坐电梯时的方法用视频或者照片的形式记录下来，请幼儿活动时讲讲。

（2）在活动中应该加入有关乘电梯规则的内容，比如，在电梯内不要跑动、跳跃、打闹、小便、扔垃圾等，规范乘电梯行为，养成良好的乘电梯习惯。

（3）活动的最后环节，让幼儿分组创编儿歌，对幼儿来说有些困难，可以调整为结合幼儿总结的方法，教师带着全班幼儿一起创编儿歌。

## 77. 自护小勇士

设计教师：李冬妹、武晓颖 评析专家：张平
幼儿园：北京市密云县高岭镇放马峪幼儿园
北京市密云县第九幼儿园

**设计意图**

生活中，雷雨、雾霾、沙尘暴等是常见的自然现象。在恶劣的天气中，孩子们依然会毫无顾忌地在户外游戏，这源于他们对周围的事物、现象感兴趣，有好奇心和求知欲。但由于知识经验不足，他们缺乏对恶劣天气的了解和自我保护意识。结合《纲要》中提出的“引导幼儿感知不同天气现象，能主动想办法适应天气的变化”这一要求，我们设计了此次活动，通过分享、探究、体验等多种方法帮助幼儿了解恶劣天气的危害，掌握恶劣天气中自我

保护的方法，提高幼儿的自我保护意识。

**活动目标**

（1）结合生活实际了解雷雨、雾霾、沙尘暴等恶劣天气的特点和危害。

（2）了解和体验几种环境中的自护方法。

**活动准备**

（1）经验准备：幼儿已积累了雷雨、雾霾、沙尘暴等自然现象的相关生活经验。

（2）材料准备：雷雨、雾霾、沙尘暴等相关图片资料，课件，警示牌（不打电话、不在大树下躲雨、切断电源、不开窗通风等）；雨伞、雨衣、口罩、帽子、纱巾、眼镜、衣物等各种常见的生活物品若干。

**活动重点**

了解和体验几种环境中的自护方法。

**活动过程**

**1. 猜谜语，导入活动**

（1）提问：老师这里有几个谜语，请小朋友猜猜谜语里说的是什么自然现象。

①有位老兄脾气大，爱发怒的就数它，发起怒来大声吼，伴着成串泪珠下。（“雷雨”）

②远看像是云，近看像是烟，风吹轻轻飘，日出它就消。（“雾”）

（2）提问：说说还有哪些自然现象。（伴随幼儿的回答，出示相应的图片）

小结：自然现象中的雷雨、雾霾、沙尘暴是我们常见的。正确地认识它们的特点和危害，并寻找保护自己的方法，对我们很重要！

**2. 了解各种恶劣天气的特点和危害**

（1）结合图片及课件了解雷雨的特点和危害。

①提问：哪个小朋友能结合自己的生活经验说说雷雨的特点和危害？

②课件演示：雷雨的特点(雷声、闪电、下雨)；雷雨的危害(雷击、洪水、泥石流……)

③提问：请小朋友说一说雷雨天气怎样保护自己？

④出示相应的警示牌，如雷雨天气时不在户外淋雨玩耍，不要躲到大树或电线杆下避雨，不接打电话，切断电源等。

小结：雷雨天气会给我们带来一定的危害，我们可以用上述方法保护自己。

（2）结合图片及课件了解雾霾的特点和危害。

①提问：雷雨来的时候会伴着轰隆隆的雷声，雾霾来的时候有没有声音呢？

师：哪个小朋友愿意说一说自己知道的雾霾天气？（引导幼儿从多种感官介绍）

②课件演示：雾霾的特点（能见度低）；雾霾的危害（咳嗽、呼吸困难、生病）。

③提问：小朋友说一说怎样才能不受到伤害？（戴口罩、少出门、不要开窗通风等）

小结：雾霾天气里有较小的有毒颗粒物，一旦被人吸入，就会出现呼吸道刺激、咳嗽、呼吸困难等，诱发许多疾病。除了用我们刚才说过的方法可以保护自己外，我们还可以学习一种呼吸方法，这样可提高呼吸道的免疫功能，增大肺活量，增强人体的耐缺氧能力。

④教师示范吐纳法：双手合十放在胸前，然后两手臂向前伸直，再慢慢地抬举至头顶，一边做动作一边进行“吸一呼三”和“吸三呼一”的吐纳法。

（3）结合图片及课件了解沙尘暴的特点和危害。

①提问：哪个小朋友知道沙尘暴的特点和危害？

②课件演示：沙尘暴的天气特点及危害。

③教师结合自己收集的资料说一说沙尘天气的自护方法，比如捂住口、

鼻、眼睛、耳朵等，防止风沙侵入；减少外出，等等。

小结：恶劣天气来临时，会对我们造成伤害，但是我们的小朋友们都很聪明也很勇敢，知道了很多保护自己的方法。

**3. 了解不同的生活物品在恶劣天气中的作用**

（1）认识生活物品，探索自护方法。

师：请小朋友结合各种常见的生活用品，想一想在什么天气情况下可以用？（比如，沙尘天气可以用纱巾围住面部，这样风沙就不会直接打到脸上了）

（2）选择生活用品，体验自护方法。

师：请小朋友自由选择生活用品，同伴间边演示边讲述保护自己的办法。

（3）展示，分享自护方法。

师：请小朋友分享彼此的探究结果，了解不同环境下的自护方法。

小结：面对不同的天气，我们要选择合适的物品、用正确的方法保护自己。

**4. 玩游戏“自护小勇士”，体验恶劣天气中的自我保护方法**

（1）师：恶劣的天气虽然很可怕，但我知道，我们的小朋友都是很棒的小勇士，现在，我们就通过做游戏，变身“自护小勇士”去证明自己吧！

（2）介绍游戏规则：当听到老师说“××来了”后，小朋友就自由选择生活用品、警示牌，变身为“小勇士”一齐说：“自护小勇士，变身。”同时，双手握拳交叉于胸前，再向上伸举。

（3）师幼进行多次游戏。

小结：小朋友们都这么聪明、勇敢，希望你们在“恶劣天气”真的来到的时候，也能像今天一样做一个能保护自己的小勇士。

**活动延伸**

鼓励幼儿在生活中继续收集其他恶劣天气的特点和自我保护方法，并进行体验游戏，进而通过家园共育使幼儿建立自然界与人类之间的联系，增强环境保护意识。

**专家评析**

大班的孩子，喜欢接触大自然，对大自然中的天气现象也充满了好奇。雷雨、雾霾、沙尘暴等不同的天气情况会带给孩子不同的体验。在实际生活中，孩子们通过接触自然和生活中的事物、现象，已经获取了相关的直接经验和感性认识，并且很乐于将自己的发现与大家分享，这既是一个交流总结的过程，更是一个积累提升的过程。

孩子的知识经验来源于生活，此节活动设计也是紧密联系生活实际，首先是从生活经验入手，让孩子介绍自己知道的恶劣天气的特点、危害，并辅以课件演示加深印象。其次就是借助生活中常见的物品，看一看、想一想、说一说、试一试，让孩子去探索不同物品的作用，真正意义上解决了保护自己的问题。最后，老师还巧妙地利用“小勇士变身”这一情景进行游戏，让孩子们通过合理地选择生活物品或警示牌，体验保护自己的方法。游戏简单可操作性强，也符合幼儿的年龄特点，圆满地完成了教学目标，实现了较好的教学效果。

**建 议**

（1）生活物品的准备要充分并保证数量，避免在体验自护过程中幼儿出现拥抢的现象。教师要善于疏导，使全体幼儿尽可能体验到每一种自我保护的方法。

（2）在游戏形式上，除了老师发令、全体幼儿游戏外，还可以采取由幼儿发令、小组游戏的形式。在进行自护体验时，除了选择生活用品和警示牌之外，还可以让幼儿用其他方式表示（如动作），这样，即使老师提供的物品不全面，孩子仍可以进行游戏。

# 78. 远离火灾

设计教师：孙红艳　评析专家：陈颖

幼儿园：北京市丰台区第五幼儿园

**设计意图**

现代生活中有很多的意外发生，而当幼儿遇到这些意外事故时，往往会束手无策，原因在于幼儿缺乏自我保护意识和安全意识。《纲要》指出："幼儿园必须把保护幼儿的生命和促进幼儿的健康放在工作的首位。"这就说明培养幼儿的安全意识十分重要。火灾的发生对于孩子们来说是一种灾难，知道生活中火灾发生的原因及在火灾中如何正确地逃生自救非常重要，因此我设计了这节"远离火灾"活动，来帮助幼儿了解火灾的危害及学习火灾中的逃生自救常识。

**活动目标**

（1）了解火灾的危害并知道生活中火灾发生的原因。

（2）初步掌握火灾逃生的基本方法。

**活动准备**

火灾现场视频，引起火灾错误做法的图片，幼儿的毛巾，班中的水源。

**活动重点**

初步掌握火灾逃生的基本方法。

**活动过程**

**1. 观看火灾发生现场视频，了解火灾危害**

（1）组织幼儿观看火灾的视频。

师：孩子们，视频中发生了什么事？（“大楼着火了，有很多浓烟，发生了火灾”）

（2）组织幼儿讨论：如果发生火灾，会给我们的生活带来什么危害呢？

小结：房子里着火会烧伤我们的身体，会烧坏我们的家、幼儿园，严重时还会烧死很多人；户外着火会烧死花草树木和小动物，让户外变得没有活力，灰蒙蒙一片；火灾的浓烟还会污染环境，让天空也变得灰蒙蒙的。发生火灾会给我们的生活带来很多危害。

**2.了解火灾发生的原因**

师：孩子们，我们在生活中做哪些事情可能引发火灾呢？（伴随幼儿的回答，教师出示提前准备好的对应图片，内容包括幼儿在家中玩火、人们将未熄灭的烟头乱扔、人们在易燃物的周围放鞭炮、家中烧开水后忘关火等）

小结：我们在看到没有熄灭的烟头时要把它踩灭，放烟花爆竹时要到空旷的地方，家中厨房开火做东西时要提醒大人关火，离开家时要将电插头的开关关掉。此外，玩火柴和打火机也是不安全的。我们要从自身做起，不玩火柴和打火机。从自身做起，防止火灾的发生。

**3.知道发生火灾时如何逃生**

（1）组织幼儿分组讨论：如果发生火灾，怎么做才能保护自己？（请每组幼儿派一名代表发言，说出本组讨论的结果）

小结：如果家长不在家时，小朋友首先要拨打电话119，不要慌张，要对消防员叔叔说清家庭住址门牌号后再挂断电话，然后找到毛巾、衣服等弄湿捂住口鼻，并弯腰蹲下行走逃离火场。因为火灾发生时会产生大量的浓烟，浓烟会飘在上方，所以我们要弯腰蹲下行走，同时用湿毛巾捂住口鼻，防止呛到。

（2）引导幼儿学习弄湿毛巾、折叠毛巾捂住口鼻、弯腰蹲下行走的逃生方法。

师：首先取毛巾找到水源将毛巾弄湿，但毛巾不能过湿，过湿的毛巾会引起呛水，使我们呼吸不顺畅增加危险；其次将毛巾多次对折，对折后毛巾大小要能够捂住口鼻，不能将鼻孔或嘴巴露在外面，以免被浓烟呛到；最后在逃生时，要弯腰蹲下行走或有秩序地按照逃生路线逃走。（教师在讲解的同时运用实物及身体动作演示）

（3）引导幼儿练习逃生步骤，并请动作正确的幼儿进行展示，全体幼儿学习，教师进行个别指导。

**活动延伸**

（1）在幼儿园一日生活过渡环节，与个别幼儿进行谈话活动，进一步掌握幼儿对于火灾及逃生知识的了解。

（2）在幼儿园开展火灾逃生演习活动：保健医生在楼道中喊"着火啦"，三位教师引导幼儿有序地逃离教学楼。其中，一位教师负责引导幼儿取毛巾并弄湿后折叠，同时告知幼儿可以用的水源，如水龙头、饮水机、墩布池等，分散幼儿以免拥挤混乱；另外两位教师一前一后带领捂好口鼻的幼儿弯腰向外跑，告知幼儿在逃离过程中一定要弯腰蹲下行走，最后叠毛巾的教师带领后面的幼儿逃离跑出。

（3）在班级的墙面上，张贴有关火灾知识或相关内容的图片。

（4）家园共育：将本次活动内容发至网络班级空间，让家长在家中继续巩固幼儿对活动内容的认识和理解。

**专家评析**

本节活动以培养幼儿安全自护为重点，结合火灾发生的原因对幼儿作出详细的介绍和说明，目标是帮助幼儿初步掌握火灾逃生的基本方法（用湿毛巾捂住口鼻、蹲下行走等），符合大班幼儿对安全知识掌握的需求。

（1）视频再现。开始环节教师运用视频再现的方式，将火灾现场真实地呈现在幼儿面前，让幼儿深层次地了解火灾的危害和预防的方法，增强幼儿对活动主题的理解。

（2）行为再现。在帮助幼儿理解火灾原因的环节中，教师运用幼儿生活中的各种事例帮助幼儿更好地了解不良行为的危害，同时抓住大班幼儿的年龄特点，以小组讨论的形式为幼儿提供发表自己意见和想法的机会和平台。

（3）逃生方法体验。火灾逃生的环节设计得非常巧妙，加深了幼儿对于火灾发生时找寻物品进行自救的认识，让幼儿在仿真的实践活动中进行尝试、体验。从这个环节可以看出，教师对火灾逃生知识的细节把握得非常到位，水源问题、湿毛巾的湿润程度、逃生的路线、动作以及确保每个幼儿演习的参与性都作出了很详细的说明和安排。

本节活动幼儿参与的积极性高，多数幼儿掌握了火灾自救的基本方法，尤其是在讨论活动中，幼儿都能结合对火灾的认识，主动和小朋友、老师进行交流。对于火灾自救方法的练习，幼儿积极主动地参与其中，尤其是对于打湿毛巾、反复折叠毛巾以及弯腰行走方法掌握得非常到位。

**建 议**

由于火灾是幼儿不经常接触到的现象，所以幼儿在回答问题及讨论时会缺乏有效的依据，建议教师在活动前增加幼儿有关火灾的前期经验，使幼儿的讨论更加深入，同时将课堂中的有效环节充分应用在帮助幼儿掌握逃生方法上，使环节重点更加突出、明确。

# 79. 地震啦

设计教师：王昭　评析专家：陈颖

幼儿园：北京市丰台区第五幼儿园

## 设计意图

随着地壳的频繁运动，地震这一自然现象进入了我们的视线。电视、报纸等大众传媒的相继报道，使幼儿了解了地震现象及其严重后果，但对于如何察觉地震的来临及地震来临时的逃生措施不曾了解。根据《纲要》中所提出的“知道必要的安全保健常识，学习保护自己”这一目标，我设计了这节活动，希望和幼儿一起来揭开地震的奥秘，同时引导幼儿了解地震来临前的先兆及来临时的一些自救与逃生的方法。

## 活动目标

（1）了解地震发生时的主要特征和现象。

（2）知道地震时基本的躲藏方式和逃生的方法。

## 活动准备

（1）经验准备：幼儿已了解地震是一种自然现象。

（2）材料准备：地震时躲避与逃生方法对与错的对比图片，有关地震发生前自然现象的视频，记分牌，桌子、杯子，儿歌《地震来时不慌张》。

## 活动重点

知道地震时基本的躲藏方式和逃生的方法。

活动过程

**1.晃动物体模拟地震现象，引出活动内容**

师：如果你发现桌子、瓶子和灯绳都在晃动，这是发生什么事了？（“是地震来临了”）

小结：物体晃动是地震来临的基本特征。

**2.通过视频了解地震发生前的征兆**

师：地震来临前会有一些微小的征兆，请你在视频中仔细观察，乡村和城市分别都有哪些征兆？（通过观看视频帮助幼儿梳理地震来临前的微小现象）

小结：乡村中的牲畜会变得躁动不安，一些动物会搬家，蚂蚁会上树。地面会出现裂痕，城市中的吊灯会左右摇摆，一些物体也会开始轻微地晃动，最后摇晃会越来越大。这些是地震来临前的征兆，我们可以依据这些来判断是否发生地震了。

**3.观看图片知道地震来临时躲避、逃生的正确方法**

教师出示图片，帮助幼儿辨别地震来临时正确的逃生方式。

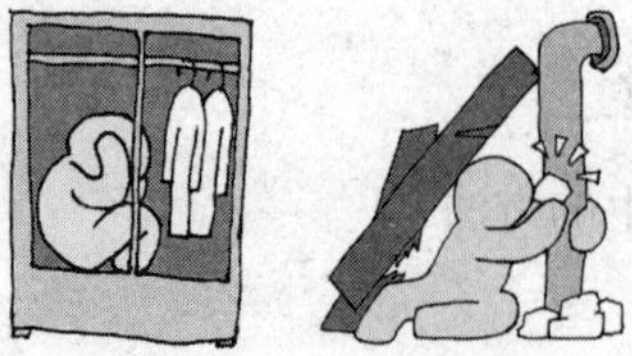

图48

图49

图50

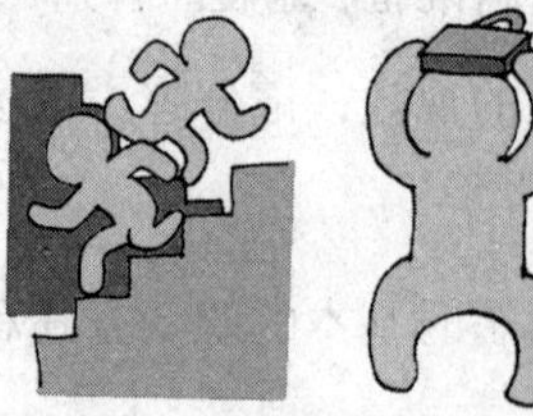

图51

（1）请幼儿观看同种内容的对比图片，判断地震来临时逃生行为的对与错，并说明原因。

（2）对于逃生躲避行为正确的图片，引导幼儿予以重点观察，比如图片中躲藏、逃生的位置及周围环境，并进行重点讲解。

（3）为幼儿讲解地震来临时自救的顺序：首先要沉着冷静，观察环境；然后躲在相对安全的地方（有水源的地方与墙角等相对能承重的地方），等建筑物不再晃动后再逃到避难场所。

（4）在班级中，请幼儿模拟地震躲避场景，并熟悉校园逃生路线。

小结：正确的逃生躲避方法是保障生命的关键。

**4.安全逃生PK赛**

将全班幼儿分成6组，以答题的形式进行组与组之间的对抗赛。教师出题，小组抢答，答题最快、最正确者加分，得分最多的队为获胜队。同组队员在答题时相互提醒及补充。

**活动延伸**

（1）在益智区投放逃生自救的卡片，鼓励幼儿进行正确排序，以熟悉自救流程。

（2）在表演区创设地震来临的情景，与幼儿一起进行地震的逃生与自救演习。

（3）在阅读区投放有关地震自救的图片和儿歌，帮助幼儿进一步掌握自救的方法。

（4）在区角标志里设置地震逃生方法的图片，在玩具柜上粘贴对应图片的文字，帮助幼儿正确认识逃生标志，巩固逃生躲避方法。

（5）家园共育：教师和幼儿一起准备地震救急小背包，背包中放入水、易保存的食物（如压缩饼干）、手电筒、口哨等物品；引导幼儿回家后和爸爸妈妈一起准备地震救急小背包，并放在床下，并且需要注意小包内食物和水的期限，提前3个月进行更新；与家长进行沟通，鼓励家长在家时与幼儿一起寻找躲避处及居民楼中的安全逃生通道。

【附：儿歌】

地震来时不慌张

地震来了不要慌，安全自救要记牢。
首先沉着要冷静，观察环境再行动。
快速寻找躲避物，这样才能不砸伤。
稳定之后再疏散，逃生路线要记牢。
地震不慌不要怕，坚强勇敢我最棒。

**专家评析**

地震虽然不常发生，但发生一次往往造成巨大的人员和财产损失。因此，关于地震的安全知识是孩子们必须掌握的，也是幼儿教育工作者必须重视的一项教育内容。整节活动层次性强，内容紧扣目标，活动形式多样。活动将重点内容放在地震后躲避的方法上是非常恰当和适宜的，幼儿只有从小具备这样的经验储备才能在今后的突发事件中做到遇事不惊，最大可能地保证自己的人身安全。

在活动中，教师采用了对比图片的方式让幼儿了解地震后应该如何进行自救，同时掌握正确的躲避方式，非常直观和生动地将知识点传递给了幼儿；在模拟地震场景中，幼儿通过实践活动加深了对躲避方式的理解；活动最后采取分组 PK 赛的形式对逃生躲避知识进行抢答游戏，这一环节符合大班幼儿的年龄特点，能够很好地帮助幼儿梳理和掌握所学的知识经验。

教师设计的延伸活动非常重要，一节好的活动需要我们不断地进行拓展、延伸，通过不同的内容、形式帮助幼儿建立完整的经验体系。同时，家园互动的方式更好地向家长传递了幼儿园的教育内容和教育理念，使家园教育更加科学、统一。

# 80. 洪水来了

设计教师：王梦瑶　评析专家：陈颖

幼儿园：北京市丰台区第五幼儿园

**设计意图**

近几年，由于全球气候变暖，北京的雨水量也是逐年增多。2012 年 7 月 21 日，孩子们亲历了北京有史以来最严重的大暴雨及水灾。当灾难来临时，幼儿无疑是最易受到伤害的。作为幼儿教师，帮助幼儿了解水灾来临时的前兆，教幼儿学习和掌握水灾来临时的安全自救方法是非常必要的。因此，我设计了本次活动。

**活动目标**

（1）了解水灾发生时的气候特征、现象以及水灾的危害性。

（2）掌握水灾发生时的简单自救和逃生方法，有基本的自我保护能力。

（3）建立初步的环保意识。

**活动准备**

（1）经验准备：幼儿已对各种自然灾害有初步的了解。

（2）材料准备：北京“7·21”水灾视频，水、食物、游泳圈、玩具、钱、衣服等供幼儿选择的逃生物品，各种信号工具和物品（哨子、手电筒、旗帜、鲜艳的头巾等），各种漂浮物的图片，人们破坏环境的图片。

**活动重点**

掌握水灾发生时的自救方法，有基本的自我保护能力。

**活动过程**

**1. 谈话导入，引出主题**

（1）师：如果连续几天大雨下个不停，会发生什么事？出现哪些天气现象告诉我们水灾可能要来临，需要我们提高警惕？（“闪电、大暴雨、急流、积水等”）

（2）组织幼儿观看2012年7月21日的北京水灾视频，引导幼儿一起说一说当日自己看到的、听到的、了解到的现象。

（3）师：洪水给人们带来了哪些危害？（“房屋、农田、家具、汽车及物品被冲走、淹毁，人被淹死……”）

**2. 掌握逃生的方法**

（1）师：逃生前，如果时间允许，我们最应该带些什么？（出示水、食物、游泳圈、玩具、钱、衣服等，让幼儿进行选择，并说出原因）

小结：逃生前，时间很短、很宝贵，最重要的是带上游泳圈，防止被淹；再带上一些食物和水，以补充体力。

（2）师：如果来不及逃生，我们应该怎么办？

小结：不要惊慌，应迅速向高处转移（如结实的楼顶、大树上……），等候救援人员到来。

（3）师：哪些东西可以代替船帮助我们漂浮在水面上，防止被水淹到？

小结：要注意观察各种漂浮物（出示图片，内容有床板、箱子、门板、木桶、汽车轮胎等，见图52、图53、图54），可选择结实的漂浮物来代替船。

图52

图53

图54

（4）玩游戏：寻找发信号用具。教师提供各种物品，如哨子、手电筒、旗帜、鲜艳的头巾等，请幼儿挑出可以作为信号工具的物品并说出原因。

（5）玩游戏：洪水来了站高处。通过游戏加深幼儿对此项内容的理解。

**3. 了解洪水发生的原因**

（1）师：为什么最近几年特大暴雨和洪水频繁发生？（引导幼儿懂得因为空气污染和人们乱砍乱伐花草树木，导致全球气候变暖，降雨增多发生水灾）

（2）组织幼儿观看环境被破坏的图片（见图55、图56）。

图55

图56

**4. 建立环保意识**

师：想一想在我们身边，有没有这些恶劣的场景？有什么办法能够减少灾害天气和环境污染的发生呢？

师幼讨论得出结论：爱护花草树木，植树造林，不乱扔废弃物，绿色出行，等等。

**活动延伸**

（1）在幼儿园内的种植园地开展种植活动，鼓励幼儿定期照顾植物，为植物浇水、锄草。

（2）在活动区，组织幼儿绘画、制作爱护花草树木的警示牌。制作好后，将警示牌投放到社区公园和绿地中。

（3）家园共育：倡导家长在带领幼儿外出时，尽量乘坐公共交通工具，绿色出行；带幼儿到郊外种植；在公共场所不乱扔果皮纸屑，保持环境清洁卫生；在日常生活中引导幼儿以实际行动做一个“环保志愿者”。

**专家评析**

近年来由于环境污染、资源过度开发等原因，异常天气时有发生，各种自然灾害也接踵而来。教师通过此活动让幼儿知道自然灾害的原因，可以促使幼儿形成良好的环保意识，从小建立自然灾害中的自我保护能力。活动重点是让幼儿学会在水灾中知道如何自救、了解自救的基本方法，符合《纲要》中对幼儿安全自护方面提出的教育要点。

在活动的开始环节，教师和孩子一起回顾了北京“7·21”特大灾害的视频录像，用孩子们亲身经历过的灾害来引出活动内容。在“洪水来了如何自我保护”的环节中，教师运用游戏帮助幼儿知道洪水来了要寻找高点站立，通过让幼儿自己挑选自救物品丰富课堂内容，将知识点变得更加生动、具体，利于幼儿掌握。在“自然灾害形成的原因”环节，教师强调了环境污染的破坏作用，这一点非常重要，因为教育的目的不仅是了解危害、懂得自护，更重要的是激发幼儿从小具有环保的意识和习惯，即爱护环境、保护资源、节约能源等。所以，教师设计的一系列延伸活动是非常适宜且有效的活动内容，让幼儿结合实践经验做力所能及的事是保护环境的第一步。

**建 议**

此活动设计的环节内容较多，教师要多观察幼儿的反应和兴趣点，对课程内容作出随机调整。

## 万千教育 学前教育类书目

| 书号 | 书名 | 著、译者 | 定价(元) |
| --- | --- | --- | --- |
| 幼儿园教师教学技能与活动指导 | | | |
| 2253 | 理解儿童心理从绘画开始（全彩） | 陈 侃 著 | 38.00 |
| 0760 | 幼儿园备课・说课・听课・评课 | 俞春晓 等 著 | 42.00 |
| 8598 | 幼儿园集体教学活动设计方法与实例 | 俞春晓 著 | 28.00 |
| 9499 | 幼儿教师必须修炼的10项教学技能 | 俞春晓 著 | 25.00 |
| 9454 | 幼儿园教学诊断技巧与对策58例 | 王春燕 等 著 | 38.00 |
| 1799 | 幼儿园电影主题活动创意设计（全彩） | 王微丽 等 主编 | 72.00 |
| 9612 | 幼儿园综合主题活动<br>——设计技巧与优秀案例 | 赵旭莹 等 主编 | 42.00 |
| 1235 | 幼儿园绘本美术活动创意设计（全彩） | 郭莉萍 赵福云 主编 | 68.00 |
| 9323 | 幼儿园美术活动创意设计（全彩） | 罗 梅 赵福云 主编 | 56.00 |
| 0180 | 给幼儿教师和家长的81条美术教育建议（全彩） | 李力加 著 | 62.00 |
| 9150 | 幼儿园节日活动精彩设计方案 | 刘洪霞 主编 | 35.00 |
| 9590 | 幼儿园语言活动创新设计 | 郭咏梅 著 | 32.00 |
| 0157 | 幼儿园优秀语言活动设计70例 | 郭咏梅 主编 | 26.00 |

| | | | |
|---|---|---|---|
| 0453 | 幼儿园优秀体育活动设计99例 | 朱　清　侯金萍　主编 | 45.00 |
| 9892 | 幼儿园优秀美术活动设计99例（全彩） | 陈学群　余　晖　主编 | 58.00 |
| 9591 | 幼儿园优秀健康活动设计80例 | 范惠静　主编 | 38.00 |
| 9439 | 幼儿园优秀社会活动设计65例 | 伍香平　主编 | 25.00 |
| 9385 | 幼儿园优秀科学活动设计88例 | 董旭花　主编 | 35.00 |
| 9951 | 幼儿园科学探究故事20例 | 王明珠　主编 | 40.00 |
| 幼儿园教师教学技能与活动指导合计 | | | 805.00 |
| **幼儿园区域活动指导** | | | |
| 1935 | 幼儿园户外环境创设与活动指导（全彩） | 董旭花　等　著 | 72.00 |
| 2103 | 幼儿园社会区材料设计与评价（四色） | 王微丽　霍力岩　主编 | 60.00 |
| 1950 | 幼儿园科学区材料设计与评价（全彩） | 王微丽　霍力岩　主编 | 60.00 |
| 1951 | 幼儿园生活区材料设计与评价（全彩） | 王微丽　霍力岩　主编 | 60.00 |
| 1782 | 幼儿园数学区材料设计与评价（全彩） | 王微丽　霍力岩　主编 | 60.00 |
| 1800 | 幼儿园语言区材料设计与评价（全彩） | 王微丽　霍力岩　主编 | 60.00 |
| 2598 | 幼儿园艺术区材料设计与评价（全彩） | 王微丽　霍力岩　主编 | 60.00 |
| 9613 | 幼儿园区域活动<br>——环境创设与活动设计方法（全彩） | 王微丽　主编 | 60.00 |
| 9149 | 小区域，大学问<br>——幼儿园区域环境创设与活动指导 | 董旭花　等　著 | 30.00 |

……

欲了解更多图书信息，请登录：www.wqedu.com
联系地址：北京市西城区三里河路6号院2号楼213室　万千教育
咨询电话：010-65181109，65262933

*本目录定价如有错误或变动，以实际出书为准。